L'INDIVIDU ET L'ÉTAT

OUVRAGES DU MÊME AUTEUR :

Essai sur les relations du travail avec le capital. In-octavo.

De la suppression de l'impôt du sel et de l'octroi. Brochure.

La Centralisation, In-octavo.

La liberté politique. In-octavo.

La liberté, par John-Stuart Mill, traduit par M. Dupont-White, avec préface du traducteur. In-octavo.

Le gouvernement représentatif, par John-Stuart Mill, traduit par M. Dupont-White, avec préface du traducteur. In-octavo.

COULOMMIERS. — TYP. A. MOUSSIN ET CHARLES UNSINGER.

L'INDIVIDU

ET L'ÉTAT

PAR

M. DUPONT-WHITE

TROISIÈME ÉDITION

PARIS

LIBRAIRIE DE GUILLAUMIN ET Cie, ÉDITEURS

Du *Dictionnaire de l'Économie politique*, du *Journal des Économistes*, etc.

14, RUE RICHELIEU.

1865

PRÉFACE

De l'initiative de l'État.

Sous prétexte de seconde édition, on peut refaire un livre. Peut-être n'est-ce pas ici le cas : l'idée principale de cet écrit, qui est que l'Etat se développe dans une société progressive, a été peu contredite. Les plus Individualistes se sont rendus à ce sentiment, que le Progrès crée parmi les hommes des nouveautés morales, politiques, économiques, et que cet accroissement de vie emporte un accroissement de puissance publique. *A plus de force*, avons-nous dit, *il faut plus de règle ; à plus de vie il faut plus d'organes. Or, la règle et l'organe d'une société c'est l'État.* Je ne sache pas qu'il se soit élevé grande objection à cet égard.

Toutefois, un livre, sans être à recommencer, pourrait avoir besoin d'être complété. Il est certain que l'acquiescement auquel on vient de faire allusion laisse subsister ici une question grave, celle de l'initiative de l'État. Le rôle de l'État, tenu d'un commun accord pour nécessaire et considérable, s'élève-t-il jusque-là? Est-ce à l'origine ou seulement à la suite du Progrès que les gouvernements se montrent et se développent? L'État invente-t-il la Civilisation, ou n'en est-il que l'instrument et la conséquence? C'est ce qui nous reste à examiner. On se sent fort à l'aise pour traiter cette nouvelle question. Ce n'est pas que l'on n'ait peut-être affirmé çà et là l'initiative de l'État; mais jamais on ne l'a présentée comme la source unique du Progrès, et l'on ne se trouve lié par aucun préjugé à cet égard.

§

Demandons-nous d'abord ce qu'il faut entendre par initiative.

L'État est seul capable d'exécuter certaines choses : par exemple, une réforme des prisons ou de l'impôt. Le tiendrons-nous ici, par cela seul, pour initiateur? Non, assurément; car cette réforme lui a peut-être été demandée, imposée par l'opinion.

D'un autre côté, il y a des choses que l'État exécute spontanément, mais dont l'idée ne lui appartient pas, qu'il emprunte à d'autres pays. Est-ce là un cas d'initiative officielle? Nous n'hésiterons pas à dire oui. Faire le bien où il n'était pas demandé ni même peut-être soupçonné, c'est l'y inventer.

A raisonner ainsi, on évite un problème fort ténébreux, celui de savoir à qui appartient une idée. Rien n'est mystérieux comme la génération des choses d'esprit. La source d'une idée n'est quelquefois qu'une conjecture, un aperçu, un simple énoncé inconscient de ce qu'il recèle; de même que la source du plus grand fleuve n'est souvent qu'un filet d'eau qui, plus tard, devra tout à ses affluents. Où est la paternité dans les différentes phases de maturation que parcourt une idée ? Est-elle dans ce premier mot, qui se comprend à peine lui-même, ou dans la démonstration suprême, qui jamais peut-être ne se fût éveillée sans ce balbutiement?

Dirons-nous à cause de tel vers de Térence, ou de tel mot de Cicéron, que c'est le paganisme qui a découvert la fraternité humaine? D'Alembert paraît croire, dans sa célèbre préface de l'*Encyclopédie*, que les anciens avaient eu idée de la gravitation des planètes : est-ce une raison pour nier le génie et la découverte de Newton? Je trouve dans Montesquieu l'énoncé très net de ce qui s'est appelé de nos jours *le droit au travail*; il n'y manque vraiment que le mot. Est-ce à dire que Montesquieu est inventeur et partisan de cette théorie? Non vraiment : une idée n'est imputable qu'à l'esprit d'où elle sort avec l'appareil d'une démonstration, avec toutes les armes de Minerve, et non au cerveau d'où elle s'échappe comme une saillie. Est inventeur celui qui prouve et non celui qui soupçonne, ce dernier affirmât-il son soupçon.

Ne pourrait-on pas comparer le rôle de l'Individu dans l'œuvre du Progrès, au rôle de l'hypothèse dans l'exploration scientifique? L'hypothèse a son prix pour guider les recherches, pour susciter les expériences; mais elle est une pure imagination, tant que les faits ne l'ont pas confirmée; et encore quand ils ont parlé, la gloire de la découverte est bien moins dans la question posée, que dans la réponse obtenue, ou plutôt surprise, arrachée à la nature. Ceci peut nous donner quelque idée de la différence qu'il y a entre le publiciste et le législateur, entre une institution et l'esquisse ou le vœu qui la précède, qui l'appelle. La supériorité du législateur n'est pas d'agir, tandis que l'Individu se borne à penser; elle consiste en ce que l'action suppose une pensée complète, démontrée à elle-même, capable de dire comme dans Polyeucte : *Je vois, je sais, je crois.*

Si la priorité est, après tout, un mérite malaisé à reconnaître dans le monde des idées, même quand elles présentent une certaine filiation, à raison de la différente qualité des idées à leurs différents âges, le problème s'obscurcit bien autrement quand les idées paraissent simultanément sur divers points. On conçoit que cela puisse arriver souvent, les mêmes faits vus du même œil pouvant suggérer à plusieurs la même pensée.

Le spectacle le plus instructif qu'on puisse se donner là-dessus, est celui du dix-huitième siècle.

Les Individus y éclatent en révolutions, les gouvernements y abondent en réformes. Vous voyez ce dernier trait, non-seulement où il est naturel de l'attendre, en France, pays de la pensée, en Russie, pays à créer; mais jusqu'en Danemark, dans la personne de *Christian VII* et de son ministre Bernstorff; jusqu'à Naples et en Espagne, par les soins de Charles III et de ses ministres Tanucci, Ensenada. Cette impulsion est universelle; il faudrait énumérer tous les États de l'Europe pour ne rien omettre. Et ce n'est pas seulement pour les choses d'industrie et de commerce, c'est-à-dire pour la fécondation de la matière imposable, que se montre cette sollicitude; elle s'étend, d'une manière toute désintéressée, à d'autres éléments du progrès : aux choses de science, d'enseignement, de culture populaire ou trascendante, aux écoles, aux musées, aux académies.

Il faut surtout remarquer l'objet de ces réformes, qui sera plus tard celui des révolutions. Ce que les rois attaquent est justement ce que les peuples détestent : noblesse et clergé. L'Europe appartient de fond en comble à l'esprit moderne, au sens de la nouveauté. Il s'agit partout de relever la condition des personnes et d'abolir les droits féodaux; les entreprises officielles contre l'Église sont également partout et sous des formes variées. Il n'est pas jusqu'au Grand Maître de Malte qui ne chasse les Jésuites, à l'exemple du Roi très Catholique. Le Saint-Siége est menacé dans ses droits spirituels par Joseph II, inquiété du côté d'Avignon et de Bénévent par les cabinets de Versailles et de Naples. Pas une puissance qui ne songe à prévenir l'enrichissement des monastères ou à taxer par ce qu'on a appelé en France le droit d'*amortissement*, leur richesse acquise. La Bavière elle-même, ce champion catholique de la guerre de Trente-Ans, est la plus prononcée sur ce dernier point.

Qui pourrait dire si cet ensemble d'idées qui se montre à la fois, et dans les écrits des philosophes, et dans la politique des cabinets, a pris naissance chez les uns ou chez les autres? Pourquoi le même spectacle et les mêmes lumières n'auraient-ils pas suggéré à Pombal, à Tanucci, à Choiseul, à d'Aranda les mêmes pensées qu'aux encyclopédistes? Pourquoi le souffle des temps pénétrant les uns, aurait-il passé par-dessus les autres?

Ainsi, les idées ne laissent guère démêler leur origine, soit qu'elles passent d'un esprit à l'autre en se développant chez chacun, soit qu'elles paraissent tout d'un coup à l'état de maturité, mais chez tous à la fois. Dans cette élaboration des idées, déterminer la part qui revient aux Individus et à l'État, fixer leurs droits d'invention, est un problème insoluble. Le plus sage est de laisser là cette dispute pour s'en tenir à ceci : l'initiative n'est pas le fait de l'État, par cela seul qu'il exécute des choses où l'Individu ne peut rien : cette initiative est certaine, quand l'État fait librement même les choses qu'il n'a pas imaginées.

§

L'initiative ainsi définie, il faut savoir si l'État en est capable, et comment ce mérite se répartit entre l'État et les Individus.

Voici les raisons qui ont été ou qui pourraient être alléguées au point de vue individualiste :

L'État ne peut être l'initiateur du Progrès, il appartient tout entier à d'autres soins. C'est déjà beaucoup qu'il fasse vivre paisiblement les hommes dans leurs anciennes voies, imposant à leurs passions le frein des lois existantes et des principes reçus, avisant d'ailleurs chaque jour aux difficultés et aux troubles qui surviennent dans la vie des peuples. C'en est assez pour prendre toute sa force et toute sa pensée. S'il est bon qu'il y ait dans la société des regards tournés vers l'avenir, des esprits en quête d'un idéal supérieur à répandre sur la politique, sur la morale, sur le bien-être, des explorateurs et des pionniers de terre promise, c'est affaire à d'autres. Cette curiosité, cette inquiétude d'esprit qui marche au nouveau et au meilleur à travers les périls de l'inconnu, n'est pas le fait de l'État. Avec ce qu'il a déjà de soucis et de labeurs, il n'ira pas en chercher d'autres dans des voies qu'il tient pour obscures et hasardeuses. Il doit aux hommes le nécessaire, c'est-à-dire l'ordre ; à eux de conquérir le luxe du Progrès.

Ceci revient à dire, sans phrases, que l'État n'a pas le temps d'être législateur. Il serait tout aussi exact de soutenir qu'il ne peut être à la fois juge et soldat, collecteur et gendarme, ingénieur et professeur. Comme si les gouvernements ne savaient pas se démembrer, se déléguer selon la variété de leur besogne! Non, l'État n'est pas simplement un gardien stérile de ce qui est, un applicateur, un exécuteur de lois préexistantes. Il lui appartient éminemment de faire des lois nouvelles, c'est-à-dire de prévoir ce qui sera, de préparer ce qui doit être, or, cela est l'œuvre même de Progrès.

Gouverner et légiférer sont à coup sûr deux lourdes charges. Cependant il n'est pas besoin de monter si haut que Richelieu et que Colbert pour les trouver cumulées et remplies. Dans les cinq derniers siècles de notre histoire, le gouvernement, tout distrait qu'il fût par de grands soucis administratifs, par les orages de la vie nationale, n'en a pas moins accompli, au moyen des ordonnances, un véritable progrès : et sous des rois qui ne sont ni saint Louis, ni Henri IV, on a vu non-seulement une gestion courante de la société, mais un effort continu d'amélioration et de réforme par les lois.

Mais, à certain âge des sociétés, ne voit-on pas des Individus et même des classes qui semblent prédestinés à la poursuite du Progrès? Rien n'est plus vrai : seulement dans un pays où les Individus sont éclairés à ce point, il faut supposer les gouvernants qui planent sur un pareil fonds, également très-éclairés et même quelquefois portés au poste qu'ils occupent par la supériorité reconnue de leurs lumières. Cette conjecture est naturelle. Or, pourquoi des gouvernants ainsi faits ne seraient-ils pas les premiers à concevoir et à vouloir le Progrès? La pensée peut en éclore chez eux aussi bien que parmi les classes lettrées. Ils ont comme elles la culture d'esprit, et de plus qu'elles la mission qu'elles se donnent à l'égard du Progrès. Ne serait-il pas étrange que tout ce qui pense tournât sa pensée vers les réformes, excepté ce qui a charge expresse des réformes? Les idées brillent pour tout le monde, et celles qui frappèrent Rousseau et Montesquieu, ne pouvaient se dérober à Turgot, à Voyer d'Argenson, à Malesherbes. Pourquoi en aurait-il été autrement au dix-huitième siècle qu'au quinzième, alors que la voie du Progrès était l'exploration maritime? Christophe Colomb, si grand qu'il soit, n'est pas le seul ni le premier dans cette carrière. Je vois, à la même époque, les rois de Portugal, ses précurseurs de tout un siècle environ.

Les Individus, les classes lettrées n'ont pas même ici l'avantage du nombre sur les gouvernants; car aujourd'hui, en Europe surtout, l'État est un personnage multiple, composé de corps délibérants ou consultatifs, d'assemblées politiques ou locales qui lui sont autant d'organes pour aspirer tous les souffles de Progrès, pour en recueillir et en cultiver les semences.

Il y a pourtant quelque chose de vrai dans cette inaptitude dont on accuse l'État comme initiateur du Progrès. Le voici : certain Progrès, à notre sens le plus noble et le plus désirable de tous, consiste à mettre la nation dans le gouvernement, à l'y introduire comme mandante et surveillante. Or, l'État ne prêtera pas les mains à ce Progrès qui est contre lui.

Mais, d'un autre côté, dans l'accomplissement de sa tâche la plus élémentaire, l'État est conduit à prendre et à montrer la voie du Progrès. C'est ce qui lui arrive toutes les fois qu'il se développe et s'améliore en fait de territoire, de finances, de procédés, de moyens d'action. Il ne se propose peut-être que de gouverner avec plus d'aisance et de vigueur : il n'en fait pas moins alors des choses qui sont éminemment de bien public.

S'il étend sa domination, c'est avec la conséquence, non-seulement d'acquérir de nouveaux sujets, mais d'ouvrir de nouveaux marchés. — Établit-il des bureaux de consignation et d'enregistrement? Il rend par là un service en même temps qu'il bat monnaie. — Quand il ajoute l'électricité au télégraphe et l'hélice à la vapeur, la communauté y trouve son compte aussi bien que l'administration de la guerre, de la marine et des affaires étrangères. — Codifier est l'inclination et l'intérêt des gouvernements; mais la loi y acquiert une qualité précieuse pour les citoyens, la *cognoscibilité*, comme dit Bentham. — Qu'importe que Louis XI n'ait songé, quand il institua la poste, qu'au transport de ses dépêches? — Le gouvernement anglais a transporté au loin ses condamnés pour s'en débarrasser; chemin faisant, il a peuplé et fécondé l'Australie. — On a fait de nos jours, dans certaines parties de la France, des routes stratégiques qui ne servent pas moins à la circulation des denrées qu'à celle des baïonnettes. — Nul n'ignore que l'Imprimerie Royale n'imprime pas seulement le *Bulletin des Lois*. — Quand le premier consul a fondé la Banque de France, il est permis de croire qu'il songeait surtout à grouper les capitalistes sous sa main, et à son usage; il n'en fécondait pas moins le commerce et la production. — Il faut en finir, et je n'ajoute qu'un mot. Il y a toujours de la part de l'État un exemple donné, quand il n'y a pas un service rendu. Évidemment, ce qu'il fait dans ses manufactures, dans ses forêts, dans ses haras, dans ses colléges, n'y reste pas confiné.

En résumé, comme l'État est une personne, il lui est aussi naturel qu'à tout autre d'améliorer sa condition. En même temps, comme cette personne représente la Société, avec des proportions et un éclat qui lui sont propres, elle ne se meut guère en ce sens qu'elle n'entraîne tout à sa suite : or, cette impulsion est souvent un bienfait.

§

Ainsi, les attributions essentielles de l'État ne font

pas obstacle à ce qu'il entreprenne l'œuvre du Progrès : il y a plus, elles impliquent souvent de sa part, ainsi que nous venons de le voir, une impulsion progressive.

S'il était vrai que l'État ne pût supporter aucune addition aux soins élémentaires dont il est chargé, il serait incapable, non-seulement comme initiateur, mais comme exécuteur du Progrès, ce qui cependant, de l'aveu de tous, est une de ses attributions, un de ses devoirs essentiels. Il ne faut donc pas dire que l'État, chargé de soucis et d'affaires comme il l'est, ne peut y ajouter celle du Progrès.

Passons à une autre objection,

L'État, disent les Individualistes, ne peut avoir l'initiative du Progrès, parce que l'État, c'est la force et rien de plus. Or, l'empire de la force est plus borné qu'on ne pense ; elle n'a de valeur qu'en s'ajoutant aux mœurs. De quelque façon qu'elle opère, soit comme contrainte, soit comme assistance, encore faut-il qu'elle rencontre une préparation dans les choses, un acquiescement, un point d'appui dans la Société. — D'abord, on ne fait violence ni à la pensée, ni aux mœurs d'un peuple. Les Juifs n'ont rien pu contre le Christianisme, ni le Christianisme contre les Juifs et les Maures. Quand un roi de la religion réformée abjurait cette religion, il confessait moins le Catholicisme que la puissance des idées en général. — Les goûts d'une Société ne sont guère plus maniables que sa conscience. Quoi de plus impuissant qu'une loi somptuaire! Tel peuple du midi de l'Europe excelle à obéir ; cependant il ne faudrait pas lui imposer le couvre-feu de Guillaume-le-Conquérant, ou lui défendre la sieste. Les trônes les mieux gardés de Suisses et de police, n'y tiendraient pas.

Au fond, quel est le principal emploi de la contrainte? obliger les hommes à faire, à ne pas faire, ou à donner une chose. Mais, en tout ceci, elle a bientôt trouvé sa limite.

Il est fort connu qu'un particulier, même assisté par les tribunaux et par la force publique, ne peut en contraindre un autre à faire la chose la plus solennellement promise; il ne peut que prendre un dédommagement sur les biens du récalcitrant. L'impuissance de l'État, agissant pour son propre compte, n'est pas moindre. Il n'est pas en lui d'obliger les hommes à faire ce qu'ils ne veulent pas ou ce qu'ils ne savent pas faire. Il se brisa toujours contre la conscience du martyr; il ne serait pas plus heureux s'il croyait, en Autriche ou en Russie, par les moyens péremptoires dont il dispose, apprendre en quelques jours à une recrue ce qui veut un apprentissage de quelques mois.

Il est vrai que l'État fait entendre des menaces qui s'adressent non-seulement à la fortune, mais à la liberté, à la vie même, ce qui est en général un moyen infaillible d'amener les hommes à vouloir et à faire ce qu'ils refusaient d'abord. Toutefois ce moyen lui-même est de peu d'effet, quand l'État s'en prend à des choses quotidiennes, universelles, intimes, telles que l'échange, la monnaie, les prix, le vêtement, l'hygiène. Comme alors il s'adresse à chacun, pour des choses de chaque jour, il ne lui faudrait pas moins que l'ubiquité pour le salut de ses règlements.

A cette profondeur, il ne peut rien sur la société : la force y rencontre des obstacles de même nature qu'elle, des obstacles physiques de nombre et d'espace. Les castes auraient plutôt cette puissance, parce que la supérieure peut être égale en nombre à l'inférieure : l'État ne l'a pas. Il ne lui servirait de rien d'édicter les peines les plus graves, car ce qui assure l'observance d'une loi, ce n'est pas l'énergie, mais la certitude de la répression. Il y a telle contrebande qu'il ne put jamais empêcher; les faux saulniers, que l'on pendait pour le moins, comme nous l'apprend Dangeau, ne laissaient pas de croître et de multiplier à ce régime.

Donc la force ne peut rien contre un fait général et enraciné dans les mœurs. Il en est ainsi, remarquons-le bien, même quand le fait est le plus vicieux du monde, même quand la force est au service des intentions les plus droites et des combinaisons les plus saines. Joseph II réussit mal en certaines réformes de l'Église qu'il était seul à vouloir. Ce qui est invincible à la force, ce n'est pas précisément le droit, mais l'opinion et les mœurs. On verra tout à l'heure la conséquence de ceci, à propos de ce que sait faire l'insurrection et de sa puissance pour le Progrès.

Si maintenant nous considérons l'État, c'est-à-dire la force, dans les cas où elle opère comme assistance, ici encore elle a ses lacunes. On ne sert pas les hommes, quoiqu'ils en aient. Le bien qu'on leur veut, doit prendre la mesure de leur intelligence, de leurs désirs, de leur condition. Nous avons dit comment Joseph II ne put accomplir en Flandre des réformes ecclésiastiques, dont les populations ne se souciaient pas. Il ne fut pas plus heureux en Hongrie, où il s'était proposé d'affranchir les paysans. Cette mesure fut peu comprise, peu goûtée. Les paysans étaient dispensés de la redevance et de la corvée féodales, mais soumis au recrutement et à l'impôt : le temps seul pouvait les éclairer sur la valeur de ce changement. En attendant, chacun sentait plus vivement le trouble que le bienfait de cette nouveauté ! « *Vouloir le bien*, s'écriait Joseph II, *et recueillir la haine! la haine de ceux-là mêmes pour lesquels je lutte* (1)! »

(1) L'*Œuvre* sociale de ce monarque est exposée d'une manière frappante dans un livre spirituel et judicieux : *la Vie de Joseph* II, par M. Camille Paganel.

On pourrait multiplier à ce sujet les exemples ou les illustrations.

Je suppose un pays où l'instruction primaire soit déclarée gratuite et obligatoire; cette loi ne serait pas d'une exécution facile, et les obstacles viendraient sans doute des classes mêmes pour qui la loi serait faite. — Il n'est pas prouvé que si, dans un des pays les plus civilisés de l'Europe, le gouvernement se faisait prêteur de capitaux applicables au drainage, il y aurait foule pour profiter de ces avances. J'en juge par ces populations des Landes qui s'obstinaient, il n'y a pas bien longtemps encore, à préférer les roues pleines aux roues rayonnées. — Ouvrez des théâtres, des hôpitaux, des banques, parmi des populations clair-semées, et vous n'aurez rien fait là dont elles puissent profiter : leur dissémination y fait obstacle. La remarque en a été faite, à propos de banques, par un économiste américain, M. Carey. — L'aumône elle même, sous une forme insolite, n'est pas sûre d'être bien venue; essayez seulement, dans des temps de disette, d'offrir du riz à qui vous demande du pain!

Ainsi, les meilleures choses ne peuvent s'accomplir par la force toute seule. Il n'est pas besoin pour cela qu'elles paraissent blessantes au plus grand nombre; il suffit qu'elles lui soient nouvelles et étrangères. D'où la conclusion que l'État ne peut être l'auteur du Progrès, de quelque façon qu'il s'y prenne, soit qu'il impose, soit qu'il prête sa force; que le principe du Progrès est ailleurs, c'est-à-dire dans une prédisposition, dans une collaboration des choses et des hommes qui en est le fond et la véritable initiative.

On s'est plu à détailler cet argument, à le montrer dans toute son apparence; mais on n'y croit que sous certaines réserves.

D'abord l'État n'est pas seulement la force; c'est

avant tout une autorité morale. Il a, pour agir sur les hommes, outre la contrainte, toutes les persuasions qui descendent de haut. Il parle aux âmes et aux imaginations par je ne sais quelles influences, qui *plient la machine au respect*, selon l'expression de Pascal. J'en veux citer un exemple fameux qui est notre loi des successions.

Sous l'ancienne monarchie, l'aînesse était le droit commun de la France, au moins pour les biens nobles. Or, cela fut changé tout à coup en 89, et ce changement ne fût pas seulement obéi, mais acclamé. — J'accorde que les mœurs aient été pour quelque chose dans cette soumission empressée. Cependant, jusque-là, les mœurs s'étaient conformées à la loi ancienne : y déroger était permis, mais absolument insolite. Les anoblis surtout, si nombreux dans ces deux derniers siècles, n'avaient garde de négliger l'aînesse, un signe de caste ; à ce point qu'un intendant, M. de Sorbières, explique dans un de ses *Rapports* la multiplication des couvents par celle des cadets. Les choses ou plutôt les mœurs en étaient là, lorsque le législateur de 89 souffla sur ces misères et proclama l'égalité des enfants devant la succession de leur père. Au premier mot, au simple aspect de cette vérité, tout plia, tout s'inclina... mais enfin la lumière ne se fit qu'à cette parole souveraine : il ne fallut pas moins pour dessiller les yeux et pour ouvrir les cœurs à l'équité qui les avait fuis jusque-là. — Je reconnais que la loi ne s'en tint pas à proclamer le partage égal des successions ; elle fit usage de la force essentielle qui lui appartient, en déclarant nuls les partages inégaux. Mais cette pénalité était superflue. La vérité dite de haut avait soumis les cœurs : la force de la loi est là tout entière. C'est par son esprit qu'elle règne, et cet esprit est tellement devenu celui de tous, que loin d'éluder ses défenses, on n'use pas même de ses tolérances. Qui est-ce qui profite pour faire quelque chose, comme un aîné, de la latitude qu'elle a laissée, sous le nom de *quotité disponible*? Je puise à bonne source le fait décisif que voici : annuellement, sur quinze cent millions de valeurs immobilières, qui se transmettent par voie d'héritage, trois millions à peine sont frappés de substitution. — Ainsi cet exemple est bien celui d'une réforme qui ne doit rien à la force, rien aux mœurs, et qui appartient en propre à l'autorité morale de l'État.

Cet ascendant est une des forces latentes qui, comme l'honneur, l'opinion, la mode, gouvernent le monde moral. Au surplus, c'est la fortune de tout ce qui brille, de tout ce qui prime, de rencontrer chez les Individus une véritable complaisance. Godwin met quelque part en scène un paysan témoin d'un meurtre, et n'osant dénoncer l'assassin qui est un homme de qualité. *Grimms*, dit-il (c'est le nom du paysan), *adorait en lui ce caractère divin qui accompagne une grande fortune comme les Indiens adorent le diable*. Naturellement, c'est dans la personne du souverain que ce prestige a tous ses rayons. Comment n'obtiendrait-il pas pour ses lois la faveur bien connue que rencontrent ses exemples? Y a-t-il donc si loin de l'imitation à l'obéissance? Ou bien croirons-nous que le souverain, parlant comme fait le législateur avec menaces et commandements, y laisse quelque chose de son charme et de sa puissance? Ce serait faire trop d'honneur à la moyenne des âmes.

Nous n'avons pas tout dit. Non-seulement l'État intimide, non-seulement il persuade, mais encore il séduit par toutes les dispensations dont il a la main pleine : honneurs, emplois, pensions. Ce fut un des obstacles que rencontra, sous le règne de Louis XIV, la propagation de la Réforme. A la fin du dix-septième siècle, on ne trouve pas un seul huguenot parmi ces grandes familles, où tout était protestant sous Henri IV. Qui pourrait dire ce que pesa dans l'abjuration de Turenne le prestige de Louis XIV, le goût des grands commandements, et l'éloquence de Bossuet?

Ainsi l'État est quelque chose de mieux que la force; mais ne fût-il rien de plus, dans ces limites mêmes l'espace et la portée ne lui manquent pas. Sans doute il ne peut obliger les gens à faire les choses : mais il peut toujours les contraindre à payer un impôt, au moyen de quoi il fait ces choses lui-même. C'est l'histoire de nos chemins vicinaux. Les communes paraissaient peu curieuses de cette amélioration, et l'État dut recourir à la force. Mais comment? En leur imposant des corvées? Non : il leur proposa simplement la corvée, mais à qui refusait ce service, il demanda un impôt; puis, au moyen de cette ressource, il organisa un service public d'agents-voyers, de conducteurs, de cantonniers qui ont créé en France, depuis 1836, le chemin vicinal. L'instruction primaire ne s'y est pas fondée par d'autres moyens. Tout en ces deux réformes appartient à l'initiative de l'État, l'opinion n'y fut pour rien. Ce n'est pas qu'elle n'eût alors son empire, ses organes : mais elle était tout entière à d'autre luttes. Bref, les partis étaient indifférents à ces réformes; quant aux populations, on pourrait croire qu'elles y étaient opposées : j'en ai pour indice que l'État dut s'armer de contrainte à l'égard des localités; elles n'eurent de routes et d'écoles que parce que les préfets eurent le pouvoir de porter d'office ces dépenses au budget communal. Ainsi rien ne poussait, rien même ne secondait le gouvernement dans cette voie : il y entra dans sa liberté, il y marcha dans sa force. Cette initiative de l'État, nécessaire dans deux cas si considérables, si criants pour ainsi dire, et dans un des pays les plus civilisés du monde, frappera peut-être plus d'un lecteur.

On vient de voir ce que l'État sait faire avec la contrainte pure : il peut en outre tirer un grand parti d'un procédé mixte, composé d'exemples, d'enseignement, de pénalité, de temporisation. C'est celui dont il a usé en France pour l'introduction du système décimal. Le gouvernement commença par publier des tableaux et des instructions ; puis il employa lui-même le système nouveau dans sa comptabilité, et généralement dans tous ses rapports avec le public ; puis il en prescrivit l'enseignement dans toutes les écoles et l'emploi dans tous les actes émanés d'officiers publics ; on pense bien qu'il ne s'abstint pas de quelque contrainte : une peine fut édictée d'abord contre tout usage des anciennes mesures dans les actes notariés, et plus tard contre l'usage cumulé des nouvelles mesures et des anciennes. Mais cette peine était légère ; et encore l'application en fut-elle, à plusieurs reprises, prorogée ou suspendue. En somme, cette matière fut remaniée de cent façons. On trouve là-dessus des règlements sans fin, qui commencent par un décret du 1er août 93, et qui ne s'arrêtent qu'à une loi de 1837 : mais vous n'y voyez nulle part ni la violence ni l'impromptu. La Convention elle-même fait la part des tempéraments, des acheminements nécessaires pour la mise en vigueur du nouveau système.

« Si l'on considère, dit M. Thiers, le tableau de la France à l'époque de la Convention, on verra que jamais plus de contraintes ne furent exercées à la fois sur cette partie inerte et patiente des populations sur laquelle se font les expériences politiques. Jamais pouvoir ne bouleversa plus violemment les habitudes d'un peuple : les noms des mois et des jours, des poids et des mesures étaient changés ; on n'avait plus que trois dimanches au lieu de quatre ; et les femmes, les vieillards, se voyaient privés des cérémonies du culte auquel ils avaient assisté toute leur vie. »

Le temps a emporté les fructidor, les décadi, les assignats, les fêtes de la Raison, mais sans relever tout ce que cette époque avait détruit, sans détruire tout ce qu'elle avait créé. Le système décimal fut une de ces nouveautés qui tinrent bon, et ce n'est qu'un détail vraiment parmi tant de réformes ou d'établissements émanés de ce pouvoir qui, au jugement de M. Thiers, *eut toutes les grandes idées avec toutes les grandes passions.*

Il s'en faut de tout que l'habitude soit un titre, une légitimité. Autre chose sont les habitudes ou les besoins. Ces derniers seuls sont inviolables, indestructibles. On sait qu'en Angleterre le culte a été défait et refait à plusieurs reprises par le pouvoir civil; mais Henri VIII lui-même, tout Tudor qu'il était, n'eût jamais persuadé à ses sujets de naître, de se marier, de mourir sans l'assistance d'un prêtre. Là était le besoin; ailleurs apparemment l'habitude.

Les peuples ont leurs caprices comme les gouvernements. Or, la raison est faite pour s'imposer à tout arbitraire. Il ne faut pas oublier que la raison a par elle-même un certain empire sur les hommes, et un bout de rôle dans le monde. Que si en outre elle s'appuie sur les puissances variées qui constituent l'Etat, il n'y a plus de sûreté pour les choses qui ne valent que par le temps, l'ancienneté, l'habitude.

Ainsi la force, même isolée des mœurs, a des effets, des fruits, qu'on ne peut lui dénier. Et puis l'État n'est pas seulement la force, il est une séduction, un prestige, une impulsion morale et variée.

Cherchons ailleurs la querelle qu'on peut lui faire.

§

L'État, dit-on, ne peut avoir l'initiative du Progrès.

Où prendrait-il ce don particulier? Les hommes qui mènent un pays se recrutent dans son sein, et en ont nécessairement les défauts et les qualités.

Il me semble voir à cela plusieurs réponses. D'abord, les hommes qui mènent un pays ne se recrutent pas toujours dans son sein. Charles-Quint et Charles III apportèrent à l'Espagne les aptitudes d'une autre race et d'un autre pays. Ensuite, les gouvernants arrivent quelquefois à cette fonction par leur supériorité reconnue; à ce titre, ils pourraient bien avoir plus de qualités et moins de défauts que leurs compatriotes. Enfin, les hommes se modifient à pareille œuvre; dans quel sens? nous le dirons plus tard; mais, à coup sûr ils se modifient. Ici nous sommes en présence d'une des lois les plus certaines du monde moral, qui est l'influence exercée sur chacun de nous par sa condition. L'homme n'est pas simplement ce que le fait son naturel; il est en outre le produit des circonstances, la créature du milieu dans lequel il se déploie. L'inégalité n'est pas seulement entre les hommes, mais dans l'homme lui-même, et elle lui vient du dehors. Vous le verrez tantôt pire, tantôt meilleur, toujours autre que lui-même, selon le théâtre où il paraît. Est-ce que le paysan n'a pas plus de cœur sous le drapeau que dans son village? Officier, ne vaut-il pas encore mieux que simple soldat? Pourquoi l'enfant se développe-t-il autrement à l'école que dans sa famille? D'où vient que l'on sort du bagne encore plus corrompu qu'on n'y est entré?

Il serait bien étrange que l'atmosphère politique fût seule dépourvue de toute influence, de toute pénétration. Quoi! il y a une action de la famille, de l'école, des salons, du métier, et il n'y en aurait pas de ce milieu qui s'appelle gouvernement! Les individualistes affirment là une pure anomalie. Il en est de l'humanité comme du sol qui la nourrit. L'un et l'autre savent porter sur un fond qui demeure le même des fruits variés : effet d'atmosphère et de culture. Si la terre change de produits, suivant les rayons et les façons qu'elle reçoit, l'homme subit une influence non moins profonde, celle du point de vue où il est placé, de la scène où il figure, du rôle qui lui est départi. Rien n'est attesté par l'histoire comme cette puissance des milieux, une loi, s'il en fût, du monde moral et politique. On a vu des hommes, nés d'un parti, en oublier, en répudier tout, une fois à l'épreuve des grandes responsabilités. C'est le moment où Robert Peel n'est plus un tory, ni Louis XVIII un émigré, ni Cromwell un *indépendant*.

Les grandeurs ont certains effets bien connus. J'accorde qu'on s'y gonfle, qu'on s'y gorge, qu'on s'y déprave même, quoique le mot soit un peu fort. Mais est-ce là tout ce qu'on gagne à monter? il ne faut nier ni l'insolence des parvenus, ni la légèreté des surintendants. Avec cela, il est inconcevable qu'un homme ne trouve pas au sommet des choses quelque obsession et même quelque don de bien faire. Qu'on y songe un instant : Si la liberté est un principe d'élévation morale, c'est qu'elle signifie Pouvoir. L'homme libre trouve deux choses dans le pouvoir qu'il a sur lui-même, un espace nécessaire à ses facultés, et un sentiment qui le grandit à ses propres yeux. Mais alors, comment le pouvoir suprême, avec tout ce qu'il ouvre d'horizons et de carrières, avec tout ce qu'il éveille de sentiments, ne serait-il pas un principe d'exaltation analogue et supérieur à la liberté? Ne craignez pas d'être chimérique, et comptez hardiment pour quelque chose la trace des grands hommes sur les fonctions qu'ils ont illustrées, les souvenirs de gloire et de génie qui habitent ces hauteurs. Il y revient de grandes ombres, *Sire*, disait Colbert, *ce grand cardinal de Richelieu*..... C'était son exorde habituel sur les matières de conséquence. Vous avez là le secret de toute une vie éprise du bien public. Telle est, dans sa plus haute expression, l'influence du Pouvoir, influence inégale, intermittente, variable selon les âmes, sensible sur toutes. Quand M. de Maurepas lui-même aurait rêvé Colbert, cela ne m'étonnerait pas. Je compare l'homme d'État à l'homme de qualité qui peut lire son nom dans quelque grande page de l'histoire. Ce souvenir n'est pas de tous les jours, et laisse commettre des écarts, des pauvretés même : il se réveille toutefois à ses heures, ne permettant ni d'hésiter devant certaines insultes, ni de rompre devant certains hasards. *Pouvoir oblige*, tout est là; peu importe qu'il corrompe à certains égards. Un ministre peut être dur, avide, orgueilleux, dissolu, et cependant appliqué aux affaires, soigneux du bien public; voyez Louvois. On peut restaurer les finances de l'État sans oublier les siennes; voyez Sully. Il y a place pour tout cela dans le cœur humain et surtout dans l'élasticité du caractère français. Le siècle dernier a connu un type achevé de ces contrastes, le duc de Choiseul, dont les contemporains racontent des choses qui passent véritablement le commun des facéties, un homme d'État néanmoins dans toute la force du terme.

S'il était vrai que les gouvernants eussent toujours les qualités et les défauts des gouvernés, il faudrait désespérer du Progrès dans un pays où manquent la sève et l'initiative. Il est vrai que les Individualistes ont pour ce cas une recette infaillible ; *vous n'avez qu'une chose à faire*, disent-ils, *dans un pays qui offre ces lacunes, c'est d'y développer l'Individualisme, c'est-à-dire de le laisser se développer en gouvernant moins.* Voilà qui vaut la peine d'être fortement médité, et qui aurait même besoin d'être traduit. On ne comprend pas tout d'abord comment les qualités qui manquent à un peuple, lui viendront par cela seul que rien ne sera tenté pour les faire naître, et que ce peuple sera livré à lui-même! Que le secret pour changer la paresse en activité soit d'abandonner la paresse à elle-même, franchement cela tient du mystère. Plus j'y pense, moins je puis me faire à ce prodigieux axiome : *L'unique moyen de faire naître les qualités qui manquent à un peuple, c'est de les laisser se développer.* Laissons là ces jeux d'esprit. En face d'un peuple inerte, la seule politique est de le convier à l'activité, en lui montrant quels biens il y trouverait, en lui offrant un travail richement rémunérateur, en attachant au travail des bénéfices et même des honneurs, en lui assurant au début des subventions, des primes, des monopoles? Cette recette est celle de Colbert, et peut-être est-elle supérieure après tout à la formule révélée par les Individualistes?

§

Qu'ai-je voulu prouver par ce qui précède? Que l'État est toujours l'auteur du Progrès? Pas le moins du monde, mais seulement qu'il peut l'être en certains cas. Maintenant, si l'on veut faire le compte de l'initiative qui appartient ici, soit à l'État, soit aux Individus, il ne suffit plus de considérer le Progrès d'une manière générale ; il faut le décomposer. Il faut voir ces deux agents aux prises avec les réformes politiques, sociales, morales, économiques, et démêler comment ils se comportent en chacune.

Le Progrès politique, c'est-à-dire celui par où une nation parvient à se gouverner elle-même, a pour auteurs les Individus seulement. Fait contre l'État, dont il menace les principes et quelquefois même les personnes, il ne peut avoir d'autre origine. Nous comprenons dans cette partie de la civilisation, non-seulement le droit au gouvernement conquis par les Individus, mais encore certaines limitations de gouvernement, ce qu'on appelle *droits individuels*, en fait de propriété, de culte, de pensée, de non arrestation arbitraire. Ici l'initiative du Progrès est purement privée.

Ailleurs elle est purement officielle. Le Progrès, en fait d'armée, de police, de relations extérieures et d'alliances, est à coup sûr du fait exclusif de l'État. Il n'est que lui pour voir et pour exécuter ce qui convient le mieux à la grandeur et à la sûreté nationale. Tout ce que les peuples acquièrent sous ce rapport, ils le doivent à leurs gouvernements.

Nous tenons là les deux cas les plus saillants d'initiative privée et d'initiative officielle. Chacun d'eux pourait nous mener, par voie de rapprochement, à des cas analogues, mais moins certains et moins simples : le plus sûr est de rester dans la voie où nous sommes, énumérant les divers genres de Progrès et demandant compte à chacun de son origine.

Si le Progrès qui réforme les gouvernements, est une conquête individuelle, tout autre est celui qui réforme la société. Il me semble apercevoir la prépondérance et l'initiative du législateur dès qu'il s'agit de perfectionner non les pouvoirs publics, mais les relations privées et de répandre le droit, la symphatie même sur ces disgraciés de la loi antique : femme, enfant, esclave, débiteur, étranger. Naturellement, le législateur incline vers l'équité ; mais cela demande quelque explication. Il y a dans le souverain deux personnes, l'une publique, l'autre privée, et celle-ci est parfois peu recommandable. Ce n'est pas tout : il faut distinguer, même dans la personne publique, le gouvernement proprement dit et le législateur ; — le premier, qui est une gestion de la société, pourvoyant à ses besoins de chaque jour par des actes particuliers, locaux, personnels, où le bon plaisir et la passion peuvent se donner carrière; — l'autre, procédant par mesures générales, par voie réglementaire, ayant charge de l'ensemble et de l'avenir. C'est à ce dernier titre que le souverain est porté d'essence vers l'équité.

Cette fortune lui vient de plus d'une source : de son élévation où il trouve la froideur d'un juge pour des intérêts qui ne le touchent pas; de sa force qui lui permet de se livrer à sa conscience, car il en a une apparemment; enfin, de cette identité d'intérêts qui unit le souverain et les masses, le bien-être des unes faisant la richesse et la puissance de l'autre.

Sous ces divers rapports, l'État est un promoteur de ce Progrès qui restaure le droit et l'égalité de droits dans une société.

Cela est si vrai, que tout pays est stationnaire où l'autorité ne prend pas le caractère de puissance publique, où l'État ne se constitue pas. Les sociétés qui ne comportent pas de législateur, ne connaissent pas le Progrès. Un ressort leur a manqué : l'organe du droit n'a pas paru parmi elles, et vous ne les voyez pas dépasser le patriarchat, le clan, la tribu. Les Tartares et les Arabes en sont encore là, depuis trois mille ans. Les Juifs s'élevèrent plus haut, parce qu'ils eurent un législateur.

La première expression des droits humains se rencontre dans Moïse défendant aux Juifs de se vendre, déclarant libre à la septième année, l'année sabbatique, celui qui s'est vendu; on peut trouver là quelque analogie avec nos lois, qui ne permettent pas qu'on loue ses services pour plus de cinq ans.

C'est surtout dans cette matière de l'esclavage qu'il faut contempler la puissance respective des Individus et de l'État. J'arrive tout d'abord à la plus grande époque peut-être de l'esprit humain, au siècle de Périclès.

On y philosophe sur tout, on spécule à l'infini; la politique et la société comparaissent devant les plus grands esprits de l'antiquité, qui en interrogent les principes, les fins, les voies. Mais quelle lacune dans ce travail des forts! Tel de ces philosophes ne soupçonne même pas la question de l'esclavage! Platon ne se propose pas moins que de refaire la société; rien ne tient devant l'audace de ces théories, ni la famille, ni la propriété; je me trompe, il laisse debout une institution: l'esclavage!

Chez Aristote, il y a progrès. La question est posée, débattue; on sait de reste comment il la résout. Ici se termine l'œuvre des penseurs, le contingent des Individus sur ce grand sujet. Franchissant quelques siècles, je retrouve l'esclavage vu et traité d'une tout autre façon, mais par le législateur cette fois. Si l'esclave a changé de condition, ce n'est pas que le maître ait changé de maximes, c'est qu'il s'est rencontré des préfets du prétoire tels qu'Ulpien et Papinien pour définir l'esclavage, *une institution du droit international, par laquelle l'homme est soumis à l'homme, contrairement à la nature;* cette définition n'était pas une lettre morte.

On a fait de nos jours l'histoire de l'esclavage antique, on l'a faite froidement, scientifiquement (1). Or, j'y vois à une certaine époque une réduction incessante de l'esclavage, qui ne vient ni de la bienfaisance du maître, ni de la révolte de l'esclave; le bienfait remonte plus haut, il procède tout entier de certains hommes investis d'un si grand pouvoir qu'ils avaient tous droits, même sur la propriété de leurs semblables. Il n'en fallait pas moins pour toucher à l'esclave sous la main du maître. Tels étaient les empereurs romains, et tel fut ici l'usage de leur autorité. Les plus abominables

(1) Voir le livre que M. Wallon a publié sous ce titre.

d'entre eux n'ont pas fait faute à cette œuvre ! Dégradant en eux-mêmes la nature humaine, ils la relevaient dans l'esclave, ce qui fait voir dans un seul exemple l'empire des passions sur l'homme et celui de la vérité sur le souverain.

L'esclave et le serf ne furent pas émancipés tout à coup. Ce n'est pas ainsi que des choses se changent en personnes. Le chemin fut long et pénible par où les hommes eurent d'abord quelques droits, puis l'égalité de droits, puis la souveraineté. On n'affirme rien de trop en disant que le procédé général de cette élévation fut l'assistance de l'État. Aujourd'hui sous une impression que je comprends et que j'apprécie, on tient l'État en défaveur, on révoque en doute ces conclusions de l'histoire : elles n'en sont pas moins constantes. Qu'on veuille bien seulement considérer ceci :

La France, au moyen-âge, nous offre l'aspect d'un territoire divisé en mille petites dominations. A quelques siècles de là, sur la ruine de ces souverainetés, nous voyons un pouvoir unique et prépondérant. Je demande comment s'est fait ce pouvoir, d'où lui est venue sa force contre les forces de la féodalité, si c'est au dehors ou au dedans qu'il a trouvé son point d'appui pour d'égal devenir supérieur? — Au dehors, la royauté avait le pape pour adversaire naturel. Des alliés, elle ne pouvait en avoir parmi les monarchies qui se fondaient de leur côté avec les mêmes labeurs et les mêmes angoisses. Nulle sainte alliance possible entre des rois qui étaient à peine, et quand la diplomatie n'était pas du tout. — Comme la royauté n'a pu prendre sa force à l'étranger, on est bien obligé de croire qu'elle la trouva dans le pays même, et qu'elle l'obtint par des services rendus au plus grand nombre. Il faudrait nier non-seulement l'histoire de France, mais toute l'histoire de l'Europe moderne et contemporaine, pour ne pas reconnaître, à quelques incidents près, la main tutélaire de l'État dans l'ascension des masses.

Il faut en effet tenir compte des incidents, des déviations; il n'en manqua pas pour compliquer le cours naturel du Progrès, tel que nous venons de l'esquisser. L'action de l'État, aidant et conviant les masses à s'élever, n'a été ni unique, ni soutenue. Quelquefois l'État fut obligé de fléchir ou de biaiser devant les castes, ce que l'on vit en Russie vers 1600, où Boris-Goudounof, un usurpateur, aggrava la position des serfs en les immobilisant. Quelquefois aussi, dans l'accomplissement du Progrès, l'État ne fait que suivre le mouvement de l'opinion. Les pays libres et civilisés ont des classes entières où règne cette notion du droit qui, dans un état moins avancé, semble réservée au législateur : or, ces classes ont une puissance, une expression à elles qui est la Presse, tout comme le gouvernement a ses mécanismes et ses agents. Il faut attribuer à cette influence des mesures telles que l'abolition de la traite et l'émancipation des noirs, adoptées par la Grande-Bretagne.

Mais nous avons à compter ici avec deux grands faits qu'il semble difficile tout d'abord de réduire à une valeur purement exceptionnelle.

L'un a pour théâtre l'Orient, où l'on a vu de tout temps des souverains auxquels rien ne manque du côté du pouvoir absolu, et néanmoins passant leur vie dans une profonde insouciance des droits humains, du Progrès social. — C'est que l'Orient est la proie de la théocratie. Tout y procède de la religion, et le pouvoir du monarque, et la forme de la société. De là une apathie universelle où le souverain s'endort tout le premier. Réformer la société lui est interdit ; ce serait attenter à la religion. Si grand mogol qu'il soit, il n'oserait toucher à la polygamie. La condition de l'Europe ou de ce qui l'avoisine, est de se mouvoir et d'avancer; mais celle de l'Orient est de subir des lois immuables à titre de divines, d'infaillibles. En Orient, le législateur n'est pas impuissant au Progrès; il n'est pas. Dans ce pêle-mêle de la religion et de la société, il n'y a point de place pour lui. La grande découverte occidentale, ce n'est pas l'imprimerie, c'est la division du spirituel et du temporel : l'imprimerie toute seule n'eût servi qu'à multiplier des Coran et des Védas.

On voit que le législateur et que le Progrès dont il est l'organe, ne sont pas faits pour tous les peuples indistinctement. Si une société est simplement une famille, un clan, une tribu, elle ne comporte pas de législateur : la volonté du chef suffit à tout. Si une société est théocratique, elle n'a pas besoin de législateur; elle a ses prêtres. Elle n'a que faire du Progrès; elle tient ou croit tenir la vérité même, elle est au but.

C'est un effet de religion d'élever quelquefois les sociétés, mais par cela même de les fixer à la hauteur obtenue. Dominer les esprits, ce qui est le fait de toute religion et la condition de ses services, c'est les borner. En général, les peuples qui arrivent les premiers à quelque grandeur religieuse ou politique, sont sujets à s'y éterniser; soit que les influences de race, de climat, de géographie capables de précipiter leur développement aient aussi bien la force de l'arrêter; soit que supérieurs d'abord à ce qui les entoure, ils y prennent l'illusion d'une excellence absolue, d'une perfection atteinte. C'est ainsi que les communes d'Italie, qui étaient au moyen-âge un spectacle digne d'envie et d'admiration, n'ont jamais rien tenté, rien senti pour ces biens d'unité nationale et de liberté parlementaire, qui ont fructifié dans le reste de l'Europe. Quoi qu'il en soit de cet exemple, il ne serait pas exact de dire avec M. de Chateaubriand qu'*une religion prend toujours, comme tout autre institution, le caractère du siècle où elle passe.* Le fait est qu'elle détermine ce caractère, qu'elle arrête le siècle; et cela est fort naturel de la part d'une institution qui est le gouvernement de la pensée ou qui n'est rien

Ainsi le législateur ne peut faire œuvre de Progrès que s'il a caractère laïque. Autrement, il subit aussi bien qu'il exerce l'empire de lois surnaturelles et immuables.

Mais où la théocratie ne règne pas, l'insurrection n'est-elle pas un grand principe de Progrès, un principe autrement énergique que l'initiave du législateur? Ici est l'autre fait capital qu'il nous reste à considérer.

Oui, sans doute, l'insurrection fait une grande figure dans l'histoire; cependant il en faut reconnaître les limites. Qui est-ce qui s'insurge? La caste servile ou les castes inférieures. Il ne faut pas parler de corps de métiers, de villes, de provinces même prenant les armes pour quelque raison de salaire, de famine, d'impôt, de franchises violées. Ces émotions sont vaines et débiles. Les gouvernements en eurent toujours raison. Quand l'État porte tout l'effort de la puissance collective sur un point déterminé, l'issue du conflit n'est jamais douteuse; cette régle est sans exception.

Donc la véritable révolte est celle des classes que nous avons spécifiées.

Parlons d'abord de l'insurrection servile, elle est rare et impuissante. Il arrive souvent que l'esclave ignore son droit, qu'il sent même faiblement sa souffrance; il est en lui de croire longtemps à l'esclavage, tout comme le pauvre aujourd'hui croit à la pauvreté. Vient-il à soupçonner son droit? s'il est seul à le faire valoir, il se prépare les plus cruelles calamités. Qui entendit jamais parler d'esclaves s'affranchissant eux-mêmes? Quand les noirs, à Saint-Domingue, s'insur-

2.

gèrent, ils n'étaient plus esclaves : un décret les avait affranchis.

Ici un principe nous apparaît et se dégage de toute l'histoire. L'idée (nous entendons par là toutes les puissances et tous les ressorts du droit, de l'enthousiasme, du dévouement, du fanatisme), l'idée ne triomphe des forces organisées que quand elle est assez puissante pour entamer le moral de ces forces, ou pour s'organiser elle-même. Allez-vous croire, par hasard, que les murailles de la Bastille ou de Malte furent forcées par leurs assaillants ? Non vraiment : elles furent livrées par leurs défenseurs, que tout espoir et toute croyance en leur cause avait quittés. Les lois physiques ont leur empire comme elles ont leurs limites. Si le bourreau ne peut rien contre la conscience du martyr, de son côté le martyr ne peut rien contre la hache du bourreau. L'idée ne fait pas de miracles : elle ne mouille pas la poudre et n'émousse pas l'acier : seulement elle pénètre les esprits, elle touche les volontés, et arrive ainsi jusqu'aux organes qui manient la pointe et le projectile. Si elle ne réussit pas à cette opération, elle échoue absolument. On en pourrait citer des exemples fameux : Saragosse défendue par soixante mille fanatiques, au compte de Marmont, et prise par une armée de quatorze mille hommes. — Les Vendéens, hors d'état de tenir la campagne devant les quinze mille hommes aguerris de la garnison de Mayence. — La Convention victorieuse, au 13 vendémiaire, de toute la bourgeoisie parisienne, avec deux mille soldats. — Tel est le sort des insurrections, qui se heurtent à la force sans l'avoir moralement désarmée. Peut-être songez-vous à cette lutte, souvent heureuse, que soutinrent les plébéiens à Rome. Mais prenez bien garde que ces insurgés étaient des soldats. Souvenez-vous de ces paroles qu'Icilius, le fiancé de Virginie, jetait aux décemvirs : *Nescio an hæc isti passuri sint ; spero non esse passuros eos qui arma in manu habent.* Ici l'organisation était au service du droit, de l'idée, ce qui est un des cas, ainsi que nous l'avons reconnu, où elle peut lutter avec avantage contre les forces organisées.

Ceci nous explique pourquoi les insurrections serviles ne réussirent jamais. L'intelligence et la condition de l'esclave ne sont pas de celles qui parlent, qui écrivent, encore moins qui combinent des plans, une hiérarchie, une discipline. Bref, l'esclave semble incapable soit de s'organiser, soit de dissoudre, par voie d'infiltration morale, l'organisation qui lui est opposée.

Il faut que la condition de l'homme, tout en restant chargée de disgrâces et d'humiliations, ait cessé d'être servile pour comporter une révolte de quelque fruit. A ce titre, les soulèvements bourgeois ont de bien autres suites que ceux de l'esclave. On a plus facilement raison d'esclaves qui veulent être libres, que d'hommes libres qui veulent des droits égaux, du pouvoir, du bien-être. Toutefois, s'il est plus aisé de retenir l'homme à l'état de chose et de bétail, que de l'arrêter, une fois tenu pour homme, dans son ascension ultérieure, il ne faut pas croire qu'ici même l'insurrection réussisse toujours par sa seule vertu, celle du nombre et du droit. La plus grande révolution que le monde ait connue, nous offre à ce sujet de curieux enseignements. Sans doute, la force insurrectionnelle et populaire fut pour beaucoup dans l'explosion de 89, mais avec quelles assistances! Dans ses entreprises contre la noblesse et le clergé, le peuple avait le roi pour auxiliaire tacite mais certain, le roi qui, par lettres-patentes de 1776, avait affranchi les serfs de ses domaines. D'un autre côté, le peuple avait pour complices dans ses griefs contre la royauté absolue, les ordres privilégiés, lesquels aspiraient à des institutions libres, imitées de la Grande-Bretagne. Chacun a pu voir, dans le livre de l'*Ancien Régime et de la Révolution*, que les cahiers de la noblesse et du clergé concluaient tous au régime représentatif; on calomnie la France quand on lui prête pour toute passion celle de l'égalité. Quoiqu'il en soit, l'insurrection la plus triomphante qui fut jamais, nous donne le spectacle d'un peuple soulevé contre les anciennes forces, mais toujours appuyé sur l'une d'elles pour vaincre les autres. Jusque-là, que d'insurrections avaient échoué, et des plus formidables! Tantôt, en face même de Richelieu, c'est la Normandie tout entière qui prend les armes. Trente mille paysans se barricadent dans Avranches; il ne faut pas moins pour les forcer qu'une armée commandée pas Gassion. Tantôt c'est le connétable de Montmorency qui vient assiéger la ville de Bordeaux, occupée par cinquante mille mécontents de la gabelle. Toujours la répression est un massacre, militaire d'abord, judiciaire ensuite. Il faut noter cette circonstance, qui était une raison pour les insurgés de se battre à outrance, et de fait il n'y manquaient guère; mais la révolte ne peut rien contre les forces organisées, si elle n'a elle-même ou cette puissance de l'organisation, ou une puissance d'opinion contagieuse et dissolvante.

Telles sont les limites dans lesquelles la force aux mains d'un peuple, et sous le nom d'insurrection, se trouve circonscrite. Elle est à ce compte un moyen de Progrès, une initiative des Individus, dont il ne faut pas exagérer l'importance.

En somme, le Progrès social ne peut venir que de ceux qui pensent, de ceux qui souffrent ou de ceux qui règnent. Or, ceux qui pensent n'ont pas nécessairement la pensée du bien public : l'art, si ce n'est l'artiste, est quelquefois son but à lui-même. Ceux qui souffrent ont fort à faire de vivre aujourd'hui comme ils vivaient hier : ne leur en demandez pas davantage. Quant à ceux qui règnent, ils ont à titre d'office la pensée, la notion, le mandat du bien public : n'y songeassent-ils qu'en passant, à leurs moments perdus, ils en feront plus que ceux qui n'ont là-desus ni connaissances, ni volonté, ni loisir, ni devoir. De là, si je ne me trompe, cette faveur qu'ils ont presque toujours témoignée aux castes inférieures.

Mais il y a d'autres griefs au monde que le régime des castes : il y a, même sous le régime de l'égalité devant la loi, les maux persistants de l'ignorance et de la misère.

Ici le Progrès doit venir souvent de l'initiative officielle; il y en a les mêmes raisons que pour l'esclave dont les masses, dans leur pauvreté de biens et d'esprit, ont retenu quelques traits adoucis. Il ne faut pas dire, comme fait certaine école, que l'homme du peuple de nos jours, avec les droits qu'on lui reconnaît, avec une âme qu'on lui cultive, est l'héritier et le représentant de l'esclave : ce serait calomnier la société actuelle. Toujours est-il qu'il demeure hors d'état de se protéger lui-même, d'interpeller et de frapper l'opinion en sa faveur. Je ne suis pas inquiet pour tout ce qui est grief de classes moyennes. Si elles ne se sentent pas dans la société à la hauteur de droit qu'elles s'estiment, elles trouveront un Siéyès pour le dire, un Mirabeau pour le déclamer. Leur prétention poussera une clameur à tout ébranler. Quant aux masses, elles n'ont pas tant de propagande à leurs ordres; il n'est guère que l'État pour prendre un soin efficace de leur ignorance et de leur misère. A tout le moins, voici qui est indubitable : en tout pays, les deux choses qui importent le plus aux masses, c'est-à-dire la charité et l'instruction primaire, sont affaires d'État ou le deviennent, et cette transformation ne laisse pas que d'être significative. Bornons-nous, pour la plus grande autorité de l'exemple, à considérer comment ces choses se traitent parmi les Anglais et parmi les Américains du Nord : il faut qu'une affaire appartienne trois fois à l'État pour lui être laissée par cette race qui n'est pas moins faite d'Individualisme que de chaire et d'os. Or, en Angleterre, la charité qui fut d'abord le fait de l'Église, puis une charge des communes, est maintenant un service public et centralisé. Même évolution ou plutôt mêmes aspirations pour ce qui est de l'enseignement primaire.

Rien n'est grand comme l'éducation, mais surtout celle du peuple; une culture qui, pénétrant partout, peut rencontrer le germe du grand homme ! Que de cimetières de villages peuplés de morts inconnus, faute d'une étincelle sur ces facultés ensevelies ! Tout relève de là dans une société bien faite : telles écoles, telles institutions ; si l'on a oublié d'éclairer les hommes, il faut les traiter en enfants. A ne considérer que le côté économique de cette question, on la rabaisse, mais on voit peut-être encore mieux ce que vaut l'éducation du peuple. Qu'est-ce, pour enrichir une nation, que la terre, le capital, le travail, ces agents de production énumérés par la science? Est-ce que tout cela n'est pas manié par l'esprit ? Et si cet agent suprême, non cultivé, non dressé, fait défaut, est-ce que tout cela porte ses fruits ?

On ne peut pas dire que ces vérités furent comprises tout d'abord en Angleterre. Les écoles mutuelles y parurent au commencement de ce siècle seulement, avec Bell et Lancastre; puis l'esprit d'association se mit à l'œuvre pour doter et pour multiplier ces écoles, ce qui laissa le peuple dans une ignorance profonde. Mais les scandales d'un pays libre n'en ont pas pour longtemps. Le gouvernement d'ailleurs crut voir dans cet état des esprits la cause d'un véritable essor que prenaient l'ivrognerie et la criminalité : il semble s'être résolu dès-lors à y porter remède.

L'œuvre commencée par les tories est continuée à cette heure par les whigs. L'intervention de l'État ne fut d'abord qu'un concours pécunaire; mais, à partir de 1833, la subvention (de trente mille livres sterling) obtenue par lord Stanley ne cessa de grossir d'année en année. Plus tard, le Parlement alloua les fonds demandés par lord John Russell pour la création d'écoles normales. Aujourd'hui cet homme d'État poursuit avec des chances variées l'établissement d'un véritable service public pour l'instruction primaire.

Il faut bien le remarquer, quand le gouvernement de la Grande-Bretagne se mêle d'instruction primaire, il ne fait que suivre l'exemple des États-Unis : et, chose frappante ! l'exemple qui lui vient de là est celui, non des Individus, mais des gouvernements. Origine et développement, tout en cette matière est de création officielle. Nous demandons qu'on veuille bien jeter les yeux sur les détails et les chiffres ci-dessous (1), la chose en

(1) Dans la Nouvelle-Angleterre, la loi prescrivait à chaque commune de cinquante familles d'élever et d'entretenir une école. Dans le Massachusset, pour une population de sept cent mille âmes, l'impôt afférent aux écoles était en 1837 de deux millions trois cent mille francs ; en France, aujourd'hui, cet impôt est de dix millions seulement pour trente-six millions d'habitants. — En 1841, le fond général des écoles pour l'État de New-York s'élevait à trente millions de francs. (Major Poussin, — *De la Puissance américaine*, p. 28, 29, 259.)

Les deux plus grandes affaires de ce pays, la vente des terres et l'instruction du peuple, sont toujours mêlées l'une à l'autre. Dans chaque commune nouvelle, une section, c'est-à-dire un mille carré des terres vendues, est réservé au profit des écoles primaires du pays. En outre, sur le produit des ventes, il est opéré une retenue de deux pour cent, qui sont remis aux États dans lesquels les terres sont situées, pour servir à encourager l'instruction. (Michel Chevalier. — *Lettres sur l'Amérique*, tome I, page 411). L'État ne se borne pas à user d'assistance, il emploie la contrainte. En Pensylvanie, une loi de 1834 organisa définitivement le *common-schools;* cette loi, à raison des taxes qu'elle établissait rencontra une opposition assez vive; dans le comté de Schuytill, par exemple, les élections eurent lieu

vaut la peine. Nous avons ici le spectacle d'une des plus grandes affaires de l'humanité, conduite d'un bout à l'autre comme affaire publique, et cela dans un pays où le sens individuel est l'inspiration de toute chose, où l'affaire publique est une exception, je dirais presque une réprobation. Ajoutons que l'instruction primaire s'est épanchée de cette source et avec ce caractère sur le reste du monde. Peut-on imaginer un cas plus insigne je ne dis pas d'intervention, mais d'initiative officielle, ce qui est précisément l'objet de cette étude ?

Tels sont les soins que prend l'État dans la sphère du Progrès social : telle est l'assistance morale et matérielle dont il se fait le dispensateur.

Nous concluerons ainsi ce chapitre : L'initiative du Progrès social appartient à l'État quand il s'agit, soit des castes serviles ou inférieures, soit des maux naturels qui survivent aux castes — dès que le Progrès touche d'autres personnes, d'autres intérêts, l'impulsion en est purement privée et n'a nul besoin d'être officielle : où se rencontre la culture et la valeur d'esprit, il y a un levier à remuer le monde.

§

En s'occupant comme on a fait jusqu'ici du Progrès politique ou social, on n'a étudié que les droits humains ; il nous reste à considérer comment le devoir s'est perfectionné, et comment l'intelligence a fructifié

aux cris de : *No banks! No chools!* La loi n'en fut pas moins adoptée par la législature de Pensylvanie et imposée aux dissidents de ce comté. (Michel Chevalier, *Lettres sur l'Amérique*, tome II, page 509.) Ainsi, aux États-Unis, tous les ressorts de gré ou de force qui sont aux mains d'un gouvernement, sont employés à cette fin. Et, en outre, toutes les ressources qui composent la fortune publique du pays, terres et impôts, y sont également appliqués.

parmi les hommes. Nous avons à rechercher les sources officielles ou privées du Progrès moral, qui se compose :

1° Du Progrès par lequel les particuliers, les gouvernements, les législateurs, améliorent leur conduite, leur politique, leurs institutions ;

2° Du Progrès en fait de lettres, de sciences, d'arts, de libre penser surtout.

Mais il faut s'entendre avant tout sur quelques idées préliminaires.

Le Progrès moral qui paraît dans une loi, ne vient pas toujours du législateur. Aux États-Unis, ce qu'on appelle *liquor-lass* est certainement une conquête des sociétés de tempérance.

D'un autre coté, il y a tel Progrès de la morale privée qui procède évidemment de la loi. D'où vient que nombre de gens se feraient scrupule de prêter leur argent, même une fois en passant, à un taux usuraire ? Uniquement de la loi qui leur a enseigné ces ombrages. Ils ne cèdent pas à une contrainte, à une intimidation, puisque l'habitude seule de l'usure constitue un délit. Mais ils savent que la loi réprouve tout contrat où l'une des parties abuse des besoins de l'autre, et qu'elle présume cet abus dans un service d'argent qui se fait payer au-delà d'un certain prix ; de là leur abstention toute volontaire. Ici la loi a été l'institutrice des mœurs. Si ce n'était la loi, chacun ferait l'usure aujourd'hui, tout comme la faisaient Brutus et Caton le censeur, les plus honnêtes gens de leur temps.

Ainsi, l'origine d'un Progrès moral ne ressemble pas toujours à son caractère privé ou public. Cependant l'Individu et l'État portent chacun en soi des principes particuliers de Progès moral. — Tels sont chez l'Individu : 1° la culture croissante de l'esprit, qui révèle aux hommes la relation du juste et de l'utile ; 2° le développement des richesses, qui est un moyen pour les riches de jouir intellectuellement, un moyen pour les pauvres de vivre laborieusement, au lieu des sensualités et des violences qui caractérisent toute époque dénuée de capital. — Le principe du Progrès moral chez l'État, c'est une constitution telle qu'il domine les intérêts particuliers. A certaines époques, il est bon même qu'il domine ses propres édits. Aurions-nous, depuis plusieurs siècles, de bonnes lois contre les banqueroutes, contre la fausse monnaie, contre les voies de fait, si le souverain ne se fût senti fort au-dessus de leurs applications? Il en est des volontés souveraines comme des dernières volontés, d'autant plus saines qu'elles n'obligent pas leur auteur. L'équité est facile à tel législateur, comme la générosité au testateur : leur manière de faire le bien, c'est simplement de le vouloir.

Mais enfin, cela entendu, y a-t-il un Progrès moral? où se montre-t-il, et surtout d'où vient-il?

Chez les particuliers, ce Progrès a des caractères assez marqués.

D'abord, nous voyons paraître au moyen-âge certains types d'une morale supérieure et progressive, le chevalier, le prêtre et plus tard à un degré inférieur, le magistrat. Faut-il voir là des cas de morale privée, procédant d'une initiative privée? Oui, sans doute, encore qu'ils se soient produits parmi les castes gouvernantes, car les vertus idéalisées par ces types n'étaient pas des vertus de gouvernement : on restait, tout en les professant, un maître dur et avide. C'étaient des vertus qui touchaient au respect de soi-même et à l'œuvre du salut : de la morale personnelle plutôt que relative, que politique surtout ; conçue, il est vrai, au sommet de la société, par des personnes ou par des classes souveraines, mais dans leur qualité privée et pour un usage privé. Ce perfectionnement n'a rien d'officiel, pour être né là seulement où il pouvait naître au moyen-âge, c'est-à-dire à ces hauteurs où la dignité de l'homme s'entretenait et s'exaltait par l'indépendance.

Plus tard, le Progrès moral chez les particuliers a pris d'autres formes. Aujourd'hui, la probité des cartes, la loyauté des duels (ils n'étaient pas toujours sans reproche entre raffinés), le souci de l'éducation chez les parents, sont tout autre chose qu'autrefois. Qui pourrait dire si ce dernier trait tient à l'influence de Rousseau ou à celle du code civil, qui a établi, non-seulement l'égalité des droits successoraux, mais d'une manière plus générale les droits de l'enfant? Il a été donné au dix-huitième siècle de comprendre la nature, soit dans le pittoresque, soit dans les affections. Rousseau et Bernardin de Saint-Pierre furent à cet égard des révélateurs. Il est fort à remarquer que les parents prirent le sentiment le plus élevé de leurs devoirs, alors que leurs droits furent le plus réduits. Le fait est que limiter un pouvoir, c'est lui apprendre qu'il n'existe pas seulement par et pour lui-même. De là à comprendre qu'on existe pour d'autres et qu'on a des devoirs envers eux, il n'y a pas loin, la nature aidant. Aux gouvernements la leçon qui borne leurs pouvoirs a besoin d'être faite plus d'une fois : la nature ne leur dit rien là-dessus, mais les révolutions parlent quelquefois pour elle. Quoi qu'il en soit, le législateur semble avoir appris aux parents ce qu'ils avaient négligé jusque-là, et cela est de sa part une grande restauration de morale privée.

L'amélioration morale de l'État consiste en ce qu'il ne se permet plus ni la confiscation, ni la banqueroute, ni les voies de fait dont les dernières victimes illustres furent Guise, d'Ancre, Fouquet. Ce Progrès tient au compte que les gouvernements doivent rendre de leurs actes : et comme ils ont subi la réforme politique qui les assujettit de la sorte, le Progrès moral que nous venons d'indiquer n'est pas imputable à leur initiative.

Le progrès moral des lois est d'une origine plus complexe : il faut les distinguer en criminelles et en civiles.

Dans les premières, la réforme des peines appartient à l'initiative de l'État, Qu'un malfaiteur avéré soit frappé d'une peine plus ou moins forte, ce n'est pas là ce qui émeut l'opinon : elle n'arme pas pour si peu. Mais elle prend au vif tout ce qui concerne les formes de la justice criminelle; car ici les formes sont des garanties. Burke n'est pas juste envers l'esprit public de son pays, lorsque, dans son mémorable discours sur l'insurrection des États-Unis, il attribue à ses concitoyens pour unique passion politique, le vote annuel de l'impôt. La liberté des personnes, sous le nom *d'habeas corpus*, tient une grande place dans *la pétition des droits*, et figure d'un bout à l'autre dans les troubles de l'Angleterre au dix-septième siècle. On y pensait un peu partout. Croirait-on que nos État-Généraux de 1614 ont émis le vœu que toute personne arrêtée fut interrogée dans les vingt-quatre heures?

Ainsi, l'instruction criminelle se réforme en général sous l'empire de l'opinion et de la conscience publiques ; quant à la partie de ces lois qui consiste dans *l'incrimination*, c'est le gouvernement qui en a l'initiative, en tout pays qui connaît l'usage des statistiques et les fonctions du *ministère public*, cet observateur né des tendances morales d'une société. Ailleurs la société dénonce elle-même au législateur ce qui la blesse, plutôt ce qui la blesse que ce qui est immoral en soi. Ainsi elle laissera subsister la loterie, les maisons de jeu, les prêteurs sur gages.

On abrége pour en venir au sujet autrement grave du Progrès moral dans les lois civiles. Ce n'est pas toutefois qu'on ait le dessein de s'y appesantir.

Rechercher en ces lois toutes les applications de la morale; noter à chaque époque le développement de ces applications; démêler l'origine officielle ou privée de ce développement, serait l'affaire d'un livre : et ce livre où l'on verrait comment furent traités, aux différents âges du monde, l'état des personnes, la discipline des familles, le régime de la propriété, l'objet et la valeur des contrats, ressemblerait fort à une histoire de la civilisation.

Je m'en tiens pour le moment à cette observation, que naturellement les hommes se maltraitent. Ce n'est pas qu'il n'y ait en eux certains éléments d'expansion et de bienveillance. Mais qu'est-ce que cela? des sentiments, des notions : Tandis que l'égoïsme qui tantôt concentre les hommes en eux-mêmes, tantôt les jette les uns sur les autres, est un appétit. Songez un peu à tout ce qu'il y a de puissance, d'entraînement sous ce mot : ou plutôt ouvrez seulement les yeux. L'égoïsme fait un tel personnage dans le cœur de l'homme qu'il ne se laisse pas toujours attendrir, même dans celui du père et de l'époux : il a fallu que la loi réprimât cet instinct jusques dans le sanctuaire de la famille. Que des êtres doués de la sorte aient songé d'eux-mêmes à se modérer et à mettre dans la loi la modération, l'équité, que nous y voyons, cela semble peu probable. On n'abdique pas des instincts de cette véhémence. Au contraire, tout s'explique ici le plus naturellement du monde par l'initiative du législateur. Cette matière des lois civiles est celle entre toutes où le caractère du législateur a tout son désintéressement, toute son autorité. Il n'a peut-être pas ces qualités au même point dans la sphère des lois politiques, fiscales, criminelles ; il ne serait pas bien surprenant qu'il songeât avant tout à être riche, fort, terrible. Mais peut-il avoir dans les lois civiles, qui ne sont pas pour lui, qui ne font que régler des rapports au-dessous de lui, une autre pensée que celle du vrai et du juste? Comment le Progrès moral ne viendrait-pas ici du législateur, et comment viendrait-il des Individus? On ne comprend pas plus l'une de ces choses que l'autre.

Si l'on savait les origines du droit romain, on serait bien près de savoir quelle est l'origine de nos lois, qui lui ont tant d'obligations. Il y a certaines sources officielles du droit romain qui ont des noms propres, Papinien, Ulpien et quelques autres : mais rien n'est simple au monde; rien ne peut l'être, surtout dans une telle élaboration. On aperçoit aux bases de ce monument, et la morale de stoïciens, et le travail continu d'une société, où la jurisprudence était l'affaire de chacun, à l'égal du gouvernement et de la guerre; tellement qu'il n'y a pas de mots en bon latin pour dire avocat et magitrat. On ne peut nier toutefois que la puissance souveraine déléguée à des grands esprits n'ait une place considérable dans les lois romaines et n'assigne une part a l'état, l'initiative du Progrès moral qu'elles constiuent. Si je vois quelque part les mœurs se corrompre, ce qui n'est pas douteux de l'empire romain, et la théorie morale s'élever dans les lois, le moyen d'attribuer ce Progrès à des influences privées?

Au surplus, on peut mesurer la valeur de ces influences et les juger à l'œuvre. Il y a des lois dont l'origine est purement privée, ce sont les lois féodales : car le principe des fiefs n'est que celui de la propriété, plus une hiérarchie convenue de propriétaires. Cette société n'était qu'un contrat, et ce contrat n'avait pas de juges, pas d'arbitres. Qu'y a-t-il là de politique? Il reste à savoir, et ce n'est pas une question vraiment, si ces lois sont un monument de droit et de raison, ou un expédient de barbares, meilleur que l'anarchie et rien de plus. La féodalité! voilà le chef-d'œuvre de l'Individualisme : et cela, pour le dire en passant, ne laisse pas que d'être une réponse à l'objection qui tient tout socialisme pour rétrograde, pour renouvelé de Minos et de Lycurgue. En fait d'ancêtres, il en est peu qui ne vaillent le moyen-âge.

Aujourd'hui l'Individualisme ne nous montre pas ses œuvres, mais ses lacunes. Aux États-Unis, point de lois contre la banqueroute ni contre l'esclavage. On voit là deux choses : — Qu'il faut à une société non pas un appareil législatif quelconque, mais un législateur sainement constitué, c'est-à-dire qui la domine autant qu'il la représente : nous avons eu quelque idée de cela en proscrivant le mandat impératif ; — Que rien ne remplace cet organe du droit, et par cela même du Progrès : les classes lettrées n'y suffisent pas : elles ne font pas défaut à l'Amérique de Nord, qui jouit d'ailleurs, par le bénéfice d'une langue commune, de tous les produits intellectuels de l'Angleterre. Cependant les États-Unis ne font pas les lois qu'a faites la Grande-Bretagne, contre les énormités qu'on signalait tout à l'heure : je n'en puis trouver d'autre raison, si ce n'est que le législateur est trop près de la société.

§

Au moment de parler du Progrès en fait de lettres, de sciences, d'arts, de pensée générale, un premier doute nous arrête. Est-il possible en vérité de reproduire à cet égard la question de l'initiative privée ou de l'initiative officielle ? Est-ce que tout ouvrage d'esprit n'est pas purement individuel ? Est-ce que l'État n'est pas également incapable, soit de communiquer aux Individus les qualités d'esprit qui leur manquent soit d'exécuter, à titre de service public, les choses d'intelligence ou d'imagination ?

Il est bien sûr que l'État le plus curieux de fonder

une civilisation intellectuelle, n'y pourra rien, si l'intelligence fait défaut à ses sujets. Mais s'ensuit-il que l'intelligence, livrée à elle-même, doive nécessairement germer et s'épanouir? Rien n'est plus douteux. Les qualités de l'homme ne paraissent pas toujours par cela seul qu'elles existent, et les aptitudes les plus réelles ne sont pas toujours des vocations. Pour peu qu'on évoque de souvenirs historiques ou personnels, on arrive à reconnaître une véritable différence entre les dons d'esprit qui distinguent telle nation, tel individu, et la fortune qui leur est échue. On demeure tout frappé de cette disproportion entre la puissance et les actes, entre les virtualités et les faits. Pourquoi les destinées ne ressemblent-elles pas toujours aux facultés? D'où vient ce sophisme, ou plutôt cette dissonnance qui remplit le monde?

C'est qu'autre chose est l'esprit, ou la volonté; autre chose encore est l'esprit uni à la volonté, ou l'occasion de déployer ces dons. Des qualités réelles peuvent demeurer inertes et improductives faute d'un ressort intime ou d'une impulsion extérieure pour les mettre en mouvement : la paresse et le hasard sont de ce monde. Quelquefois c'est le climat qui pèse sur ce ressort, comme en Espagne et au Mexique. Quelquefois l'inertie des organisations tient à un équilibre de qualités heureuses. *S'il y avait un peuple*, dit Montesquieu, *qui eût l'humeur facile, une ouverture de cœur, une joie dans la vie...* Il serait fort possible qu'un peuple ainsi fait se contentât en toute chose d'à peu près, et que portant en lui-même cette facilité de bonheur, il fût peu capable d'efforts, de tension spontanée. Est-ce que le génie de la France n'eut pas toujours le fond de toutes les prospérités économiques? Il n'y parut cependant qu'à partir de Colbert?

Je vais au devant d'une objection. Des qualités transcendantes parviendront toujours à se produire : rien n'est obstacle au génie et à l'héroïsme. Je maintiens seulement ceci : que les diminutifs, précieux et considérables néanmoins, de ces dons sublimes peuvent fort bien rester enfouis et inactifs au grand détriment de la société, si le champ ne leur est ouvert et l'aiguillon administré de main de maître.

Que faut-il conclure de tout ceci? que l'État doit créer des académies, des musées, des bibliothèques, des bourses, des cours d'enseignement supérieur, ce qui est le moyen d'éveiller les aptitudes intellectuelles, de les révéler à elles-mêmes, de les jeter dans leur voie. Il en est qui répondront à l'appel de l'État, sans être le moins du monde les élus de la nature. *Beaucoup prennent le thyrse, mais peu sont inspirés du dieu*, disait un vers orphique? Une société où les esprits sont à ce régime entendra la note plaintive du génie méconnu, de la grande âme incomprise, l'hymne des avortons enfin. Qu'importe? l'essentiel est que la société jouisse de toutes ces forces, et cherche son bien par tous les organes dont elle dispose. La nature ne crée pas les hommes supérieurs pour eux-mêmes. Elle aurait bien de la peine à justifier ses voies, ayant fait les hommes inégaux, si en même temps elle ne comportait un moyen tel que l'État d'évoquer les êtres d'élite, et de les appeler à toute leur valeur, à tous leurs services.

Il y a toujours profit à solliciter, à secouer les intelligences. *On s'imagine,* écrivait M. de Maistre au Ministre de l'Instruction publique du czar, *qu'on a tout fait lorsqu'on a ouvert un Institut, établi et payé des professeurs. Rien n'est fait au contraire, si la génération n'est pas préparée : l'État se consume en frais immenses, et les écoles restent vides.* Tout autre fut l'évènement en Russie : l'État fit de grands frais et les écoles se remplirent. Nous y trouvons 460,000 élèves en 1835, au lieu de 109,000 qu'elles comptaient en 1804. Les officiers russes ne sauraient pas lire, si les choses eussent été menées comme l'entendait M. de Maistre, si on eût attendu *que la génération fût prête,* au lieu de la préparer.

Mais tout ceci ne touche pas le fond de la question. Pour juger si l'esprit humain est bien ou mal servi par les gouvernements, il faut voir s'ils lui livrent ou lui défendent certains sujets, comme la politique, la religion, la philosophie. Le secret du Progrès intellectuel est là tout entier. l'Etat fermant cette carrière à la pensée, c'est bien en vain qu'il encouragerait les sciences, les lettres, les arts. Les esprits languissent dans l'espace qui leur est laissé, quand ils sont privés de celui qui est leur besoin et leur droit. Il en est de l'esprit comme de certains organes qui s'atrophient, s'ils n'ont tout leur aliment ou plutôt toute leur fonction.

Ne me dites pas que certaines époques connurent toute la splendeur des lettres et des sciences, à côté d'un médiocre essor de ce que nous venons d'appeler *la pensée.* Si c'est à la France du dix-septième siècle qu'on fait allusion, je répondrai qu'elle ne se portait pas encore aux nouveautés d'esprit, que ce besoin n'y était pas né : nulle oppression dès-lors, nulle disgrâce sensible pour les intelligences, qui gardaient toute leur puissance, avec le sentiment intact de leur dignité. Mais qu'une société nantie du libre examen, en soit destituée, c'est un tout autre cas : elle perd du coup son ressort, son haleine : le secret des grandes œuvres lui est ravi : vous n'y verrez plus que des pièces de théâtre, des romans, des tableaux, comme ceux que nos pères ont subis, depuis le commencement de ce siècle jusqu'à la Restauration.

Ne me dites pas non plus que les sciences s'accommodent de ce régime, et savent y prospérer. Ce détail me toucherait peu. Je ne connais pas de civilisation fondée sur la géométrie et la chimie. Ce n'est pas par les sciences que le monde marche. Est-ce que la Chine a fait un pas en avant pour avoir découvert la boussole, l'imprimerie, la poudre à canon? Les sociétés n'avancent que si elles ont un but qui les attire en s'adressant à l'homme tout entier; et ce but, cet idéal, c'est l'esprit seul qui le découvre, dans la pleine liberté de ses jugements sur l'ensemble des intérêts humains. La science, elle, n'avise et ne pourvoit qu'au bien matériel des sociétés, ce qui est une partie seulement de leur Progrès; elle est muette sur le bien et le beau. Jamais les sciences, avec ce qu'elles comportent de vérités démontrées, ne vaudront pour l'esprit humain ces chimères, si l'on veut, qui s'appellent philosophie, religion, politique. Une société s'élève plus à la poursuite de ces abstractions, à ces assauts de l'infini, qu'à la découverte de la gravitation et de l'électricité. Ce qu'elle entrevoit à cette hauteur est d'une telle nécessité pour les âmes, d'un tel fondement pour les droits, que le simple aperçu en est supérieur à ce qui se palpe, à ce qui se démontre dans l'ordre scientifique : ce n'est pas la certitude, mais c'est la vie.

Je ne sais si nous voyons tout en Dieu, comme l'entendaient les Cartésiens. Mais que de choses dans cette notion, dans cette vision! non-seulement toutes les sanctions d'une autre vie, mais tous les droits humains dès à présent. Si Dieu est tout-puissant, il est créateur : s'il est juste et bon, il n'a pas créé des êtres dans la même lumière, pour mettre les uns comme un escabeau sous le pied des autres. Ici nous apparaissent les titres du genre humain et la vérité sociale en son gîte.

Aussi, remarquez-le bien, les premiers déistes que le monde ait vus, les Juifs, firent entendre les premières réprobations de l'esclavage. Par là ce petit peuple de médiocre apparence se préparait à enfanter le christianisme : et le Progrès, lui, a de bien autres obligations qu'à l'astronomie des Chaldéens, qu'à la géométrie des Égyptiens, qu'à la navigation des Phéniciens et des Carthaginois.

Telle est la libre pensée, l'âme du Progrès. Il nous reste à rechercher comment les gouvernements l'ont servie ou entravée. Nous avons vu que dans l'Europe chrétienne, le gouvernement du monde se divisa pour la première fois en spirituel et en temporel. Il faut réconnaître que dans la lutte de ces deux pouvoirs et par le fait même de la lutte, les droits de l'esprit humain furent représentés et exercés par le Temporel, c'est-à-dire par l'État. Le spirituel rendit d'autres services qui étaient d'entretenir la conscience humaine, la lumière morale, parmi les sauvages qui occupaient l'Europe au moyen-âge, qui peut-être en fussent venus à la polygamie, si ce n'eût été la cour de Rome. Bref, ces deux puissances se continrent l'une l'autre; mais si l'une fut empêchée de violer toute morale, l'autre ne put opprimer toute pensée. Les droits du pape sur la pensée, sa souveraineté absolue sur l'esprit humain furent tenus en échec, pendant tout le moyen-âge, par les empereurs d'Allemagne, par les rois de France, et vers la fin de cette époque par les souverains allemands ou anglais qui prêtèrent les mains à la Réforme. Ce n'est pas que l'émancipation de la pensée humaine ait jamais été professée par les rois; ils ne tiennent pas école de pareilles doctrines; mais à défaut de principe énoncé, il y eut de leur part un exemple : la logique fit le reste.

Ainsi, pendant tout le débrouillement de l'Europe chrétienne et barbare, l'État fut le gardien, le fauteur implicite des droits de l'esprit humain; il fit du moins obstacle à une puissance qui affectait le gouvernement de la pensée, et discrédita parmi les peuples cette prétentention par sa résistance.

Que si nous laissons le passé pour le présent, le personnage de l'État, par rapport à la libre pensée, est facile à reconnaître, moyennant une distinction. Hostile à la pensée en tant que réformatrice politique, l'État n'a nulle raison de lui être défavorable en tant que réformatrice sociale ou religieuse : bref, l'État favorise l'esprit humain dans la même mesure que les droits humains c'est-à-dire en deçà de la politique.

Mais alors l'initiative du Progrès politique et du Progrés de la pensée, appartient donc à l'Individu? Cela est évident, et il suffit dès-lors de l'énoncer. Comme l'initiative privée est également évidente dans d'autres cas de Progrès; on ne s'étonnera pas que nous l'ayons simplement indiquée où il y avait lieu, réservant nos explications pour l'initiative de l'État qui n'a pas au même degré la lumière et la faveur d'un lieu commun.

§

Ces réflecxions s'appliquent de tout point à la seule question qui nous reste en ce sujet, celle des origines du Progrès économique.

Tout d'abord on n'aperçoit dans cette sphère que l'Individu; il n'est que lui pour travailler et pour épargner, c'est-à-dire pour créer le capital. A soutenir d'une manière générale que chacun est le meilleur juge de ses intérêts, on s'aventure beaucoup; mais chacun à coup sûr est le meilleur juge des efforts, des privations, des souffrances qu'il peut endurer. C'est par là que le travail privé l'emporte sur le travail dirigé par l'État. Jamais l'État ne ferait à ses travailleurs une condition aussi misérable que celle dont se contente souvent le travailleur libre. Par cette énergie qui crée le capital, l'Individu est un puissant initiateur de Progrès économique, mais il faut voir s'il est la seule force qui s'applique à cette œuvre.

Ce progrès a des éléments divers et complexes. Il se compose non-seulement de production, mais d'échange : et la production elle-même a pour agent non-seulement le travail, non-seulement le capital, mais la terre. Ceci commence à nous découvrir comment l'État peut être mêlé en qualité d'initiateur au Progrès que nous analysons. L'individu, avons-nous dit, excelle à produire avec des éléments tels que le travail et le capital. Mais l'État lui apporte cet autre élément qui est *la terre*, quand, par voie de colonies, il s'empare de pays non appropriés. En outre, la richesse ne vit pas moins d'échange que de production. Or, ici le rôle de l'État est encore plus actif : monnaies, routes, postes, banques, annexions de territoire, extension du marché national, telle est la façon variée dont il prend part aux échanges. Ajoutons que l'échange, le commerce est un principe infaillible de richesse nationale. Certaines prospérités célèbres dans l'histoire n'eurent pas d'autre source; de petites nations qui n'étaient guère qu'un port, ont fait par là une grande figure parmi leurs contemporains. La raison en est que les choses, aux lieux où elles se produisent, ont un prix réglé par le travail qu'elles coûtent, et une vente bornée par le chiffre de la population. Au loin, elles rencontrent une consommation sans limites : en outre, elles prennent une valeur démesurée de fantaisie, de monopole. Il est d'ailleurs naturel qu'un pays commerçant devienne un pays producteur. Il y a dans les produits exotiques quelque chose qui les fait désirer, une véritable excitation à produire, c'est-à-dire à créer des matières échangeables. « S'il n'était possible, dit Malthus, d'obtenir par les machines qu'un surcroît de produits indigènes, il y aurait tout lieu de craindre un ralentissement dans les efforts de l'industrie. Le paysan qui pour avoir de quoi s'acheter du thé ou du tabac, pourrait être disposé à travailler quelques heures de plus, pourrait aimer mieux ne rien faire que d'avoir un nouvel habit. »

Quand Malthus écrivait cela, il y avait déjà plus d'un siècle que les cabinets de l'Europe s'adonnaient à la richesse publique et la poursuivaient par le commerce. Le souffle économique avait passé dans leurs conseils, et primé résolûment l'ambition, le fanatisme. On eut dit qu'il n'y avait plus qu'une passion d'État, l'avarice; qu'une affaire d'État, le commerce, seul capable de féconder, d'enrichir la matière imposable. Tous les gouvernements travaillèrent à cette fin, comme il est en eux c'est-à-dire par des extensions de territoires et de débouchés. Au moindre coup d'œil jeté sur l'histoire du dernier siècle, on s'aperçoit que toutes les guerres y sont des guerres de colonies. L'Angleterre se montre dès-lors infatigable à dépouiller l'Europe de ses possessions d'outre-mer. Deux fois elle déclare la guerre à l'Espagne, tantôt, en 1740, pour protéger sa contrebande, tantôt, vingt ans plus tard, sous prétexte du pacte de famille. Avec la France, elle fait çà et là des traités, mais qui ne concluent rien, qui n'empêchent rien, si ce n'est sur le continent. Malgré celui d'Aix-la-Chapelle (1748), les hostilités continuent dans l'Amérique et dans l'Inde. C'est d'un conflit sur la frontière du Canada, qu'est née la guerre de Sept-Ans où la France perdit tout en ces deux contrées. L'envahissement est continu, imperturbable. Rien ne lui fait obstacle et tout lui est sacrifié. On a des embarras, des désastres même, dans la lutte contre les États-Unis : on ne déclare pas moins la guerre à la Hollande. On a des alliés anciens, nécessaires : on ne leur fait pas moins payer l'alliance d'un prix colonial : l'empereur Charles VI ne gagne le cabinet anglais à ses vues ou plutôt à sa fille Marie-Thérèse, que moyennant dissolution de la compagnie d'Ostende, fondée pour le commerce des Grandes-Indes.

Mais où cette politique se prononce, se couronne surtout, c'est dans les guerres de la République et de l'Empire. Hors du continent, le pavillon britannique est partout. De même que la Hollande avait pris les colonies portugaises pendant l'annexion du Portugal à l'Espagne, de même la Grande-Bretagne met la main sur les colonies de la Hollande et de l'Espagne pendant l'occupation française de ces États. Tels sont pour elle les fruits de la guerre, et les traités n'ôtent à cette politique consommée que ce qu'elle veut bien céder de ses innombrables conquêtes.

On voit quel fut le terrain essentiellement économique des luttes internationales pendant plus d'un siècle. Il est clair que les gouvernements y jouent un grand rôle, mais quel rôle ?

Ont-ils inventé cette politique qui marche à la richesse par le fer et le feu? Ont-ils deviné et appliqué à cette occasion la théorie de M. Necker sur les dépenses productives, ou bien n'ont-ils fait qu'obéir à une impulsion suprême de l'esprit public ? Cette question, bien entendu, ne peut être posée que pour la Grande-Bretagne seul pays où l'opinion eût une voix, où l'esprit public fût une puissance, à l'époque dont il s'agit.

Pour nous, l'initiative de l'État n'est pas douteuse.

D'abord, s'il est un champ qui lui appartienne en propre, c'est la politique étrangère avec ses notions complexes, ses vues aquilines, ses qualités d'esprit et de conduite qui semblent réservées aux intelligences les plus éclairées dans la position la plus lumineuse. En aucun pays, l'opinion, c'est-à-dire la moyenne des esprits, n'a ce qu'il faut de clairvoyance et de suite pour cette partie des affaires publiques.

L'État est partout le directeur naturel de la politique étrangère. Que si en outre cette politique impose à un pays de lourdes charges, des sacrifices continus, des nouveautés pleines d'angoisses, vous pouvez le dire hardiment : cette conception est celle de quelques hommes, d'une classe peut-être ; mais elle n'est pas un produit de l'opinion générale, un dictamen de l'esprit public. Les peuples ne vont pas d'eux-mêmes à de telles aventures, et ne cultivent pas l'avenir à ce prix.

C'est ce qu'on a vu de reste en Angleterre depuis le commencement du siècle dernier.

La guerre entra dès-lors dans le plan de la politique anglaise, et devint une maxime, une tradition de cabinet. Mais l'opinion ne fut jamais acquise à cette politique, et la fit même hésiter plus d'une fois.

Lord Chatham, pour avoir voulu déclarer la guerre à l'Espagne, au premier mot du pacte de famille, dut quitter le ministère ; mais le projet fut repris et exécuté par ses successeurs.

Le second, Pitt, après la bataille de Marengo, fut contraint de se retirer pour laisser faire la paix d'Amiens, *an experimental peace*.

L'opinion n'était pas moins prévenue, ou plutôt moins irritée contre les agrandissements dispendieux et téméraires qui se faisaient dans l'Inde ; et cela rappelle un peu, pour le dire en passant, certain éloignement que nous avons vu en France contre notre occupation de l'Algérie : tous les peuples se ressemblent. On sacrifia à cette colère Warren Hastings, un des fondateurs de la puissance anglaise en Orient; et puis l'on continua d'en user avec l'Inde, comme les ducs de Savoie avec le Milanez ; « un artichaut qui se mange feuille à feuille, » disait Victor-Amédée. Tout cela à travers quelles clameurs, on le devine sans peine ! C'était avec consternation que les Anglais voyaient grossir d'année en année le chiffre de leur dette publique : deux milliards pour la guerre de la succession d'Autriche ! trois milliards pour la guerre de Sept-Ans ! Il y avait là de quoi frapper les yeux de la tête, et le public, qui n'en a pas d'autres, se livrait aux illusions les plus lamentables de banqueroute imminente, d'abîme entr'ouvert. Sir John Sinclair, auteur d'une *Histoire de l'Impôt*, a laissé un curieux témoignage de cette opinion publique. Il donne des extraits de vingt-deux écrivains qui ne cessèrent, pendant le dernier siècle, de déclarer à leurs concitoyens que c'en était fait de la patrie, qu'elle était perdue de finances et ruinée à jamais. Ces prophéties duraient encore lorsque survinrent la monnaie de papier, l'impôt sur le revenu, les appréhensions de descente, le blocus continental. Croira qui voudra que les peuples sont curieux de pareilles luttes, qu'ils appellent la tempête et l'imposent à leurs hommes d'État. Le fait est que la nation anglaise subissait avec un mortel déplaisir la politique audacieuse de ses gouvernants. Mais Pitt avait lu l'épitaphe gravée à Westminster sur le tombeau de son père (1), et, cherchant lui aussi, la prospérité par la gloire, c'est-à-dire la richesse par la guerre, il mit les armes à la main de la Grande-Bretagne, et la déchaîna sur toutes les colonies, sur toutes les mers, sur tous les marchés du monde. Les évènements, les chiffres même, se déclarèrent pour cette politique. Tel fut l'essor du commerce anglais, de 1792 à 1815, que le produit des droits de douane en fut triplé (2), ce que l'on n'avait vu à aucune époque antérieure, et ce qui n'a pas reparu depuis lors.

Voilà quelle est l'initiative qui appartient aux gouver-

(1) Érigé par le roi et le parlement comme un témoignage des vertus et de l'habileté de William Pitt, comte de Chatham, durant l'administration duquel, sous le règne de George II et George III, la divine Providence a élevé la Grande-Bretagne à une hauteur de prospérité et de gloire qu'elle n'avait pas connue jusqu'alors. Né en 1708, mort en 1778.

(2) Le produit des droits de douane en Angleterre était de deux millions st. en 1763 — de quatre millions quatre cent mille st. en 1792 — de onze millions trois cent mille st. en 1815 — de vingt-deux millions st. en 43. (Mac Culloc, *Treatise* ou *taxation*, p. 103).

nements dans la sphère du Progrès économique : ils excellent à féconder la production par des accroissements de territoire, à développer le commerce par l'ouverture de nouveaux marchés et de nouveaux objets d'échange.

Maintenant, si l'on voulait déterminer la part respective de l'État et des Individus dans les origines de ce Progrès, on trouverait encore quelques éléments de solution dans cet exemple de la Grande-Bretagne qu'on ne peut quitter quand il s'agit d'observations économiques. Nous venons de voir quels espaces et quels débouchés furent conquis par l'État pour ses industrieux sujets. *Wortd was all before them*, comme dit Milton. Ils ne firent pas défaut à cet appel de la fortune. Grâce aux découvertes de Watt et d'Arkwright, ils couvrirent de tissus et de fer le monde qui s'ouvrait devant eux : La Grande-Bretagne dut à ces nouveautés la force de supporter vingt ans de guerre avec les dépenses que l'on sait (1). Ainsi l'énergie individuelle fut à la hauteur de l'énergie officielle. Il n'en faut pas moins pour le Progrès. Que serviraient les impulsions et même les avances de l'État, si les Individus n'étaient d'humeur à en profiter? Aussi bien, que deviendraient la sève et l'énergie croissante des Individus, si elles ne trouvaient à se répandre sur les territoires et dans les relations que l'État seul est capable de leur ouvrir?

§

S'il fallait résumer ce qui précède, nous dirions : l'État est doué d'initiative, — pour mettre ordre à certains maux tels que le régime des castes, la misère, l'ignorance,— pour obliger les hommes qu'il traite en

(1) Voir le livre de M. Porter, intitulé : *Progress of nation.*

égaux à se traiter entr'eux équitablement, ce qui est l'effet des bonnes lois civiles. — Enfin, pour enrichir les hommes à sa manière, ajoutant à leurs moyens de production ou d'échange des colonies, des marchés lointains, des débouchés nouveaux.

Mais tout le Progrès ne tient pas dans cette initiative : si l'on se tourne vers l'Individu, on le trouve seul capable, soit de créer le capital, avec toutes ses suites de l'ordre moral et intellectuel, soit de créer la souveraineté nationale et le droit public qui contient les droits de l'intelligence, et par là le germe de toutes les découvertes, de toutes les améliorations.

Ainsi il ne serait pas exact de délimitér ce sujet en tenant l'État pour l'organe du droit et l'Individu pour le principe de toute richesse, car il appartient aux Individus de proclamer le droit des nations sur elles-mêmes. D'un autre côté, cet insigne accroissement de richesse, de prospérité qui s'obtient sur des territoires et sur des marchés nouveaux, est toujours la conquête de l'État.

Maintenant, l'initiative du Progrès est-elle officielle ou privée, selon les races, selon les institutions? Selon les races, oui. On pourrait citer telle race où le gouvernement joue un grand rôle, mais sous la direction supérieure de l'esprit public. Selon les institutions? peut-être : un peuple libre peut porter au pouvoir des hommes d'une telle supériorité qu'ils soient les premiers à concevoir et à vouloir le Progrès, et c'est même là l'effet naturel de la liberté.

Ce qui est le plus permis d'affirmer, est peut-être ceci : en toute chose qui passionne les hommes, l'État n'est que leur instrument; pour le surplus, il est souvent le guide et l'instituteur de la société. Cela ne revient pas à dire que les grandes choses procèdent de l'Individu et le reste de l'État; car des choses grandes en elles-mêmes peuvent n'être pas estimées telles par l'opinion, exemple : la liberté des cultes en Espagne, qui ne viendra bien sûr que de l'État.

Ainsi, les hommes ont plus d'un point de départ pour aller au Progrès. Quelquefois la société s'y achemine d'elle-même; quelquefois l'État prend les devants et l'entraîne à sa suite. Précieuses sont les qualités qui, répandues chez un peuple, y représentent un ressort anonyme et spontané de civilisation. Il y a un vice toutefois dans ce libre travail des peuples sur eux-mêmes : ce vice n'est pas moins qu'un obstacle à la formation des grandes nationalités. Que citerons-nous bien comme type de ces sociétés qui se civilisent elles-mêmes? Athènes, Florence, Venise, quelques villes des Pays-Bas, quelques ports de la Baltique? Il est certain qu'on a vu là les plus grands traits de la civilisation, tantôt réunis, tantôt isolés, une efflorescence variée d'esprit, d'art, de richesse qui ne devait rien aux cultures officielles. Mais cherchez donc sous cet éclat, une force, une consistance de nation! l'énergie des âmes, qui donne à ces petits peuples tant de vie et de relief, semble leur refuser l'espace et le nombre. Le temps leur appartient, c'est vrai : cette sève individuelle a des fruits dont nous vivons encore, mais enfin elle ne se noue pas en nations. Fierté des caractères, hauteur des esprits, impatience de la règle, autant de dissolvants. Entre Individus âprement doués, vous ne verrez pas ce grand accord pour obéir qui fonde ces puissantes machines appelées nations. Comment se ferait-il de l'agrégation et de la hiérarchie avec des éléments qui se suffisent dans leur force, qui se hérissent dans leurs angles? Partout où la *plante-homme*, comme dit Alfieri, naît plus vigoureuse, et par cela même plus épineuse, vous ne verrez que petits États indépendants les uns des autres, jusqu'à l'aversion, jusqu'à l'hostilité ; tout au plus atteindront-ils le lien fédéral. On sait que penser à cet égard, quand on a vécu parmi les partis avancés où l'excès des idées plaît à la véhémence des caractères, et divise les hommes en mille fractions antipathiques, indisciplinées.

Mais, me direz-vous, qu'importent les grandes nations! Est-ce donc l'espace et le nombre qui ont charge du Progrès? Est-ce que telle petite ville de la Grèce antique ou de l'Italie moderne n'a pas brillé sur le monde d'un immortel éclat, tandis que les masses ténébreuses qui pullulent dans les steppes sans fin de la Haute-Asie n'ont pas plus d'histoire que leurs troupeaux?

Non vraiment, je n'entends pas mesurer ce que valent les peuples en les comptant ou en les arpentant. Il y a cependant une puissance pour le Progrès dans la population et dans le territoire. De grandes nations ont pour elles la variété des climats et des races, c'est-à-dire ce groupement des forces naturelles et humaines qui est nécessaire pour atteindre dans sa complexité la civilisation tout entière. En outre, elles n'excellent pas moins à propager qu'à créer la civilisation. C'est tout autre chose, soit pour une institution, soit pour une idée, de naître à Genève, à Weimar, ou de naître à Paris. Si la Révolution française eût éclaté à Amsterdam, elle y eût péri sous quelque compression monarchique; nous en avons pour preuve la tentative manquée ou plutôt étouffée des républicains hollandais en 1787 : une armée prussienne parut à la frontière, et tout rentra dans le silence. La force des grandes nations est une vertu pour défendre et pour répandre leurs idées; elle est en outre, sans coup férir, un crédit acquis à ces mêmes idées. L'importance politique et militaire d'un peuple prête une faveur, une influence à ses œuvres d'art et d'esprit. C'est ainsi que la France s'engoua du théâtre espagnol, et l'Angleterre de notre dix-septième siècle : Charles-Quint et Louis XIV avaient passé par là.

Qu'on ne nous oppose pas l'exemple de la Grande-Bretagne, le pays le plus envahi et le plus déchiré qui fut jamais, jusqu'à la fin du onzième siècle. La conquête y établit alors une domination fortement constituée qui prévalut par cette force sur les clans de l'Écosse et sur l'anarchie de l'Irlande. Encore fallut-il pour qu'il se formât une nation sur ce territoire, qu'il fut protégé par la mer et par le travail analogue qui s'opérait en même temps dans toute l'Europe.

Ainsi le principe individuel est un obstacle à la grandeur collective. Comment l'ensemble se développerait-il quand le détail tire à lui? Au principe collectif on ne peut adresser un reproche analogue. Il est, lui, un ressort de grandeur et de développement individuel. Il n'a de valeur, il n'a de sens que par là. L'État peut-il professer une autre fin que le Progrès, c'est-à-dire que l'Individu à perfectionner et à grandir? Voilà ce qui me frappe, ce qui m'attire dans le personnage de l'État?

Il ne manque pas aujourd'hui de systèmes qui vont à l'effacement de l'Individu. Le socialisme, le panthéisme, le traditionalisme font une certaine fortune parmi les esprits. Il ne faut pas s'en étonner. On jette une vive lumière sur les plus grands sujets de la pensée, quand on montre comment les hommes sont liés entre eux, liés au passé, liés à la nature. Mais vous n'ôterez pas de ces problèmes l'Individu, avec des droits et des caractères qui ne sont pas moins que le Progrès de sa condition, l'inviolabilité de son esprit, l'immortalité de son âme. Il n'est qu'un point dans l'espace, il ne dure qu'un jour à nos yeux; il n'en est pas moins la seule fin que nous sachions, à tout ce qu'il y a d'êtres de forces, de lois.

« *Je ne sais*, disait un ancien, *s'il est un spectacle*

plus digne d'attirer les regards de la divinité que la lutte de l'homme de bien contre la mauvaise fortune. J'en demande pardon à Sénèque : il y a quelque chose d'encore plus grand que l'aventure de Caton, c'est la lutte de l'homme contre lui-même, où éclatent toutes les puissances de sa nature, instincts, pensée, libre arbitre surtout; c'est le duel du bien et du mal dans le cœur du plus humble mortel. Cet atome, cet éphémère s'élève par là au-dessus de toutes les masses et de toutes les durées. Il se trompe peut-être, mais il ne présume pas trop de lui même quand il traite toutes choses au monde d'épisodes à son usage.

Si vous retranchez Dieu de l'univers, l'Individu n'en est que plus grand, car il en est désormais l'unique pensée, l'unique conscience. Si vous faites de la société et de ses développements une religion, comme l'Individu est la substance des sociétés, comme il est l'objet de leurs développements, il est l'idole nécessaire de cette religion. Vous ne pouvez en faire abstraction nulle part.

Aussi quand nous invoquons l'État comme un agent de Progrès, ce que nous estimons en lui, c'est l'instrument capable entre tous d'améliorer et d'exalter l'Individu, c'est la force ajoutée aux forces individuelles pour atteindre le bien, le vrai, le beau, l'utile, à travers les infirmités de notre nature et de notre condition. D'un autre côté, nous croyons avoir dit à satiété que l'Individu, dans la mesure de ses lumières, est la base des gouvernements, ou plutôt le gouvernement lui-même. Est-ce donc négliger l'Individu que de le tenir pour le principe et la fin de l'État?

INTRODUCTION

Tout a été dit sur l'origine du Pouvoir, sur ses limites, sur sa forme : chacune de ces questions a occupé profondément la pensée des publicistes et des législateurs. Il n'en est pas de même d'un autre sujet non moins considérable, celui des attributions du Pouvoir.

Cependant un peuple n'en a pas fini, quand il a constitué lui-même son Gouvernement, avec les précautions voulues contre le despotisme et contre la licence. Cela fait, une question s'élève. Quelle est la sphère d'action de ce Gouvernement? Jusqu'à quel point peut-il toucher à la société dont il émane, en pénétrer la vie, en diriger les forces et les mouvements? C'est peu de s'être assuré contre la tyrannie et contre le désordre : il faut encore prendre soin du Progrès. Or, il ne s'agit pas de moins dans ce problème des attributions du Pouvoir.

Là-dessus on ne connaît que des aperçus ou des déclamations. Les partis et les sectes ont passionné ce sujet. Les Gouvernements l'ont traité, comme il leur appartient, au jour le jour, à mesure que les questions naissaient. A l'envisager froidement et dans toute son étendue, on ferait peut-être une chose nouvelle.

On ferait à coup sûr une chose utile et opportune.

L'Europe, à cette heure, est pleine de peuples parvenus ou s'acheminant à la possession d'eux-mêmes. Des Gouvernements se fondent, un peu partout, à titre de délégués des Nations. La puissance publique s'asseoit sur sa véritable base, et les luttes relatives au principe de la souveraineté semblent toucher à un dénouement. Bref, l'État se constitue, ce qui est le moment de se demander quelle est la compétence de l'État : si les castes abolies n'avaient pas des devoirs dont il hérite : s'il ne faut pas une dicipline aux nouveautés économiques qui éclatent dans une société progressive, une consécration aux nouveautés morales ; si les intérêts privés plus ardents et les intérêt généraux plus complexes, peuvent avoir un autre arbitre, un autre organe que l'État plus énergique et plus pénétrant, enfin, si la force gouvernante ne doit pas se développer au sommet de la société — soit pour remplacer celle qui naguères était disséminée à travers la société tout entière, dans la famille, dans la corporation, dans la caste — soit pour suffire à l'extension et aux appels incessants de la matière gouvernable.

Sur ces questions un préjugé s'élève et se répand, qui est en quelque sorte l'exclusion donné à l'État. On paraît croire que tout despotisme est une injure faite à l'humanité : que toute intervention de l'État est un échec au Progrès, un obstacle sous les pas d'une société, un dessèchement de ses forces vitales : que le bien suprême est la division des pouvoirs pour les peuples régis despotiquement, et pour les peuples libres, l'élimination systématique, peut-être même un jour l'abolition de l'État.

Ce préjugé a des origines fort complexes : les excès de doctrine et les excès de Gouvernement, tel socialisme récent et tel absolutisme contemporain. Généreuse erreur, quand elle croit stipuler les droits humains en bornant ceux de l'autorité ! Quelquefois cependant le rôle de l'État est contesté, non par aucun souci de la Liberté, mais simplement par appréhension des sacrifices que l'État demanderait aux citoyens, si son rôle prenait les proportions d'un sentiment, d'une vertu, et tournait à la philanthropie.

Il y a dans ce préjugé, quel qu'en soit le motif le plus général, un danger pour la Civilisation. Il n'est pas vrai de dire qu'elle ait pour unique ressort l'Individu avec ses œuvres et ses mobiles. Porter cette maxime dans la politique étrangère, dans la législation, dans les élections, dans la presse; en faire çà et là, suivant les circonstances, une propagande, un type, un mandat, c'est manquer la voie du Progrès, ou rejeter du moins un de ses instruments les plus sûrs.

Gardons-nous de maudire à priori tout despotisme. Il y a telle société où le bien ne peut venir que de là, et, celui dont elle a le plus besoin : l'affranchissement des masses. C'est le cas de la Russie. — N'allons pas non plus, dès qu'il est bruit d'une nouveauté, la revendiquer tout d'abord pour les Individus, et prendre à tâche d'en écarter l'œil et la main de l'État. Il n'y a peut-être que l'État, pour la mettre au monde ou pour la mettre à la raison, et cela, même parmi les nations les plus avancées. — C'est le cas des chemins de fer.

Mais laissons là les exemples.

L'Autorité ne peut périr ni même dépérir parmi les hommes : elle doit au contraire se développer.

Il est aussi naturel à l'homme d'être gouverné que d'être libre, parce que l'égoïsme fait partie de sa nature non moins que le sens moral. Mais il ne suffit pas de considérer la nature de l'homme. Il faut voir en outre sa condition, qui est de porter chaque jour plus de sujétions et de disciplines. Car le milieu qu'il habite, c'est-à-dire le monde physique et la société se compliquent à travers les âges, de forces et de rapports qui sont au plus haut point matière contentieuse, anguleuse, capiteuse, matière à Gouvernement, s'il en fût.

Le Progrès , pour être une loi certaine des sociétés, n'ôte rien à la vérité de cette remarque.

Qu'elle que soit l'énergie de cette loi, l'égoïsme ne peut disparaître : il est entré dans le plan du monde, comme moyen de conservation des êtres.

Il ne peut même se désarmer au point de cesser d'être offensif. Car si le Progrès, sous forme d'expérience, a le don d'éclairer les égoïsmes, d'un autre côté il les éblouit et les provoque, sous forme de nouveauté, les circonvenant d'une atmosphère de tentations imprévues où ne portent pas les leçons du passé.

Ainsi il n'est pas permis de croire que les Individus finiront, comme ont fini les peuples, par se gouverner eux-mêmes, et que telle soit la fin suprême du Progrès ; il faudrait pour cela changer quelques éléments de la nature et de la condition humaines. Les peuples d'ailleurs se gouvernent-ils eux-mêmes ? La chose vue de près laisse apercevoir un mécanisme qui dégage, qui superpose à la foule, des hommes ou même des classes d'élite. Tout Gouvernement est aristocratique en ce sens. *Le pouvoir ne peut appartenir*, dit Hobbe,. *qu'à un petit nombre de personnes ou même à une seule. Une démocratie n'est rien autre chose qu'une aristocratie d'orateurs*, *quelquefois aussi une monarchie d'un seul orateur*. Comme on ne peut rien imaginer d'analogue pour créer en nous la prépondérance des parties supérieures de notre être, on ne peut entrevoir dans la Liberté des Nations une promesse de Liberté pour les Individus.

L'Autorité est nécessaire, indestructible. Le Progrès peut en changer le titre et les façons ; mais il ne saurait toucher au principe même d'Autorité.

Parce que ce principe a dépouillé certaines formes violentes, vous n'en pouvez conclure qu'on le verra tôt ou tard s'abîmer ou abdiquer. Autant vaudrait dire que la propriété disparaîtra un jour, parce que certaines appropriations, celles de l'homme et de la puissance publique, ont disparu des pays civilisés.

Rien ne périt dans l'ordre moral, pas plus que dans l'ordre physique, parce que rien n'est sans une cause et sans une fin : c'est la loi d'un monde gouverné par une intelligence. Rien ne s'éternise non plus, tout se transforme et se reforme, parce que le Progrès est une des lois qui gouvernent le monde.

On aperçoit ici une raison de plus pour que l'Autorité non-seulement persiste, mais grandisse.

C'est le propre des choses réformées de reparaître avec plus de sève et de consistance. Le Christianisme n'est nulle part aussi vivant qu'en Angleterre : il y a plus que partout ailleurs ses suites naturelles d'ordre et de morale : ne serait-ce pas parce qu'il y a été transporté sur des bases nouvelles? Quand des choses consacrées par le temps s'en laissent pénétrer et modifier, quand elles s'accommodent à cette physionomie du monde qui change sans cesse, leur ascendant n'a pas de bornes, et l'on ne peut prévoir la fin de ces traditions qui entendent la raison. N'est-il pas naturel que l'Autorité devienne plus forte sous les mêmes influences qui font la religion plus sainte, et, comme nous le verrons, la propriété plus sûre?

La réforme la plus capitale qui puisse survenir en fait d'Autorité, est celle qui crée l'État.

L'État, c'est l'Autorité, existant non plus par elle-même mais par ou pour la société : non plus à titre de paternité, de propriété, de sacerdoce, mais à titre de magistrature ; non plus avec un droit absolu et oriental sur les âmes, les corps et les biens, mais avec les limitations de la loi morale dont elle est l'interprête, avec une délégation de tous expresse ou tacite, avec une mission d'ordre et de bien public.

L'essence de l'État est d'être le pouvoir de la raison exprimée par la loi, et non celui de l'homme perverti par la fantaisie. Son caractère éminent est de procéder d'après des vues générales et par des mesures réglementaires, au lieu de caprices improvisés par un maître pour chaque cas et pour chaque personne. Son bienfait est de remplacer des pouvoirs privés immédiats, arbitraires, par des pouvoirs publics, distants, réguliers.

L'État n'existe pas dans une société naissante. Le

Gouvernement y est confondu avec la propriété, avec la famille, avec la religion. Le maintien de l'ordre a lieu par la puissance du maître, du père, du pontife. L'homme règne sur l'homme. C'est le régime particulier aux premiers âges du monde, où tout est de matière humaine, Souveraineté, Divinité, Propriété; où l'homme est à lui-même toute sa conception et toute son expression. Il faut la leçon des siècles pour enseigner aux hommes qu'ils ne doivent avoir d'autre souverain que la raison, d'autre dieu que le type et le foyer personnel de la raison, d'autre propriété, d'autre esclave que la nature.

L'avènement de l'État est le plus grand trait de cette éducation ou plutôt de cette expansion. Il n'y a pas dans toute l'histoire un spectacle comparable à cet écroulement des dominations personnelles remplacées par l'État, c'est-à-dire par la loi, par la raison. Rome est grande moins pour avoir subjugué tant de nations que pour leur avoir laissé cette idée, inconnue à l'Orient, de cité, de chose publique, de gouvernement-fonction.

Il n'est pas surprenant que l'Autorité prenne son essor, transformée de la sorte : le procédé de la réforme s'ajoute ici à la réforme elle-même pour opérer dans ce sens.

Que se passe-t-il en effet? La Civilisation trouve le Gouvernement à l'état de fait, perdu dans d'autres faits qui le dénaturent.

Elle tire le Gouvernement de cette mêlée et l'érige en droit. Dégageant des pouvoirs privés ce qu'il faut de pouvoir pour le maintien de l'ordre, elle crée un organe distinct, une fonction spéciale à cette fin.

Or, c'est le propre des travaux divisés, des forces appliquées à un seul objet, de se développer. Cette loi n'est pas purement économique, encore qu'elle ait été observée pour la première fois, à propos de faits économiques. Elle vient de plus haut et doit s'appliquer partout : Si à l'Industrie, aux Arts, aux Sciences, aux Religions, pourquoi pas à l'Autorité? C'est la loi d'un être dont les forces sont bornées et les désirs infinis. De là autrefois la Caste, puis ultérieurement l'État, puis de nos jours la séparation du spirituel et du temporel.

L'État une fois constitué, le Progrès aussi bien que l'Ordre a trouvé son organe. L'État, né de la Civilisation, en devient l'agent le plus énergique.

Extraire le principe d'autorité des éléments qui le dégradent ou l'exagèrent; l'élever à une hauteur d'où il ne peut apercevoir et traiter que l'ensemble des choses, où il entre en commerce avec la raison et la vérité même; le constituer par des procédés tels que dans les pays les plus démocratiques la souveraineté est l'attribut d'une élite — c'est établir parmi les hommes non-seulement la plus grande force de contrainte pour maîtriser leur égoïsme, mais encore la plus grande force d'exemple et d'impulsion morale pour conduire les sociétés à toute la perfection dont elles sont capables. l'État, c'est la raison avec l'ascendant qui lui appartient sur l'esprit de l'homme : de plus, c'est l'énergie, l'éclat, la combinaison, la grandeur, toutes choses qui ont leur action sur une autre faculté de l'homme, l'imagination.

Encore un mot, qui n'est pas superflu vraiment, et nous en avons fini avec ces préliminaires.

Il n'y a pas d'anthitèse entre *État* et *Liberté*; car l'*État* est cette forme d'autorité qui paraît dès que l'homme est soustrait au pouvoir de l'homme, et qui se déploie dès qu'un abus de la force est à prévenir ou à redresser. L'avènement de l'État est l'apparition des droits humains : son développement en est la protection incessante : il n'est d'un bout à l'autre que libération et tutelle.

L'homme est libre apparemment, même quand il est obligé dans l'exercice de ses droits à respecter le droit égal et universel de ses semblables. Or, l'État ne fait pas autre chose qu'imposer ce respect. La Liberté et l'État, c'est-à-dire la Vie et la Règle, peuvent croître parallèlement.

Je conviens que l'homme n'est pas libre s'il est astreint par le hasard de sa naissance à faire telle chose ou à s'abstenir de telle autre, s'il hérite d'une destinée et ne peut augmenter son héritage... Mais on ne s'y trompera pas, ce régime est celui des Castes.

Ce mot prononcé, nous tenons la véritable, l'unique

antithèse des plus grandes et des plus chères aspirations de l'homme. Progrès, Dignité, Liberté surtout. Vico l'a reconnu en ces termes :

« Les Gouvernements populaire ou monarchique « conviennent également aux âges civilisés, et peuvent « sans peine se changer l'un pour l'autre. Mais reve- « nir à l'Aristocratie est inconciliable avec la nature « humaine. »

Appliquer à l'État qui est le destructeur naturel, et le successeur nécessaire des castes, l'odieux qu'elles ont encouru, n'est-ce pas prolonger à plaisir un malentendu qui a fourni sa carrière ?

L'INDIVIDU ET L'ÉTAT

CHAPITRE PREMIER

Du genre d'autorité qui est favorable au Progrès, du genre de liberté qui n'a pas ce caractère.

La question que voici s'est élevée de nos jours :

Il s'agit des voies du Progrès.— Étant admis que les sociétés sont faites pour se perfectionner, on s'est demandé quelle est la part respective de l'État et de la Liberté dans l'accomplissement de cette loi.

Est-il vrai de dire que tout procède ici des Individus, de leur action spantonée et souveraine? La civilisation est-elle chose qui se fasse à l'écart et même aux dépens de la puissance publique? Bref, le Progrès n'est-il en quelque sorte qu'une abolition de Gouvernement?

Il faut deux choses, dit Siéyès, *pour qu'une nation subsiste et prospère, des travaux particuliers et des fonctions publiques.*

N'en faudrait-il qu'une, par hasard ? ou du moins la prospérité d'un pays tiendrait-elle exclusivement aux *travaux particuliers*, aux œuvres privées, aux efforts individuels ?

Cette question est neuve; à telles enseignes qu'on n'en trouve pas le premier mot dans le programme de 89 : *Liberté*, *Égalité*, *Fraternité*.

Liberté voulait dire alors souveraineté de la Nation, droit de la Nation à se gouverner elle-même. Si vous entendez par là quelque autre chose, telle qu'élimination de l'État, prédominance de l'Individu sur l'État... la souveraineté de la Nation n'est plus signifiée nulle part dans ces articles de foi, ce qui n'est pas croyable.

C'est de nos jours seulement que ce débat s'est ému.

Avant d'y entrer, il faut dire ce qu'on entend par *Progrès*, par *État*, par *Liberté*. Définir est toujours bon : mais cette précaution est à prendre, surtout ici où l'on incline à croire que le Progrès ne dérive pas uniquement, ni même principalement de la Liberté. On voudrait éviter jusqu'aux apparences d'une hérésie abhorrée : on pense y réussir en spécifiant de quelle Liberté on se défie, en quel Gouvernement on espère.

Nulle difficulté à définir le Progrès. C'est tout à la fois un plus haut point et une plus grande diffusion parmi les hommes de moralité, de dignité, de savoir, de bien-être.

L'État, c'est la souveraineté à base nationale, à procédés législatifs et judiciaires.

On n'a pas sitôt fait de s'expliquer sur la Liberté. Le mot s'est chargé, en vieillissant, de significations diverses. Liberté veut dire — tantôt le droit des Nations à l'indépendance — tantôt le droit des Citoyens au Gouvernement — tantôt le droit des Individus à n'être pas gouvernés. Dans ce dernier sens, on juge de la Liberté d'un pays, non d'après la part qu'il prend aux affaires publiques, mais d'après la somme d'affaires qui n'y est pas publique. Plus il y a chez un peuple de choses réservées à l'action des Individus, non sujettes à l'action des lois et de l'État, plus ce peuple est libre de la Liberté qu'on vient de définir en dernier lieu.

Ainsi le même mot s'entend de plus d'une façon; mais on ne s'y trompera pas, *la Liberté que tout mortel adore*, comme dit le poète, c'est l'indépendance de la Nation, la souveraineté du Citoyen. Cherchez bien : toutes les grandeurs de la Liberté sont là, uniquement là. Tout ce qui s'est osé, rêvé, tramé, chanté en son nom, tout cela, vu de près, n'est qu'une variante de cet éternel projet des peuples de s'appartenir, de se régir eux-mêmes. On ne se passionne pas à moins. La chose inestimable et vitale pour un pays, est de ne subir ni l'étranger, ni le pouvoir absolu d'un homme ou d'une classe. Pour ce qui est d'être peu gouverné, quand ce pays est à lui-même son Gouvernement, c'est une toute autre chose, qui peut être bonne en son lieu, à son heure. Mais tâchez donc de la reconnaître dans cette légende d'héroïsme et de dévouement, dans ce sillon de flamme et de lumière qui est la trace de la Liberté à travers les âges!

L'instinct des partis ne s'y est pas trompé.

Les plus avancés, qu'on croirait unanimes pour la

Liberté, montrent ça et là une grande défiance de ce principe, un penchant singulier à étendre les attributions du pouvoir : toute secte socialiste en est là. D'un autre côté, les partisans du principe d'autorité ont certains groupes décidément hostiles à la prépondérance de l'État sur l'Individu ou sur les localités. On ne se charge pas d'expliquer comment le plus rétrospectif des partis est en même temps le plus vif contre la centralisation, œuvre et souvenir s'il en fût, de la monarchie d'autrefois. Toujours est-il que ce parti revendique à tout propos l'affranchissement des administrations locales. Éconduit de ce côté, l'État serait évincé de toutes parts, si la tendance des Économistes devait prévaloir, laquelle est de convertir les services publics en exploitations privées, les fonctions en industries, et de demander à la concurrence les effets qu'on obtient aujourd'hui de l'émulation et de l'esprit de corps.

Ainsi des radicaux réprouvent la Liberté, à côté de conservateurs qui l'invoquent : preuve certaine qu'il ne s'agit plus là de cette Liberté au sujet de laquelle ont lutté leurs devanciers. On pourrait croire à première vue que les partis se sont améliorés, qu'il leur est venu de l'intelligence, de la tolérance. Il n'en est rien : les partis sont demeurés les mêmes. Seulement, il est arrivé ceci : sur une question nouvelle, relative non plus au principe, non plus à la forme du Gouvernement, mais à sa compétence, ils se sont décomposés ; et comme ils ont discouru de cette nouveauté en usant de vieilles dénominations, ils offrent dans leur langage les apparences de quelque changement sur les choses de leur ancienne foi. On s'est abstenu d'un néologisme, voilà tout. La langue n'a pas suivi le progrès des idées; la langue s'est viciée faute d'un mot nouveau pour exprimer une chose nouvelle qu'il fallait appeler *Individualisme*, au lieu de lui prêter le grand nom de Liberté : de là le malentendu.

Quoiqu'il en soit des mots, il faut le dire : c'est à coup sûr une controverse récente que celle qui a pour objet les droits respectifs de l'État et de l'Individu. J'y vois bien le nom de la Liberté, mais non plus ces immortels intérêts que les hommes placèrent toujours sous cette invocation au plus haut de leur amour et de leur respect.

On peut donc, sans abjurer une des religions de l'humanité, s'exprimer ainsi :

Le progrès n'est pas uniquement l'œuvre de la Liberté, c'est-à-dire de l'Individualisme, — il ne suffit pas pour rendre les hommes plus heureux et meilleurs, ce qui est toute la fin du Progrès, de leur épargner le Gouvernement et de les livrer à l'instinct, ce qui est le fait de l'Individualisme. — Ce serait mal servir la Civilisation que d'abandonner à elle-même, cette mêlée d'êtres, de droits, de forces, de passions qui s'éveillent dans une société progressive, — l'instrument de la Civilisation, c'est l'État, avec tout ce qu'il faut d'attributs, non-seulement pour empêcher le mal que les hommes se feraient les uns aux autres, mais encore pour faire le bien dont les hommes sont insouciants ou incapables; non-seulement pour réprimer, mais encore pour suppléer les égoïsmes.

Tel est du moins un des procédés, un des ressorts nécessaires du Progrès.

On pourrait, à l'appui de cette solution, comparer les avantages respectifs du Gouvernement et de l'Individualisme en matière de culte, d'échange, de crédit, d'enseignement, de charité. Il ne serait peut-être pas difficile de montrer que tout cela s'accommode mieux de l'action de l'Etat que de son abdication, du réglement que du laisser-faire, et même que certains de ces faits réussissent mieux, érigés en services publics, que s'ils constituaient un métier, une industrie. On essaiera un jour d'aller aux preuves de ce côté. Mais la démonstration veut être prise de plus loin. Avant de toucher aux thèses particulières, il faut s'arrêter à certains sommets de la question où se rencontrent des préliminaires comme ceux-ci :

Quelle est, à *priori*, la part essentielle de l'État dans l'œuvre du Progrès?

En fait, quelle a été l'influence des Gouvernements sur la marche des sociétés?

Faut-il compter la société française parmi celles qui ne peuvent avancer que sous la main de leur Gouvernement?

Quelle serait l'influence de l'Individualisme sur la Civilisation en général, et singulièrement sur celle de la France?

CHAPITRE DEUXIÈME

De l'État comme agent du Progrès politique, économique et moral.

Le Progrès a pour condition le développement préalable ou ultérieur de l'État.

Quelquefois le Progrès a lieu parce que le Gouvernement à pris de la force : en France, la royauté ne fut bienfaisante par Colbert qu'après être devenue puissante sous Richelieu. Quelquefois. au contraire, le Gouvernement acquiert de la force en accomplissant le Progrès : ce que l'on voit de nos jours en Angleterre, où l'État est poussé, par l'amélioration morale et économique du pays, à gouverner l'éducation, l'émigration, le travail aggloméré. Ainsi le Progrès tantôt suppose, tantôt suscite une force supérieure entre les mains de l'État. Il a tantôt pour cause, tantôt pour effet le déploiement de la puissance publique. Mais toujours est-il que Civilisation et Gouvernement sont deux choses qui naissent et qui ne peuvent se passer l'une de l'autre : entre elles le rapport, si ce n'est l'ordre de génération, est constant.

Maintenant, pourquoi cette même fortune de l'État et du Progrès? Il y en a plusieurs causes que l'on découvre en se rendant compte, soit des opérations du Progrès, soit des tendances naturelles à un pouvoir constitué d'une certaine façon.

1° C'est la vertu du Progrès d'introduire de nouveaux êtres dans l'humanité, de nouveaux membres dans la société, de nouveaux souverains dans la cité : or il faut à l'État un surcroît de puissance, chargé qu'il est par là d'un plus grand devoir de tutelle et d'organisation.

2° Le Progrès met au monde non-seulement des droits nouveaux à protéger, mais des forces nouvelles à discipliner, de l'ordre physique ou de l'ordre économique, crédit, association, vapeur, électricité : d'où la nécessité d'attribuer à l'État de nouveaux pouvoirs réglementaires et répressifs.

3° Le Progrès, outre qu'il est le développement des droits et des forces de l'homme, est celui de sa conscience; de là naturellement des lois nouvelles pour sanctionner la morale plus raffinée, le devoir plus détaillé et plus impérieux qui apparaît aux âmes.

4° Jusqu'ici l'État n'est que l'instrument du Progrès : quelquefois il en est l'auteur, ce qui lui arrive à la condition entre autres d'être fort. Il a besoin d'être unique et irresponsable, c'est-à-dire maître de la société, pour la réformer. Mais cette façon de s'améliorer n'est que pour les sociétés naissantes et incultes qui, se gouvernant elles-mêmes, mettraient leur barbarie dans leurs institutions ; à celles-là il faut souhaiter un Charlemagne, un Pierre-le-Grand. Toute autre société porte en elle le principe de son Progrès : la force de l'État, sauf en ce qui regarde certains intérêts collectifs, n'est que la condition ultérieure, le très-humble instrument de ce progrès.

On le voit : la part de l'État est importante, incessante, en toute œuvre de Civilisation.

Le droit ne se restitue pas de lui-même, car le droit restitué aux uns est le privilége ôté aux autres. — Les forces et les relations humaines ne se modèrent pas non plus d'elles-mêmes, maniées qu'elles sont par l'égoïsme. — Le devoir qui se heurte à nos passions, ne s'impose pas davantage par son seul attrait. — Toutes les voies de la Civilisation sont hérissées d'un éternel obstacle : l'Individu, avec son infirmité et sa malignité. Il n'y a qu'une force pour le réduire et pour répandre dans le monde, l'équité, l'ordre, la morale : c'est la force croissante des lois et de l'État. Ce n'est pas que dans la sphère des institutions, le Progrès tienne toujours à l'initiative des Gouvernements ; quelquefois il est conquis par les masses, ou même concédé par les castes. Les Gouvernements n'y gagnent pas moins une force nouvelle : de quelque côté que le droit s'introduise dans la cité, il ne vaut que par la loi qui le reconnaît, et par la force qui fait exécuter cette loi.

Donc, l'État grandit comme la société s'améliore.

Ce principe a ses exceptions : il a plus que le huitième d'exception auquel une théorie a toujours droit, selon Fourier. Il est certain que le Progrès, s'il donne à l'État des attributions nouvelles, lui en retire d'anciennes, celles qui s'en prenaient à la conscience, à la pensée, au travail. Mais tout compte fait, l'État ne cesse de croître au milieu de cet accroissement de vie qui est la Civilisation même, et qu'il a charge de servir et de contenir.

SECTION PREMIÈRE

Du Progrès social et politique, et des développements de l'État qui y sont inhérents.

Dans une société composée d'êtres de même nature, nature intelligente et morale, les rapports nécessaires s'expriment ainsi :

Nul ne peut être tenu d'obéir à la simple volonté de son semblable : l'obéissance n'est due qu'à la loi, expression présumée de la raison.

Nul ne peut être traité, même par les lois, d'une façon incompatible avec les éléments et les fins de sa nature.

Nul ne peut être exclu d'une participation proportionnelle à ce qu'il vaut, dans la formation des lois, dans le Gouvernement de la Société.

Tels sont en substance les droits humains. Or, ils ne peuvent paraître quelque part, que l'État n'y paraisse : ils ne peuvent se développer sans entraîner le développement de l'État.

A ce propos, qu'on nous passe un syllogisme.

La loi première d'un Gouvernement est la protection de toute faiblesse, la répression de tout égoïsme.

Or, c'est le fait du Progrès de confier au Gouvernement plus de faiblesses à protéger, plus d'égoïsmes à réprimer. Exemple : le genre humain élevé, par une série d'évolutions, de l'état de *chose* à celui d'être, d'égal, de frère, que sais-je, de souverain, étant donné le suffrage universel.

Donc, le Progrès a pour conséquence d'ajouter aux pouvoirs comme à la tâche du Gouvernement.

Cela se reconnaît tout d'abord à la surface des choses : aussi bien, c'est le fonds éternel de l'histoire. Si l'on y cherche comment la cité s'améliore, on démêle trois éléments qui sont en général autant de phases : l'empire de la loi, l'équité de la loi, la loi faite par le pays.

Or, ce Progrès ne cesse pas un instant d'être le Progrès de l'État.

§ Ier

Voyez d'abord ce qui se passe dans une société où s'éveille le sentiment des droits humains. Tout aussitôt, et pour premier effet de cette nouveauté, l'empire de la loi se substitue à l'empire de l'homme sur l'homme. Cela veut dire que l'esclave, la femme, l'enfant, le débiteur passent de la puissance privée sous la puissance publique; que la seconde s'affirme et se constitue sur les ruines de la première; qu'un nouveau personnage entre sur la scène du monde, lui apportant la règle au lieu de l'arbitraire qui est le fait des dominations privées ; que les castes tombent devant l'État. Nous l'avons dit : la Civilisation a d'autres effets relatifs à la qualité de la loi, à l'origine de la loi ; nous les examinerons en leur lieu. Comme celui dont on s'occupe en ce moment n'est pas moins que l'émancipation de toute une classe, de tout un sexe, de tout un âge, ce premier pas est le plus difficile et le plus décisif que puisse faire une société. C'est, à vrai dire, la création de nouvelles existences légales. Or, plus une société acquiert de membres par ce procédé, plus l'État compte de sujets; et ceci ne peut passer pour un simple accroissement de population. Car ces nouveaux sujets sont des affranchis, lesquels ne peuvent être élevés et maintenus dans leur condition nouvelle que par l'État investi lui-même d'un surcroît de puissance.

Ainsi, quoiqu'il en semble à première vue, les droits de l'État ne sont qu'un dérivé des droits de l'homme. Une notion croissante de la valeur et de la dignité humaines, doit déterminer une création parallèle de puissance publique.

Cette conclusion semble légitime, inévitable même. Mais alors pourquoi cet odieux sur les Gouvernements, qui semble une des traditions du monde? C'est que le monde, pendant une longue enfance, a nommé Gouvernement les puissances privées qui l'opprimaient. De là un souvenir des mauvaises dominations qui nuit dans l'estime des hommes au principe même d'autorité. Préjugé véniel s'il en fût : préjugé toutefois. L'état dans sa vraie donnée, celle de puissance publique et laïque, est une des assistances nécessaires à notre faiblesse, une force préposée d'en haut à l'élévation de l'humanité. Otez la famille . l'homme périrait, car il vient au monde nu et affamé : Otez l'État, il serait esclave : tant les hommes naissent inégaux !

Toute amélioration dans les rapports des hommes a pour principe un déploiement du pouvoir social, un désarmement des pouvoirs privés.

Dans les sociétés antiques, c'était une dictature, un pouvoir de vie et de mort, que celui du maître, du père, du mari, du créancier. Mettre un terme ou un frein aux égoïsmes de castes, aux tyrannies privées, aux oppressions domestiques, fut à coup sûr un grand bienfait. Mais quel fut le procédé de cette Civilisation, sinon un développement de la puissance publique, attirant à elle ces juridictions suprêmes, et reprenant de toutes parts les attributs égarés du souverain? A Rome, le sort des esclaves reçut du premier empereur les premiers adoucissements. Aux temps féodaux, le bien-être et la sécurité des masses marchèrent du même pas que l'ascendant de la royauté. De nos jours, enfin, ou à peu près, c'est la remarque d'Ad. Smith que les nègres étaient mieux traités dans les colonies où le Gouvernement avait tout pouvoir, que dans les colonies des pays libres, régies à l'instar de leur métropole; à Saint-Domingue, par exemple, que dans les Antilles anglaises ou hollandaises. Que manque-t-il aux États-Unis pour affranchir les nègres? la force du pouvoir central.

Il y a toujours identité d'intérêt entre le souverain et les masses; où puiserait-il ailleurs sa force et sa richesse? Quelquefois il y a chez lui conscience de cette identité, dévouement à cet interêt. Ajoutez-y la force, et vous aurez le bienfait.

C'est ce qui paraît au moyen-âge, en France, avec tout l'éclat de l'évidence.

Pendant et même par-delà cette époque, le peuple et la royauté n'ont qu'une fortune, l'un plus prospère et plus compté à mesure que l'autre était plus forte et mieux obéie. Rien n'est plus certain dans notre histoire que la solidarité de ces deux éléments. Ils ont grandi l'un par l'autre : ils ne pouvaient grandir autrement.

Comment en effet expliquer la formation du Tiers-État? Par l'effort des classes opprimées d'où il est sorti? Mais cet effort, soit d'insurrection, soit de travail et d'épargne, eût avorté, réduit à sa seule énergie. Qu'on se représente un souverain asiatique ou simplement un roi fainéant à la place des monarques français de la troisième race, jamais la population inférieure, même avec des qualités pour s'affranchir et s'enrichir, n'y fût parvenue, pas plus qu'elle n'a fait en Asie. Cette hypothèse, nous donne quelque idée de la part qui revient aux Individus et au Gouvernement dans la formation du Tiers-État.

Il faut voir comment la royauté y prêta les mains; car ses œuvres sont diverses. Ce ne fut pas en absorbant les droits du clergé et de la noblesse, ce qui n'était que déplacer le pouvoir. Ce ne fut pas non plus en abolissant le duel judiciaire et les guerres privées, ce qui n'était qu'améliorer la société féodale. Ce fut en élargissant le cadre de la société, en y introduisant de nouveaux êtres, de nouvelles classes, de nouveaux pouvoirs, au moyen des bourgeoisies et des communes. En cela surtout la royauté fit œuvre de Civilisation.

L'idée des droits humains dans toute leur perfection est aussi ancienne que la conscience de l'homme, et ne fut jamais sans quelque spécimen dans l'histoire. Le seigneur féodal, le citoyen d'Athènes et de Rome, véritables souverains, étaient aussi haut que l'homme puisse prétendre en fait de dignité. Il y a toujours eu çà et là des *hommes* dans toute la force et toute l'élévation du terme. Le nouveau, le progressif, c'est la diffusion de ce qui était autrefois l'attribut de quelques-uns. Telle est la mission dont les rois s'acquittèrent. On peut s'étonner que le clergé ne la lui ait pas disputée. Est-ce que l'Église ne savait pas mieux la morale que Philippe-le-Bel et que Louis XI ? Cela n'est pas douteux : cependant les prêtres firent moins pour la Fraternité, cette bonne nouvelle du Christianisme, que les rois. Les uns et les autres passent à bon droit pour les instituteurs, les débrouilleurs du moyen-âge. Mais le roi était au-dessus et en dehors de la société ; le prêtre en était partie prenante, exploitante.

Aussi la royauté fut-elle seule à prendre souci du peuple. Ce n'est pas qu'il y ait eu de sa part un acte de législation, général et solennel, pour affranchir la population inférieure. Louis-le-Hutin et Louis XVI, à cinq siècles d'intervalle, n'ont statué qu'en faveur des serfs de la couronne (1), mais on ne citerait pas un règne où

(1) Si l'on compare l'édit d'août 1776 à celui de Louis-le-Hutin, on y verra que Louis XVI *donnait* aux serfs de *ses domaines* la franchise que

le soin des intérêts populaires n'ait laissé son empreinte. *Nous n'avons rien tant à cœur*, dit le préambule de l'ordonnance de 1667, sur les eaux-et-forêts, *que de garantir le plus faible de l'oppression du plus fort*. Les actes abondent dans ce sens, d'une importance fort inégale, imposants toutefois par l'insistance de l'effort accumulé sur le même point. De là, cette popularité des rois de France dont Machiavel et Grotius furent également frappés. « Le Français, dit Machiavel, dans son *Tableau de la France*, est très doux et très soumis : il a le plus grand respect pour ses rois. »

Ajoutons que cette faveur d'en bas fit toute leur force et leur fortune.

Le roi de France, au moyen-âge, n'était réputé ni l'héritier des empereurs ni une personnification de la Divinité ; cela a été démontré de main de maître. Cette mythologie est toute moderne. C'est à un autre titre que la royauté prévalut en ce pays : le secret de sa prépondérance est uniquement cette fonction du bien public, ce patronage du peuple dont les rois firent de tout temps leur affaire ou leur programme.

On a découvert de nos jours que les rois n'avaient pas fait cette bonne œuvre sans y conquérir la toute puissance et sans briser sur leur route certaines forces, la noblesse, entre autres, qui peut-être eussent été plus tard des obstacles au pouvoir absolu, des institutions de liberté. Il est fort naturel de les regretter aujourd'hui. Mais, après tout, ces forces n'étaient autre chose que le

son prédécesseur offrait de leur *vendre*. Ces deux actes n'ont pas d'autre portée.

pouvoir absolu, et dans sa condition la plus odieuse, c'est-à-dire fractionné en une multitude de petites autocraties. Si elles eussent persisté, loin d'être le bien que l'on regrette, elles eussent été, selon toute apparence, le mal que l'on déplore, et avec infiniment plus de gravité. Une chose est certaine : à l'époque où elles périrent, elles n'étaient que malfaisantes. Elles troublaient le pays qui ne pardonna jamais ce grief, ni autrefois, ni de nos jours. La royauté seule lui donna quelque ordre, quelque repos. L'histoire est là pour témoigner de ce double fait, non-seulement à certaines époques lointaines et néfastes, mais à toutes les époques.

Je prends comme exemple la minorité de Louis XIII, qui ne passa jamais pour une ère de calamité. — En cinq ans il n'y eut pas moins de quatre prises d'armes du fait des grands du royaume. Les prétextes en étaient variés : c'était le maréchal d'Ancre, c'était la composition du conseil, c'était le mariage du roi, c'était tout. On se retirait dans son gouvernement, on levait des troupes, tantôt en Touraine, tantôt en Bourgogne, tantôt en Guyenne. Chaque province avait son tour pour être sillonnée par des bandes, rançonnée par des partisans, en proie aux violences et aux avanies, je ne dis pas de la guerre, mais de l'invasion : toute guerre civile a ce caractère. Il est vrai qu'on fit la paix de temps en temps : l'épargne de Henri IV s'y dépensa presqu'en entier, et les deniers du peuple, accumulés par un grand roi pour lui être restitués en gloire et en suprématie, servirent à désarmer les Longueville, les Bouillon, les Mayenne, etc.

Après cela, est-il surprenant que Richelieu et Louis XIV aient régné comme l'on sait, et que tout leur ait été occasion et faveur pour prendre le pouvoir absolu? Les Français avaient donné leur cœur à la seule force officielle qui parût intéressée à l'ordre, soucieuse du bien public. C'est avec transport qu'ils la voyaient reparaître ou se perpétuer. On sait quel fut le retour de Henri IV à Paris : « *Laissez*, disait-il à ses compagnons d'armes, *laissez approcher ce peuple; il est affamé de voir un roi.* » Et il disait vrai. Un peu plus tard, Louis XIV naissait, comme il régna, au milieu d'une acclamation. Elle retentit dans une dépêche de Grotius, ambassadeur de Hollande. Il ne tarit pas sur l'allégresse des Parisiens, apprenant que la reine, après vingt ans de mariage, venait de leur donner un héritier du trône.

On ne lit pas une histoire un peu détaillée de ce temps, sans y voir à chaque pas quel genre de souvenir avaient laissé les dominations locales. Les États de Bretagne, pas exemple, demandent *que nul descendant des anciens ducs de Bretagne ne puisse être choisi pour leur gouverneur : ils réclament en outre la démolition des places fortes qui ne servent pas à la défense du pays* (1). Ce dernier vœu est à remarquer. Pas une assemblée ne se tient à cette époque, États-Généraux, États de province, Réunion de notables, où il ne reparaisse avec une singulière âpreté. Il n'est pas besoin de dire si Richelieu fut touché de cette doléance. Après la

(1) Bazin, *Hist. de Louis XIII,* t. I, p. 208.

révolte de Montmorency, on voit une expéditon de Machault dans le Languedoc, faisant raser châteaux, remparts, forteresses. Au surplus, cette exécution se fit partout. *Chacun courut à sa haine*, dit M. Henri Martin; *les villes aux citadelles, les campagnes aux châteaux.* Ne se croirait-on pas aux abords de 89 ?

Au dix-septième siècle, la passion monarchique est universelle, impérieuse. Ce n'est pas simplement un instinct populaire : elle maîtrise, chez Pascal, la raison la plus hardie qui fut jamais, et qui n'abdiqua, si j'ose le dire, que parce qu'elle allait à tout briser. Son ironie est profonde au sujet des inégalités et des conventions sociales : peut-être n'a-t-elle jamais été surpassée. Elle cède cependant au besoin et à la foi dont ses comtemporains étaient possédés. *On ne choisit pas*, dit-il, *pour gouverner un vaisseau, celui des voyageurs qui est de meilleure maison.* Mais plus loin il se ravise et il ajoute : *Le plus grand des maux est les guerres civiles. Le mal à craindre d'un sot qui succède par droit de naissance, n'est ni si grand, ni si sûr.*

Ce fut un mal sans doute que l'abaissement des Communes. Mais si les rois n'avaient pas eu la force de ce méfait, peut-être en eussent-ils manqué contre la féodalité qui était le pire des maux.

Il était naturel que le peuple et la royauté fissent fortune en s'appuyant l'un sur l'autre. Il y a une puissance dans le Droit, surtout dans celui des masses : servir le Droit, c'est s'en approprier la puissance. D'un autre côté, nous avons reconnu que la force incline naturellement à mettre la justice dans les lois. — Ajoutons que si elle obéit à ce penchant, et s'emploie à relever la condition des hommes, elle se fortifie par les suites mêmes de son bienfait.

Quand les rois firent place au Tiers-État dans la société, leur gouvernement dut changer de proportion comme la société changeait de face. La loi était nécessairement fort simple alors que le peuple était hors la loi : elle était suppléée par le pouvoir de l'homme sur l'homme. Ce pouvoir aboli, ce n'était pas à dire que l'affranchi dût ignorer toute règle et toute autorité, ni surtout qu'il pût se passer de toute protection. A l'empire de l'homme dût succéder celui de la loi, soit pour patronner, soit pour discipliner les populations émancipées.

Dès que le Droit se répand dans une société, élevant et améliorant la condition des personnes, l'État y paraît et s'y développe à un double titre, comme protecteur et comme régulateur de cette nouveauté. Il ne peut être question d'abandonner à elles-mêmes les existences qui viennent d'être créées : c'est leur besoin et leur droit d'être protégées contre les forces anciennes qui tendent naturellement à resaisir les avantages perdus. Aussi bien elles doivent subir des règles : l'homme n'est pas fait pour l'indépendance, ni le citoyen pour l'immunité. Il y a au fond des dominations les plus oppressives un pouvoir qui est nécessaire et qui ne saurait vaquer, à peine de dissolution des sociétés. Au souffle du Progrès, l'oppression tombe, mais le pouvoir reste, à la condition seulement de se constituer plus haut, d'agir de plus loin et de procéder par des mesures générales, par des prévisions d'ensemble.

Ainsi paraissent à la fois, et l'État avec sa puissance, et l'Individu avec sa liberté. Droits de l'État, Droits de l'Individu, deux contemporains qui naissent le même jour, celui où tombent les priviléges. Cette destruction n'est pas l'affaire d'un jour : des siècles entiers y travaillent. Mais on peut toujours dire que plus une société s'avance, réduisant des castes sur son chemin, et construisant pierre à pierre l'édifice du Droit commun, plus elle établit par cela même la puissance publique sur la ruine des pouvoirs privés qu'elle détruit, mais qui ne peuvent se passer de successeurs.

Telle est la façon immémoriale du Progrès ; tel en est le prix nécessaire.

Or, le champ est vaste qui s'ouvre ainsi à l'action de la loi.

Où les personnes s'élèvent à une condition meilleure, tenez pour certain que le régime de la propriété est à refaire. La propriété, cet *organe de la vie*, comme l'appelle Aristote, est à coup sûr la plus grande convoitise humaine. Un peuple émancipé voudra, pour premier profit du droit qui lui est reconnu, une propriété plus sûre et plus accessible. Cette restitution est la première de toutes : elle passe avant la vie des hommes, avant l'honneur des femmes. A Rome, les plébéiens demandèrent d'abord des terres : le droit de mariage (*jus connubii*) ne vint que plus tard On a plus facilement raison d'esclaves qui veulent la liberté que d'hommes libres qui veulent la propriété.

Sous ce rapport, de nouvelles lois étaient nécessaires en France pour les classes qui grandissaient en dehors des castes privilégiées du régime féodal. Les coutumes et les ordonnances y pourvurent ; ou plutôt, tant cet intérêt a de force, il avait percé dès cette première heure de Civilisation, où naquirent les Bourgeoisies et les Communes. Prenez les chartes du douzième siècle, qui ne passent généralement que pour des concessions politiques, pour des organisations de souveraineté locale : vous y verrez la faculté de *tester et de vendre*, concédée expressément. Ce degré de propriété, qui n'est guère que le droit de vivre, s'octroyait alors à titre de privilége (1). Plus tard, la création et la vente des offices, qui n'étaient pas moins que le droit de gouverner, vint constater l'importance croissante du Tiers-État, et répandre une nouvelle classe de propriétés à son usage. Il y a une harmonie nécessaire entre l'état des personnes et la constitution de la propriétés. On en pourrait citer maint exemples; mais où ce rapport éclate, c'est en 89. Du même coup toute élévation est permise aux personnes et toute circulation aux biens; la mobilité rendue aux uns est une conséquence de la dignité reconnue aux autres. Terre, capital, travail, autant d'affranchis ; l'une échappe aux substitutions, à l'aînesse, à l'Église ; l'autre, à la prohibition du prêt à intérêt ; le troisième au monopole des maîtrises et à la sujétion des règlements.

Cependant, notons-le bien, ces affranchis ne sont libres que sous la loi qui les suit et les gouverne dans

(1) *Hist. de la civilisation en France*, par M. Guizot, t. IV, p. 220 et suiv. — *Recherches sur l'origine de l'impôt*, par Potherat de Thou, p. 40 et 74.

leur condition nouvelle, avec un double objet qui est de maintenir et de régler l'affranchissement. Il serait aisé de montrer la loi actuelle, inspirée de la sorte, plus prévoyante et plus compréhensive que l'ancienne; les dispositions relatives soit aux successions et aux hypothèques, soit à l'usure et aux banques, soit à la patente, à l'apprentissage, aux manufactures, aux mines, aux sociétés de commerce, infiniment plus nombreuses et plus détaillées que le régime antérieur de ces matières.

Mais nous avons une preuve encore plus contemporaine de ce développement infaillible qui survient dans l'action des lois et de l'autorité à chaque pas en avant que fait la Civilisation.

C'est ce qui s'est passé à l'égard des colonies.

Que n'a-t-on pas vu de nos jours? des cabinets se sont fait un cas de conscience de l'esclavage des nègres. Des congrès qui n'avaient pas précisément pour objet l'émancipation des peuples, ont rédigé des protocoles sur celle des noirs; le congrès de Vérone entre autres. Un pape même, et des plus obligés à l'Autriche, a fait une bulle là-dessus. Bref, on s'est mis à l'œuvre de toutes parts en faveur des Africains.

Ici, nous touchons du doigt le procédé de la Civilisation.

En Angleterre et en France, c'est le Gouvernement qui, à force de gouverner, a émancipé les nègres. Ni l'esclave, ni le maître, ni l'autorité coloniale ne sont pour rien dans cette émancipation; le bienfait vient de plus haut. C'est la métropole elle-même et seule qui, soupçonnant une âme sous u‘ə deneɹıouuɐ a tout conçu et tout exécuté.

Dès 1832, paraissent des ordonnances pour faciliter l'affranchissement et pour l'attacher à certaines situations déterminées.

En 1833, une loi propose qu'il soit statué par ordonnance royale sur les améliorations à introduire dans la condition des personnes non libres, et sur les dispositions pénales applicables à ces personnes.

Dans la discussion de cette loi, un scrupule s'élève : Ne conviendrait-il pas de réserver l'initiative de ces mesures aux conseils électifs des colonies? A cette objection, le rapporteur oppose l'exemple de l'Angleterre, qui n'est pas moins ici que l'autorité de MM. Canning et Huskisson (1); l'émancipation des esclaves demeure confiée au pouvoir exécutif et central, comme le projet de loi l'avait entendu.

Ce pouvoir, fidéle à son mandat, demande et obtient, dans les années suivantes, différentes allocations pour

(1) Une motion ainsi conçue est adoptée, sur leur proposition :

1° Il est convenable d'adopter des mesures effectives et décisives pour améliorer le sort des esclaves dans les colonies.

2° La Chambre espère qu'une application ferme et persévérante, mais judicieuse et tempérée, de ces mêmes mesures, produira dans le sort de la population non libre un perfectionnement graduel qui puisse la préparer à la participation des droits civils et politiques possédés par les autres classes de sujets de Sa Majesté britannique.

3° La Chambre souhaite avec sollicitude l'accomplissement de ce dessein, aussitôt qu'il sera possible de le faire, eu égard au bien-être même des esclaves et au salut des colonies, avec une appréciation des intérêts de la propriété privée.

4° Ces résolutions seront présentées à Sa Majesté par les membres de la Chambre qui sont en même temps du conseil privé de Sa Majesté.

(*Moniteur de* 1833, p. 939 et 949.)

augmenter le clergé, les instituteurs primaires, les magistrats du ministère public et *pour l'établissement de chapelles et d'écoles dans les colonies de la Martinique, de la Guadeloupe, de la Guyane française et de Bourbon.*

On le voit déjà : le moyen de l'émancipation n'est autre chose que le Gouvernement plus actif et mieux servi.

Une ordonnance de 1840 impose au maître l'obligation de faire instruire ses esclaves dans la religion chrétienne, de faire conduire à l'église les enfants esclaves pour le catéchisme, et charge le gouverneur de chaque colonie de fixer les jour et heure pour l'accomplissement de cette règle. — Des écoles primaires sont ouvertes pour les esclaves des deux sexes à partir de quatre ans. — Enfin le même acte crée en faveur des esclaves un patronage confié aux magistrats du ministère public, avec tous les pouvoirs voulus d'inspection, d'enquête et de poursuite.

C'était un grand pas ; ce ne fut pas le dernier. On avance encore dans cette voie, et toujours par une plus grande intervention de l'État.

La loi de 1845 reconnaît à l'esclave le droit de pécule. Elle lui ménage le moyen de se créer le pécule par la concession du samedi-nègre. Enfin, elle lui accorde l'emploi de ce pécule, le rachat forcé.

Ajoutons que cette loi étend le domaine de l'ordonnance sur le régime disciplinaire des ateliers, sur l'instruction religieuse et élémentaire des esclaves, sur le mariage des personnes non libres, sur la réunion obligatoire du mari et de la femme, — qu'elle fixe la durée du travail, — qu'elle édicte des peines pécuniaires contre toute exigence, du maître, supérieure à la limite légale, et des peines afflictives contre l'abus du pouvoir disciplinaire, — qu'elle crée une autorité pour contrôler le maître comme curateur de l'esclave, et une autre autorité pour fixer le prix du rachat, s'il n'est pas convenu amiablement entre le maître et l'esclave.

Enfin, à la date mémorable du 15 mars 1848, le gouvernement provisoire de la République, a l'honneur d'abolir l'esclavage dans les colonies françaises.

Est-ce assez de Gouvernement comme cela? peut-on douter des voies naturelles du Progrès à l'aspect de ce déploiement d'autorité pour le moins contestable des Progrès?

Peut-être vous semble-t-il que toute cette énergie officielle, nécessaire pour émanciper, n'a plus d'objet dès que l'émancipation est accomplie, et que la liberté, une fois obtenue, se suffit à elle-même ; ce qui réduit le rôle de l'État, en pareil cas, à une exertion passagère, sans conséquence aucune d'attributions nouvelles, ni même de soins nouveaux. Il n'en n'est rien vraiment. Le Progrès subsiste, comme en général il s'établit, par la force de l'État. Ici, par exemple, il est clair que des écoles et des églises ne sont pas moins utiles à des affranchis qu'à des esclaves. De ce chef, le Gouvernement ne peut diminuer : à lui de protéger ses affranchis, en élevant leur intelligence au niveau de leur Liberté. Il doit se développer sous un autre rapport, celui des moyens d'administration et de répression. Ce n'est pas tout de créer un droit, ni même de le protéger une fois créé; il faut encore le contenir et le discipliner.

C'est ainsi que l'émancipation des nègres s'est faite sous nos yeux en quelques années. L'émancipation en soi n'a pas de procédé qui lui soit plus familier. On le retrouve à toutes les époques, plus ou moins apparent, plus ou moins expéditif. Le temps n'y fait rien que de cacher ou plutôt de clairsemer les actes de providence publique qui constituent l'affranchissement.

Cette vérité est de tous les lieux comme de tous les temps. Les souverains du Nord, à la lumière et à l'incitation de nos exemples, ont fait beaucoup pour améliorer dans leurs États le sort des paysans. *L'empereur Alexandre*, dit M. de Chateaubriand, *entendait les pas du siècle à travers les steppes de la Russie.* Ce qui s'est passé là est digne d'attention. Ce n'a pas été une franchise une fois donnée, et faite pour vivre de son propre fond, mais une œuvre laborieuse et continue de Gouvernement, une restitution poursuivie avec effort sous l'œil et sous la main de l'État.

Un orateur de la Chambre des pairs, lorsque la loi du 21 avril 1845 sur la condition des nègres se discutait dans cette assemblée, a donné de curieux détails sur les procédés de cet affranchissement.

« Dans tous les pays de l'Europe où les Gouvernements, par leur sagesse, par leur intelligente humanité, sont intervenus entre les seigneurs et les paysans, entre les propriétaires et les esclaves, afin d'améliorer le sort de ceux-ci, a-t-on cru que les serfs et les esclaves trouveraient des garanties sérieuses dans le droit de contracter librement avec leurs supérieurs? Nullement.

« Prenez les lois de l'Autriche, prenez les lois urbariennes en Hongrie, vous verrez que tout y est stipulé à l'avance entre le seigneur et le paysan : c'est la loi qui fixe le bail, qui fixe les redevances, les jours de corvée, qui spécifie pour les moindres détails, et fixe jusqu'au nombre d'œufs que le paysan doit au seigneur, jusqu'à la quantité de laine que sa femme doit filer pendant l'hiver. Et pourquoi cela? Parce que les situations ne sont pas égales; parce que la loi a vu que le paysan, en présence du seigneur, était le faible en présence du fort, et qu'elle a voulu protéger le faible.

» Toutes les lois relatives aux serfs et aux esclaves, rendues depuis vingt-quatre ans dans le nord de l'Europe, sont conçues dans le même esprit. J'ai cité les lois urbariennes de l'Autriche parce qu'elles ont été le type de toutes les autres. L'empereur Alexandre aussi, qui a rendu un grand nombre d'ukases pour les provinces de Courlande, de Livonie et d'Esthonie, a agi dans cette pensée qu'il était indispensable que la loi intervînt et réglât toutes choses entre le paysan et le seigneur. Pourquoi cela? Parce qu'il savait très bien que là où l'esclavage a été amorti, adouci, aboli même, le paysan est longtemps incapable, non pas seulement de défendre, mais de comprendre ses intérêts, et que le laisser seul en présence de son ancien maître ou seigneur, c'eût été l'exposer à se lier par des contrats dont il eût été souvent victime; c'eût été le livrer en quelque sorte tout entier au seigneur, qui lui eût repris, par des conventions, jusqu'à la Liberté que la loi voulait lui assurer.

. . . .

» J'ai parlé des lois urbariennes de la Hongrie. C'est le règlement le plus ancien qui existe sur cette matière, et il peut servir de modèle. Quelles en ont été les prescription et l'ordre? On a commencé par dire que le paysan ne devait que cent quatre jours par an au seigneur; ensuite on s'est occupé d'appeler le serf à l'usage assuré de la terre. On a fixé l'étendue des concessions qu'il doit occuper pour son propre compte, et moyennant certaines redevances, et l'on a fini par établir que quand les seigneurs ne feraient pas la concession dans l'étendue désignée par les lois urbariennes, ils perdraient des jours de travail en nombre proportionné à la réduction de la concession. Il y a des cessions, par exemple, que l'on appelle des demi-cessions, parce que la superficie du sol concédé est de moitié moins étendue que celle déterminée par la loi. Eh bien dans ce cas, le seigneur n'a que cinquante-deux jours de travail par an (1). »

On voit à quoi se borne la thèse de l'orateur. Ce qu'il réclame uniquement, c'est la protection persistante de l'État, même après l'affranchissement opéré; le sujet en discussion n'en demandait pas davantage. Or, il est bien sûr que cela est nécessaire, et que cette nécessité est une de celles qui donne lieu au développement de l'État, partout où l'État reconnaît et restitue le droit humain; mais elle n'est pas la seule. Ce qui sort d'une

(1) Séance de la Chambre des pairs du 10 avril 1845. — Discours de M. Passy.

pareille restauration, ce n'est pas moins que le Gouvernement tout entier. Le Droit ne peut être ainsi reconnu sans imposer des devoirs à qui l'établit et à qui le reçoit : être compté dans la Société et protégé par l'État, emporte l'obligation de contribuer aux charges de la cité dont on fait désormais partie ; de là, le fisc. — De plus, ôter le pouvoir à certaines castes, ce n'est pas anéantir le pouvoir en lui-même et renoncer à tous moyens d'ordre : c'est s'engager seulement à en créer de nouveaux moyens, ce qui donne naissance à tout l'appareil des lois et de la force publique. On voit qu'il ne s'agit pas là simplement d'une tutelle, mais d'une organisation complète ; qu'il ne suffit pas de reconnaître de nouvelles existences, ni même de les protéger une fois reconnues, mais qu'il faut encore leur imposer les règles de toute sorte d'où dépendent l'ordre, la morale et le bien publics.

Le temps n'est plus des serfs qui ne pouvaient se marier sans la permission de leur seigneur. Est-ce à dire que chacun en France puisse épouser qui bon lui semble, à sa manière, en son lieu, à ses conditions ? Il s'en faut de tout. L'arbitraire a péri ; mais ce qui a succédé au caprice de quelques-uns, ce n'est pas le caprice de tous, c'est le Droit interprété et imposé par l'État.

Ainsi l'accroissement de la puissance publique n'est pas seulement le moyen, mais le régime même du Progrès.

En résumé, le Progrès a pour premier effet de soustraire l'homme à l'empire de l'homme, mais ce n'est pas pour livrer l'Individu à lui-même sans frein ni direction. De là l'empire de la loi, d'autant plus étendu qu'elle a plus de pouvoirs privés à suppléer, plus de castes à remplacer par des fonctions, plus d'affranchis à protéger, à taxer, à discipliner : en un mot, à gouverner.

Il n'y a pas de petite ville aujourd'hui qui n'ait une prison plus grande que n'était à Rome la prison Mamertine. Chacun de nous a pu en juger : Cette geôle, dont Tite-Live nous parle avec une certaine emphase... *carcer in terrorem increscentis audaciæ foro imminens ædificatur...* n'avait guère que cinquante et quelques pieds de long sur vingt-quatre de haut. Les complices de Catilina et leurs bourreaux durent s'y trouver fort mal à l'aise. Cela suffisait néanmoins. On devine bien pourquoi : il y avait une prison dans chaque maison. — Il faut que le pouvoir soit quelque part. Disséminé autrefois, à ce point qu'un homme d'esprit appelle la société romaine *une fédération de familles*, aujourd'hui il s'élève et se concentre. Les hommes y gagnent d'être plus libres, encore que la prison soit plus vaste, ou plutôt à cause de cela même.

§ II.

Le Droit, tel qu'il se développe dans une société progressive, n'est pas seulement l'empire de la loi : c'est l'équité de la loi. Quand l'État a rappelé à lui tous les pouvoirs, il faut de plus qu'il les exerce selon le Droit. On a vu des sociétés affranchies de l'arbitraire, régies par des lois; mais ces lois étaient iniques, violentes; elles consacraient l'intolérance religieuse, le privilége politique, la presse des matelots, la peine de mort pour le moindre vol. Un pays ne peut s'en tenir à une mauvaise légalité, si préférable qu'elle soit à l'arbitraire.

Or, c'est une affaire laborieuse, grosse de combinaisons et de contraintes, que de mettre l'équité dans les lois à la place de la force ou du hasard. C'est un déploiement et une intervention signalée de l'État dans toute la vie sociale. Le pays où cette évolution s'accomplit, peut bien compter sur moins de scandales et de violences, mais il doit s'attendre à plus de règlements et de discipline que jamais.

En effet, la force a le règne naïf, les procédés sommaires, tandis que le règne de l'équité est plein de complications et de sinuosités. Il abonde en formalités, à titre de garanties. Tout y est ménagement, j'allais dire étiquette, envers des majestés nouvelles. Reculez de quelques siècles, et regardez vivre le moyen-âge. Là, pas plus de façons que de scrupules : tout va de soi.

Une succession s'ouvre : l'aîné prend tout.

La guerre s'allume-t-elle ? tout seigneur demande à tout vassal quarante jours de service.

Pour les cultes, la dîme — pour les routes, la corvée — pour les crimes, le champ-clos — pour les différends, la guerre privée — plus tard, pour les fonctions de toute sorte, des propriétaires.

Telle est la manière de régler les successions, d'aller en guerre, d'en finir avec les justiciables, de pourvoir aux travaux et aux emplois publics, qui tint lieu à nos pères d'armées permanentes, de code civil, de cadastre, de budget des cultes et des ponts-et-chaussées, et de toutes nos espèces, de tous nos degrés de juridiction. C'est tout ce qu'on voit de fontions et de puissance publique pendant les premiers siècles de notre histoire. L'administration n'était pas née. Ce contact de gouverné à gouvernant était inconnu au moyen-âge ; l'équité ne l'était pas moins.

Alors il n'y avait qu'un Droit : la propriété. Et ce Droit n'appartenait qu'à une classe : les nobles. Quand si peu de personnes et si peu de choses étaient à protéger, le Gouvernement ne pouvait manquer d'être fort simple.

Une société où le sens de l'équité s'éveille, passe à des institutions plus compliquées. Elle commence par promulguer les Droits qui lui apparaissent ; puis, pour le salut de ces Droits, elle multiplie les règlements et les fonctions : en un mot, qui est un néologisme sur une nouveauté, *elle organise.*

Il ne suffit pas en effet de créer un droit en le déclarant : il faut le faire vivre. Or, il faut pour la vie d'un droit, des garanties, des sanctions, des contraintes, toute une hiérarchie d'autorités, tout un appareil de procédés, de limitations, de contrôles, qui s'appellent à juste titre une *organisation*; car un droit n'est viable que constitué de la sorte.

L'organisation importe tellement à la vie du droit que l'Église, qui représente le droit au moyen-âge, adopta les lois romaines dont Leibnitz compare la cohésion à celle des mathématiques.

Pour juger de tout ce qu'il y a sous ce mot, il faut se rappeler quel mécanisme et quel personnel emploie la perception de l'impôt direct en France, où il est équitable, c'est-à-dire proportionnel. On ferait une bibliothèque avec les règlements relatifs à ce service, une armée avec ses agents : — on en peut dire autant des prévisions innombrables qui ont rapport soit au recrutement et à la discipline de l'armée, soit à l'admission et à l'avancement dans la carrière des fonctions publiques.

Un Droit reconnu et non organisé, est comme s'il n'était pas.

L'appel au roi fut créé par saint Louis. Mais ce recours ne fut une réalité, ce droit ne fut une arme que quand Philippe-le-Bel eut rendu sédentaires le Parlement de Paris et celui de Toulouse.

On ne suppose pas apparemment que la déclaration des Droits de l'homme et du citoyen qui parut en 89, ait été une révélation. La plupart de ces Droits avaient été plus que pressentis longtemps auparavant. Mais les édits les plus formels étaient restés lettre-morte, faute d'énergie, de combinaison et de finances pour les vivifier, c'est-à-dire faute d'organisation.

Une ordonnance rendue sous Richelieu admettait tout Français au service militaire, *et même à l'avancement le plus élevé.*

Un autre édit du même temps abolissait l'hérédité et la vénalité des charges. Il ne resta rien de ces bonnes volontés, soit qu'on se trouvât fort empêché pour établir les conditions d'aptitude et de service qui devaient balancer ou remplacer la naissance, soit qu'on ne sût où prendre l'impôt produit par les offices, soit enfin qu'on craignît pour la paix publique le ressentiment des privilégiés. Toujours est-il que l'organisation du Droit n'en ayant pas suivi la déclaration, il n'y eut rien de fait (1).

Ces exemples ne sont pas les seuls. L'Hôpital et Henri IV avaient à cœur de fonder la liberté des cultes. Ils en proclamèrent le principe, mais ils faillirent à l'œuvre, laissant au clergé catholique son indépendance de l'État, son influence d'ordre privilégié, ses propriétés. Il est vrai qu'ils accordèrent aux huguenots des places de sûreté. Ce n'était pas organiser un droit, c'était équilibrer des forces pour le combat. Les cultes ne furent libres que quand ils furent organisés par la constitution civile du clergé, par le Concordat et par les lois qui en détaillèrent les effets. La liberté des cultes est la police des cultes par l'État. La tolérance religieuse est un de ces Progrès qui mettent une attribution de plus aux mains des Gouvernements. Ainsi en général se fait la Liberté; elle n'existe pour tous qu'aux prix de la dépendance et de la dicipline imposées à quelques-uns, ce qui est œuvre d'autorité.

Mais qu'est-il besoin de recourir à l'histoire? Est-ce que nous ne passons pas notre vie, depuis quarante ans, à voir des principes proclamés par des Constitutions, et de là renvoyés expressément à des lois *organiques*, comme à une condition d'existence? Ajoutons que ces

(1) Voir l'*Histoire de Louis XIII*, par M. Bazin, t. I, p. 350.

lois se réfèrent souvent elles-mêmes à des règlements d'administration publique qui paraissent nécessaires pour y mettre le dernier fini. Serait-ce qu'un droit n'existe qu'à la condition de passer par le pouvoir constituant, par le législatif, par le réglementaire?

On peut toujours dire que plus l'équité entre dans les lois, plus il y a lieu à organisation, c'est-à-dire, qu'on nous passe l'enflure de ces mots, à création et à providence de la part de l'État.

Cela paraît évident à *priori*, ou du moins vous en êtes frappé au premier coup d'œil jeté sur les faits les plus saillants de l'histoire. Que si vous entrez dans le détail du Progrès, si vous venez à considérer quels droits il développe, par quels moyens, avec quelles suites, l'intuition tourne à la conviction.

Liberté, *Égalité*, *Fraternité* : grandes paroles, s'il en fut; mais je n'en sache pas qui s'appliquent moins d'elles-mêmes. Les révolutions disent de ces choses, à leur éternel honneur : il n'appartient qu'aux Gouvernements de tenir la promesse des révolutions. Si le Progrès n'était que destruction, la tempête y suffirait. Mais le Progrès est un accommodement entre les droits de l'avenir et ceux du passé, c'est-à-dire un équilibre à concerter, à cultiver, et non pas simplement une explosion. — Nous avons dit les trois noms de tout le Droit connu ou concevable. Scrutez leur essence, suivez leur fortune à travers l'histoire, et vous verrez que presque toujours c'est l'État qui leur donne la vie, grandissant lui-même à cette œuvre.

Parlons d'abord de l'Égalité.

Il est clair qu'à l'établir l'État fait acte et acquisition de force. D'abord il détruit toute grande existence, ordres, corps, pays d'État, qui peut faire obstacle à son action, ou entrer en partage de sa souveraineté. Ce n'est pas tout : il y a des privilèges qui sont des pouvoirs essentiels ; ceux-là, l'État n'aurait garde de les détruire ; il les prend. C'est ainsi qu'en France, la juridiction et l'enseignement ont passé du Parlement et du Clergé entre les mains de l'État. D'autres privilèges ne sont que des immunités et des distinctions : il convient de les abolir, mais encore faut-il organiser le régime qui apprécie les mérites et les biens, au lieu de celui qui ne regardait qu'à la qualité. Or, la loi qui admet tous les citoyens aux fonctions publiques et qui les soumet tous à l'impôt, est une loi plus compliquée que celle des castes.

Il faut bien que le gouvernement se développe quand une société s'élève à l'égalité devant la loi. Comment en effet s'établit cette moyenne de droit qu'on appelle Égalité, droit commun? En corrigeant ici le néant de droit, ailleurs l'excès de droit, c'est-à-dire le privilège. Il n'y a que l'État pour cette exécution. Mais, en outre, elle lui est doublement fructueuse : d'une part, l'État organise le droit nouveau qu'il crée ; d'autre part, il s'attribue le droit ancien et excessif dont il fait justice, acquérant ainsi et le pouvoir qu'il ôte aux classes dominantes, et le pouvoir que lui confère la restauration des classes disgraciées.

Voilà ce que gagne un gouvernement à créer l'Égalité, et qui n'est pas moins que le pur despostime, si le pays où ce Progrès s'accomplit n'est pas aussi jaloux de liberté et de dignité que de nivellement ; s'il n'est pas capable d'avoir plus d'une idée à la fois, ou de se laisser gouverner par ceux qui ont cette pluralité dans les vues. Sur ce dernier point, je sais l'objection qui m'attend. Ces intelligences étendues, ces compétences politiques sont égoïstes ! elles gouverneront à leur profit ! — Cela est probable, j'en conviens : tout au moins commenceront-elles par là. Cependant il faut leur laisser le gouvernement : elles auront de la générosité avant que la foule ait des lumières.

Quoi qu'on pense de cette digression, l'unité de la loi n'est pas le Progrès tout entier. Il y a quelque chose de supérieur au Droit commun, c'est le Droit : de supérieur à l'Égalité, c'est la justice des lois envers la nature humaine. Où cette Civilisation existe, vous voyez l'État user de façons nouvelles envers la pensée, la vie, la fortune, la liberté de chacun, et imposer ces façons aux passions humaines. On appelle cela Libertés, Droits individuels? soit. On pourrait aussi bien l'appeler Fraternité ; mais peu importent les mots. Regardez bien au fond des choses. Il n'est pas un de ces Droits qui ne soit matière à plus de Gouvernement, et qui n'ait pour effet de multiplier les œuvres, de compliquer les rouages du gouvernement. Rien n'est simple comme l'ordonnance criminelle de 1667. *Le procès pouvait être fait et parfait à un accusé dans les vingt-quatre heures*. Le mot est de Pussort, un des auteurs de cette ordonnance, et, par parenthèse, *procès parfait* signifiait pour lui sentence exécutée. Il est évident que l'instruction, la confrontation, la défense, la publicité, le jury, le recours en cassation, et finalement la déportation dans certains cas au lieu de la peine de mort, ont introduit dans cette matière des fonctions aussi bien que des façons inconnues à la justice de l'ancien régime. Il est tout aussi visible que le mieux survenu dans le régime des cultes, de la presse, de l'expropriation publique, de la contrainte par corps, est à des conditions analogues. — Ainsi il est vrai de dire que l'équité de la loi donne lieu à plus de Gouvernement. Cette équité n'est pas moins pour l'organisation de l'Égalité et de la Fraternité parmi les hommes. Or, cela ne se fait nulle part sans détruire, et sans construire, ce qui implique un déploiement supérieur de contraintes et de combinaisons, c'est-à-dire de l'État dont ces choses forment l'essence.

Nous allons voir que la Liberté ne s'établit pas à d'autres conditions.

§ III.

Il ne suffit pas que tous les hommes soient égaux devant la loi, et que la loi compte les hommes pour quelque chose. Une société qui sait le prix de ces biens, veut en jouir avec sécurité. Elle n'en a qu'un moyen : c'est de se gouverner elle-même. Je m'explique mal : une société veut être libre pour cela et pour autre chose encore, parce que la Liberté est son Droit, la Liberté pour elle-même et quels qu'en soient les fruits. Cela ne se démontre pas. Tant pis pour qui demande ici une démonstration : elle lui serait donnée qu'il ne la comprendrait pas.

Ce Gouvernement de la Nation par elle-même, pour être le plus juste, n'est pas le plus simple. Un peuple s'appartient qui est électeur, juge, milicien ; mais cette souveraineté ne se produit et ne fonctionne qu'au moyen d'une foule de règlements et de combinaisons ; tous ces pouvoirs ont leurs conditions, leurs limites, leurs procédés, — de telle façon que la garantie du Droit, tout comme le Droit et l'égalité du Droit, a pour effet naturel de développer le mécanisme et l'action du Gouvernement (1). C'est là que le Progrès aboutit de toutes parts. Mais il en faut voir les diverses raisons.

Les choses se passent de la sorte dans une Civilisation qui s'améliore, parce que la loi s'y substitue non-seulement à la force, mais au hasard seul principe d'institutions, telles que le duel judiciaire et l'hérédité des pouvoirs et les priviléges.

Le régime de la force et du hasard a eu ses théoriciens : Hobbes, qui, tenant l'homme pour radicalement mauvais (*homo homini lupus*), le vouait à l'empire de la force : Pascal, qui, le tenant pour déchu, lui défendait

(1) Nous trouvons à ce propos un aperçu fort original entre autres dans le livre de la *Liberté*, par Daniel Stern :

« Indiquons un principe d'analogie propre à faire réfléchir : tout, ainsi « que l'organisme de la matière, se perfectionne en se compliquant, de « même les Gouvernements qu'on appelle constitutionnels, parlementai- « res, etc., reconnus supérieurs aux autres, sont les moins simples, les plus « savamment combinés, au moyen d'une foule d'agents ou organes dont « se passent les Gouvernements despotiques. »

de toucher aux choses établies, et préférait le hasard à une volonté pleine de corruption. Peut-être même cet état de choses a-t-il eu quelques raisons d'être. Sismondi n'est pas éloigné de croire que, vu les mœurs du moyen-âge où le témoin était à vendre, le duel judiciaire était préférable à la preuve par témoin (1). Quant aux charges vénales et héréditaires, on voit dans le *Testament politique* du cardinal Richelieu que, restituées à la nomination directe et gratuite du roi, elles n'eussent pas cessé d'être un objet de trafic : mieux vaut, à l'entendre, ce bénéfice pour l'État que pour les *particuliers* (2).

Autres mœurs, autres lois. De nos jours, plus de duel judiciaire, plus de fonctions vénales, plus de castes privilégiées, point ou peu s'en faut de pouvoirs héréditaires : le hasard est en perte. Au lieu de cela, des jugements motivés, des choix révocables, des mandats temporaires, c'est-à-dire la volonté de l'homme, laquelle, en pareil sujet, est le Gouvernement même.

(1) On peut ajouter à cette opinion celle de Roberston, *Introduction à l'histoire de Charles Quint*, tome I, page 65.

(2) Le désordre qui proviendrait des brigues et des menées par lesquelles on pourvoirait aux offices serait plus grand que celui qui naît de la liberté de les acheter et de les vendre... mais j'ajoute qu'il est absolument nécessaire de modérer le prix des offices, qui est monté jusqu'à tel point qu'il est impossible d'en supporter l'excès... La connaissance qu'avait le roi François, que les particuliers vendaient les grâces à son insu, lui fit croire qu'il n'y avait point de meilleur et de plus prompt expédient, pour tirer volontairement du bien de ses sujets, que de leur donner de l'honneur pour de l'argent... Le temps et les occasions ouvriront les yeux à ceux qui viendront en un autre siècle, pour faire utilement ce qu'on n'oserait entreprendre en celui-ci, sans exposer imprudemment l'État à quelqu'ébranlement. (*Testament politique*, chap. IV, sect. Ire).

Il y a un principe d'institutions meilleur que la force et le hasard, c'est le contrat. Le moyen-âge a vu ce Progrès d'une société fondée sur des conventions. La féodalité, qui fut en son temps un principe d'ordre, n'était pas autre chose. *Il n'y avait*, dit M. Guizot, *dans l'association des possesseurs de fiefs, ni sujets, ni citoyens.* Cette société n'avait rien de politique : tout y était privé, conventionnel. On peut dire que le contrat tient une grande place dans l'histoire du moyen-âge. Cette époque semble avoir vécu de trois conventions — l'engagement féodal — la société taisible, usitée entre serfs, dont parle Beaumanoir — la lettre de change, créée par les Juifs. — On voit, d'après cela, que les sociétés peuvent naître d'un contrat. Mais elles ne se développent que par le développement de la puissance publique. La nôtre au moins, avec son origine féodale et contractuelle, n'a pas d'autre procédé d'amélioration. Nous la voyons se perfectionner à mesure que l'État, frappé de dissolution sous les premiers successeurs de Charlemagne, et plus tard suppléé faiblement par le lieu féodal, se reconstitue, reprend ses droits. — Qu'est-ce après tout que le contrat? La volonté de l'homme appliquée à son bien, inférieure dès-lors à un principe d'ordre tel que la loi, à un moyen d'ordre tel qu'une magistrature centrale et distante.

On peut se demander ce que c'est au fond que le Progrès politique, qui substitue l'empire d'une loi juste et nationale, à l'empire de la force, du sort, des conventions. C'est la Raison dans la cité : ce que Dieu a donné à l'homme pour se conduire, sert à conduire les hommes réunis, et répand ses lumières sur la chose publique, sur les conditions de l'existence collective. Quand l'heure est venue de cette force nouvelle, elle n'abolit pas les forces anciennes; elle les corrige, ôtant aux souverainetés le surnaturel, aux Gouvernements la violence, aux institutions le hasard. Elle constitue par là un Pouvoir plus actif, plus pénétrant, plus fort. — Plus actif, car il s'acquitte de certaines fonctions laissées jusque-là au hasard. — Plus pénétrant, car la loi, œuvre collective et réfléchie, sait atteindre plus de choses que la volonté personnelle la plus absolue. « *Une institution écrit*, dit M. de Maistre, *à proportion de ce qu'elle se sent faible.* » Non, vraiment; elle écrit à proportion de ce qu'elle est impersonnelle, nationale. — Un gouvernement ainsi fait est au contraire plus fort qu'aucun autre : il n'a pas moins que la force de la communauté tout entière, érigée en souveraine sur la ruine des anciens pouvoirs. Nous en avons des exemples fameux. Montesquieu estimait au-dessus de la puissance des rois, l'entreprise de réunir les ordonnances en un seul corps de lois, Colbert ne put fonder une banque, ni réformer les hypotèques, ni abolir les douanes intérieures, empêché qu'il en fut par l'Église, par les grands, par les provinces, tandis que des pouvoirs récents, ont mené ces choses à bonne fin, et n'ont pas même rencontré ces obstacles qui arrêtaient l'ancienne monarchie dans tout son prestige et toute sa splendeur.

Le droit dit Bossuet *c'est la raison même.* Or, quel médiateur plus naturel entre la raison absolue et l'esprit humain que l'État? Qu'y a-t-il, dans l'humanité, de plus propre à concevoir la raison et à l'imposer, qu'un être collectif, situé et constitué de manière à ne pas ressentir comme l'Individu ce qui trouble l'empire de la raison?

En résumé, le Progrès politique présente trois phases; l'empire de la loi, l'équité de la loi, l'origine collective de la loi. — L'État n'est étranger à aucune de ces évolutions : on le retrouve en chacune, avec un surcroît d'importance. Mais l'État n'y joue pas toujours le même rôle. La force qu'il y déploie n'est pas toujours de même nature, et n'a pas toujours la même date relativement au Progrès.

S'agit-il du Progrès qui soustrait l'homme à l'empire de l'homme, qui abolit les castes et fonde le régime de la loi? l'État en est généralement l'auteur, le principe. — La force qu'il y déploie et de *l'irresponsabilité*. — Comme elle préexistait entre ses mains, elle est la condition *préalable* du Progrès.

S'agit-il du Progrès qui consiste en des lois équitables? l'État n'en est pas toujours le principe, il n'en est quelquefois que l'instrument, mais l'instrument nécessaire, puisque l'exécution des lois, ou même leur confection soit totale, soit partielle, est le fait de l'État. — Il y acquiert une force qui est de *l'étendue*, appelé qu'il est à organiser des droits, à créer des services publics, enfin à exécuter des lois sinueuses et détaillées, telles qu'il convient à l'équité dont la maxime est *Suum cuique*. — Ici, il tient sa force du Progrès accompli dont elle est la condition ultérieure. L'État finit par être fort dans une société progressive, quand il n'a pas commencé par là.

Quant au Progrès par lequel un pays se gouverne lui-même, l'État y puise la force ou plutôt le développement d'un appareil plus compliqué. La complication du mécanisme de l'État signale ce dernier cas, comme l'irresponsabilité de son principe et l'étendue de son action caractérisent les deux premiers.

Ainsi l'État est mêlé visiblement à ces œuvres de Civilisation qui élèvent l'état des personnes, qui améliorent les lois, qui appellent les peuples à l'exercice ou au partage de la souveraineté. Mais son rôle y est inégal, varié. Tantôt c'est l'initiative, tantôt le concours. Quelquefois il opère les réformes par la force qu'il avait déjà; quelquefois il y puise la force. Cette force elle-même est diverse comme les cas où elle se manifeste. Mais nous tenons surtout à constater qu'elle peut coincider avec le plus haut point de Civilisation politique, avec la plus complète possession d'un pays par lui-même.

L'État est très-puissant en Angleterre : il l'est peut-être plus qu'en Russie. Est-ce qu'il n'a pas à gouverner, chez nos voisins, des colonies, des chemins de fer, des maisons de charité, le travail dans les manufactures, l'émigration, l'éducation du peuple? Est-ce qu'il n'a pas à protéger tout une libre population? Est-ce qu'il n'a pas à traiter, selon le sentiment public, les nègres, les enfants, les ouvrières, les condamnés, les animaux? Faute de toute cette matière gouvernable, le Gouvernement despotique de la Russie a des loisirs et des bornes que ne connaît pas celui de l'Angleterre. Il est moins étendu; j'ajoute, moins irrésistible. — Un acte du Parlement anglais est plus sûrement obéi qu'un ukase. L'impôt sur le revenu était la plus grande violence qu'on pût faire aux mœurs de l'Angleterre, aux principes de foi et de crédit public qui lui sont chers. Cependant, elle a pris son parti de cet impôt.

Quant aux czars, on sait qu'elle fut l'aventure de Paul Ier, pour avoir voulu une chose aussi contraire aux intérêts de sa noblesse que l'alliance française et que l'interruption du commerce avec la Grande-Bretagne. On sait, de plus, que cet accident n'est pas unique dans les annales de cet empire (1).

Cependant, si le rôle de l'État va toujours grandissant dans les sociétés civilisées, ce rôle est plus grand dans les sociétés barbares : car tout y est à réformer, et cette réforme ne peut être le fruit spontané d'un pareil fonds. Parmi tout ce Progrès, égalité des hommes, dignité des personnes, souveraineté des citoyens, ce qui manque le plus à la barbarie, c'est l'Égalité. Or, cette première acquisition est de beaucoup la plus considérable en soi, et la plus efficace pour grandir les Gouvernements.

C'est à cette œuvre surtout qu'on peut les juger.

(1) Une correspondante de Fouché à Saint-Pétersbourg, lui raconte ainsi dans une de ses dépêches ce qu'elle avait vu au couronnement de l'empereur Alexandre Ier : « Le jeune empereur s'avançait, précédé des « assassins de son grand-père, suivi des assassins de son père et entouré des *siens.* » (*Histoire de France*, par M. Bignon.)

Pour apprécier au juste leur rôle dans les affaires humaines et le concours qu'ils prêtent à la Civilisation, il faut les voir aux prises avec une grande injure que notre espèce subit encore çà et là.

L'esclavage est une des perversions les plus familières à la nature humaine. Il ne faut parler ici ni de conquêtes élevant telle race au-dessus de telle autre, ni de prisonniers asservis au lieu d'être massacrés par le vainqueur. L'esclavage n'est pas un accident pour s'expliquer ainsi. Est-ce qu'il ne fleurit pas par lui-même dans certaines contrées où il ne fut jamais question de races superposées ? Comme les hommes naissent inégaux, ils sont faits pour l'inégalité des conditions ; l'esclavage en fut la première forme (1). — Que les forts aient usé de violence pour s'approprier les faibles, et pour rejeter sur eux la loi du travail imposé à tous ; que les faibles aient vendu leur liberté pour assurer leur vie, comme le pensent Vico et Montesquieu, et comme le confirment certaines analogies du moyen-âge, où le propriétaire Allodial s'offrait de lui même à l'inféodation : autant de conjectures que nous n'avons pas à vérifier. Il nous suffit de savoir que l'humanité à ses débuts porte en elle l'esclavage.

Or, comment les hommes cessent-il d'être esclaves ? et quelle est dans leur libération la part des Gouvernements ?

L'esclave peut conquérir sa liberté. Il peut l'acheter. Il peut la recevoir à titre de don. Force, argent, bien-

(1) Mais non la plus dure. Les missionnaires protestants nous parlent d'un archipel de l'Océanie, les îles Viti où la population se divise en castes mangeantes et en castes mangées.

fait, voilà les trois principes d'affranchissement qui paraissent dans l'histoire. — La révolte était le procédé antique, celui du plébéien à Rome, non sans quelque mélange de concessions patriciennes et d'une protection de l'État qui commença au règne des empereurs. — Au moyen âge, le serf se racheta volontiers, s'aidant toutefois de la révolte, et fortement secondé en outre par la puissance publique. — Dans les temps modernes, ce dernier élément opère seul, au profit soit des nègres, soit des paysans slaves et allemands. La Liberté n'est ni conquise, ni achetée : elle est obtenue à titre gratuit. Ce n'est pas le serf qui l'exige, ce n'est pas le maître qui l'octroie : ce sont les Gouvernements qui l'instituent.

Ils procèdent à cette œuvre par une force qui est de l'irresponsabilité : ils y acquièrent une force qui est de l'étendue. Ils étaient les maîtres de la société : Ils en deviennent les régulateurs et les arbitres.

Nous aurons lieu de le remarquer plus d'une fois : ce développement de la puissance publique qui accompagne tout Progrès, n'est pas celui des sujétions et des contraintes imposées à l'Individu. Il n'y a rien là qu'on puisse sans injustice traiter de compression, de disgrâce, d'avilissement ; rien qui ne soit conciliable avec la dignité, avec la liberté des Individus. Au point précis où nous sommes, cette assertion est l'évidence même. Car ce qui se passe est uniquement ceci : la puissance que subissent les hommes, de privée devient publique. L'Individu passe du joug domestique, patriaral, seigneurial, sous le régime de la loi et de l'État. Il est plus gouverné, il n'est pas plus dominé. Il y a même apparence qu'il est plus libre, l'État prenant la place des dominations particulières, mais ne la prenant pas entièrement. — La dépouille des castes est assez riche pour faire l'Individu plus libre en même temps que l'Etat plus puissant. Lorsque tombèrent les jurandes et les maîtrises, l'impôt de la patente fut créé : émancipation de l'artisan aussi bien qu'enrichissement de l'État.

Ainsi ; jusqu'à présent, Progrès, Gouvernement, Liberté ne font qu'un.

SECTION DEUXIÈME.

Du Progrès économique et des développements de l'État qui y sont inhérents.

Nous venons de voir que le Progrès politique qui est une constitution nouvelle de l'autorité, en est en même temps le développement nécessaire.

Le Progrès économique a les mêmes conséquences; car l'effort d'une société vers le bien-être a quelque chose d'une collision universelle, et la police en est laborieuse.

Il ne suffit pas d'avoir mis le Droit dans la condition des hommes : il faut maintenir l'Ordre dans leurs relations. Quand l'Etat a fait justice de l'oppression légale, il lui reste à prévenir l'exploitation naturelle.

On s'est avisé de nos jours qu'il y a quelque chose de commun entre tous les hommes : le sens moral chez le plus stupide, la faillibilité chez le plus sage. D'où l on a conclu que la loi ne doit pas subordonner et sacrifier les uns comme s'ils étaient de race inférieure aux autres, mais les traiter tous comme égaux en fait de justice, de peines, d'impôts et d'admissibilité aux fonctions publiques : c'est ce qui s'appelle *l'Égalité devant la loi*. Mais ce ne peut-être le dernier mot de la Civilisation, si grand qu'il soit. Comment oublier quelles différences laisse subsister, d'un homme à l'autre, ce fond de ressemblance qu'il y a entre tous les hommes? Comment perdre de vue que ces différences abandonnées à elles-mêmes, livreraient toute faiblesse et toute ineptie à l'ascendant du plus fort, du plus habile, du plus persévérant; et que cette domination, de par la nature, serait aussi oppressive que celle qui s'exerçait jadis de par la loi? A ce compte la nature est à redresser aussi bien que la loi. Or, qui corrigera l'abus des suprématies naturelles, si ce n'est l'État? et comment l'État y parviendrait-il, si ce n'est avec un surcroît de force et d'attributions?

Si l'on veut de nous quelque chose de plus précis; si l'on nous demande où peuvent se produire ces inégalités pernicieuses, où doit s'appliquer cette mission tutélaire de l'État, c'est qu'on oublie le fait nouveau et progressif qui a pris possession des sociétés modernes : la Production — nouveau du moins, comme les mœurs, les idées, les fortunes qui ont succédé aux mœurs féodales, à certaines idées religieuses, aux fortunes nobiliaires.

Ici apparaissent des forces et des relations dignes de toute la sollicitude de l'État.

La production a trois agents : Terre, Capital, Travail. Elle n'en a pas plus aujourd'hui qu'elle n'en avait autrefois ; mais chacun d'eux est à peine reconnaissable, modifié comme il l'a été depuis un demi-siècle.

Le Capital a grandi : il est devenu prépondérant dans l'œuvre de la production, par le fait des machines qu'il est seul en état d'acheter. En outre il a découvert deux beaux secrets pour se multiplier : le Crédit, l'Association. Il lui est échu un plus grand rôle avec de plus grandes facultés pour le remplir.

Le Travail a déchu. De manuel il est devenu mécanique ; d'isolé, aggloméré. En même temps le travailleur a pris une plus haute idée de lui-même dans les idées et dans les institutions de notre temps.

La Terre a révélé son caractère de *monopole* : les produits n'en pouvaient renchérir comme ils ont fait, au milieu de la décroissance universelle des prix, sans mettre la science et les intérêts sur la voie de cette découverte.

De là, entre les divers agents de la production, de nouveaux rapports, de nouveaux sentiments.

Le Capital accuse la Terre d'un monopole qui fait renchérir les subsistances et le Travail. Celle-ci s'est vu condamner, de l'autre côté du détroit, à subir la libre entrée des céréales.

Le Travail, à son tour, élève sa plainte contre le Capital. Partout où les machines ont remplacé la main de l'homme, le travail a dû s'associer au Capital propriétaire des machines. Sa position lui en paraît plus dûre. C'est tout autre chose pour lui de vendre ses produits au consommateur, ou de vendre ses services au capitaliste. Dans le premier cas, il traite souvent sur le pied de l'égalité : rarement dans le second.

C'est là qu'en est le débat entre le Capital et le Travail : le premier, plus indépendant, plus distant, plus insouciant du travailleur : l'autre, plus faible et plus fier tout à la fois ; subalternisé comme agent producteur, exalté en qualité d'homme et de citoyen ; annexe d'une machine de par l'industrie, souverain de par le suffrage universel.

Telles sont les circonstances nouvelles survenues dans l'état des trois agents de la production, les jugements nouveaux portés sur leur valeur, les relations nouvelles où ils sont entrés les uns à l'égard des autres : toutes choses qui portent en elles le conflit, et un conflit d'autant plus ardent que les intérêts ennemis ; les uns, avec plus de puissance acquise ; les autres, avec plus de droits reconnus, sont mieux armés que jamais.

Le juge de ces antagonismes, c'est l'État. Or, les attributs et l'action de l'État doivent se modifier pour suffire à cet arbitrage, et pour répondre à de tels changements dans la société ou du moins dans la plus grande affaire de la société. On va voir que cette modification du gouvernement en est presque toujours l'extension, mais non toujours.

Commençons en effet par reconnaître que si les produits de la Terre jouissent d'un monopole naturel, il ne convient pas d'y ajouter un monopole légal, en chargeant d'un impôt les produits de cette espèce que l'étranger nous envoie. Des accidents et des prévisions de plus d'une sorte peuvent être invoqués, mais seulement à titre de sursis, contre le libre commerce des grains. Cette liberté est le principe, la tendance régulière qui tôt ou tard doit être obéi.

Quant au *Capital*, la figure qu'il fait dans le monde, a tous les caractères d'un avènement. Humble et inaperçu autrefois, au point d'être négligé par la loi civile, par la loi politique et même par la loi fiscale (qui n'a guère de ces inadvertances), il est aujourd'hui une puissance avec laquelle toutes les puissances, y compris les plus officielles et les plus absolues, ont appris à compter. On peut juger par là de ce que sont les Individus en présence de cette force nouvelle, et s'ils peuvent se passer d'être protégés par l'État. Comme ils traitent avec le Capital, en qualité de consommateurs, de travailleurs, de créanciers, ou d'associés, l'État s'acquitte de la protection qu'il leur doit, en réglementant ces diverses relations.

Ce règlement est surtout nécessaire dans le cas où le Capital opère par voie d'association, ce qui lui donne jusqu'à un certain point des effets de monopole : car il y a telle société de capitaux assez considérable pour défier en fait la concurrence. Le règlement en pareil cas n'est autre chose qu'un tarif imposé aux services ou aux produits de ces compagnies. Par cette précaution, le public est protégé en qualité de consommateur. Il l'est par d'autres mesures, en qualité de membre ou de créancier des associations. C'est dans cet esprit que toute société est soumise à certaines façons de publicité, d'autorisation préalable, de surveillance administrative.

Le règlement n'est pas moins nécessaire pour la protection du public, considéré comme travailleur.

Il y a eu dans tous les temps un contrôle de l'État sur le Capital.

Lorsque le travail était un fait d'esclave, et que l'esclave était hors la loi, la société n'avait point à surveiller les œuvres du Capital dans le domaine de la production. Ne reconnaissant nul droit au travailleur, elle n'avait nulle protection à lui accorder, nul besoin dès-lors de l'énergie et des attributions que comporte ce patronage. C'est ainsi que d'une notion imparfaite des droits de l'homme, dérivait l'inertie du pouvoir social. Toutefois, le Capital n'était pas toujours sans répression, et lorsqu'il s'en prenait dans ses écarts à des membres de la société, à des êtres réputés citoyens, il rencontrait l'intervention tutélaire de l'État : les lois contre l'usure sont de tous les temps.

Mais aujourd'hui que le travail, tout en demeurant le fait et la destinée des masses, est affranchi, réhabilité comme les masses elles-mêmes, ce qui l'intéresse ne peut être indifférent à la société.

Elle doit protéger aujourd'hui le travailleur, tout comme elle protégeait autrefois l'emprunteur, au même titre et contre la même puissance.

On ne peut pas dire que ce devoir ait été méconnu. Ainsi le législateur moderne a réglementé de fort près le métayage, cette agriculture de la moitié de la France environ. Il a pris soin de fixer lui-même les clauses de ce contrat : il en a fait un contrat d'*ordre public*, à tel point que le métayer ne pourrait accepter valablement une condition inférieure à celle que le Code civil tient pour équitable et nécessaire. Quand la loi montre tant de sollicitude pour le Travail rural, il semble difficile qu'elle néglige absolument le travail industriel et les relations auxquelles il est sujet.

A vrai dire, elle n'a eu garde de commettre cette omission. Il faut même convenir que pendant quelques années, qui ne sont pas bien loin de nous, elle s'est répandue à satiété sur ce sujet.

Depuis le contrat d'apprentissage jusqu'à la pension de retraite, la loi a touché à tout dans la condition de l'ouvrier. Ce n'est pas qu'elle l'ait fait d'une manière bien énergique, bien pénétrante, excepté en ce qui regarde la durée du travail des adultes. Mais enfin les mesures sont abondantes et partent d'un bon naturel : elles témoignent d'un devoir assumé, d'un principe admis, et ne laissent pas, avec leurs *exposés de motifs* que d'engager l'avenir.

Il faut le remarquer en passant, toute cette législation est contemporaine, et ne peut toutefois être imputée à l'invasion de certaines idées, ou plutôt de certains événements qui ont éclaté de nos jours ; c'est un pur effet de Civilisation. Il appartient essentiellement à l'industrie, telle qu'elle se montre dans une société progressive, de faire du paupérisme, et par là de susciter du Gouvernement. Cela est aisé à concevoir.

Le Progrès de toute sorte est en général l'œuvre des classes élevées, officielles ou non, qui ont de bonnes raisons pour être les premières à le trouver ou à l'adopter : richesse, sécurité, loisir, culture et ouverture d'esprit.

De ces hauteurs partent les grandes impulsions.

Mais les classes inférieures, qui n'ont rien de cette condition et de ces avantages, comment suivront-elles ce mouvement? Ici apparaissent les débiles et les arriérés, d'autant plus nombreux dans une colonne en marche, que cette marche est plus rapide et que l'accélération est née à la tête de la colonne. Évidemment, les masses ne peuvent prendre d'elles-mêmes l'allure des premiers rangs de la société. Il faut qu'elles y soient contraintes ou aidées. J'admets la contrainte pour le Progrès moral, mais pour le Progrès industriel, il ne peut être question que d'assistance. Celui-ci a plus d'une manière d'opérer. — Tantôt il change les instruments de la production, remplaçant l'ouvrier par la machine; — tantôt il abolit des productions tout entières, postes, roulages, messageries, tout ce que les chemins de fer ont dépossédé; — tantôt il élève démesurément le prix de certains produits, par exemple, de l'habitation. — Or, c'est au sommet de la société qu'on découvre et qu'on met à profit tout cela : en bas on le subit. Chacune de ces nouveautés est une crise pour qui ne l'a ni voulue ni prévue, pour qui la comprend à peine, et doit néanmoins, sous les conséquences les plus graves, s'y accommoder au plus tôt.

Si l'on veut bien se souvenir que la Civilisation ne se fait pas sans porter ce trouble, tantôt sur un point, tantôt sur un autre, on admettra sans doute qu'elle est à ce titre une cause de malaise et d'inquiétude pour les classes laborieuses. Naguère, le temps était le modérateur de ces maux; il l'a été par exemple en ce qui regarde toute industrie supplantée par le chemin de fer et par la machine à filer le lin; mais notre époque a dévoré le temps. Aujourd'hui, comme une chose n'est pas plus tôt dans la science, qu'elle passe dans la pratique, ainsi que cela s'est vu pour le télégraphe électrique; comme elle n'est pas plus tôt pratiquée sur un point, qu'elle est connue et adoptée partout, il est clair que le train du Progrès aussi bien que le Progrès lui-même, fait à l'État un rôle d'intervention qui ne lui appartenait pas autrefois.

Nous apercevons la même conséquence, si nous tournons nos regards vers les autres faits de l'ordre économique. Il n'y a pas dans cette sphère que la création des produits matériels; il y a l'échange et les services de l'homme. Or, il est de l'essence de ces choses d'être gouvernées. Elles répondent aux besoins les plus impérieux de l'homme, mais en touchant à ses plus mauvaises passions. Elles sont gouvernées, dis-je, à un moment quelconque, d'une manière ou d'une autre. Il serait trop étrange que l'État, c'est-à-dire la morale n'eût rien à voir dans une affaire de cette conséquence. — Il y a tel pays, célèbre pour sa liberté, où pas un ballot ne s'exporte sans avoir subi une inspection officielle. C'est aux États-Unis que cela se passe. En France, l'exportation est libre, mais certaines lois ont réservé le marché national aux producteurs nationaux, avec cette conséquence prévue ou non, d'enrichir les classes qui pratiquent le travail aux dépens de celles qui professent l'oisiveté.

Pour ce qui est particulièrement des services de l'homme, ils prennent, la Civilisation aidant, un caractère scientifique et composé, par où ils échappent à l'appréciation du consommateur et provoquent celle de l'État. Pouvez-vous juger d'un appareil de gaz comme d'une bougie, d'une locomotive comme d'un cheval de poste? Ainsi, les motifs pris de l'incapacité des personnes, qui justifient la tutelle publique à l'égard des classes inférieures, deviennent légitimement applicables, en certains cas de progrès, à toutes les classes.

On le conçoit de reste : plus il y a d'industrie dans un pays, et moins il peut y avoir, là, de cette liberté stérile, qui n'est pas le gouvernement d'une Nation par elle-même, mais la négation et la défaillance du Gouvernement.

C'est le comble de l'art politique, c'est le mérite suprême d'un Gouvernement de demander le moins de sacrifices possibles à la fortune et à la liberté des citoyens. Mais encore faut-il que ce Gouvernement puisse faire son office, qui est de maintenir l'ordre et la sécurité. A ce compte, dans l'hypothèse même du Progrès le plus avéré, le personnage du Gouvernement ne comporte pas de réduction.

Sans doute, il appartient au Progrès d'atténuer le nombre et la gravité des *crimes* proprement dits. Mais aussi bien c'est le fait du Progrès d'encourager et de féconder tout ce qui s'appelle industrie, commerce, qui est un ordre de faits où abondent les complications et les angoisses.

Dans une société comme la nôtre, adonnée à produire, parvenue au point de Civilisation que cela signifie, le dissolvant n'est plus la voie de fait, qui est le vice des sociétés naissantes et grossières. Le danger est ailleurs ; il consiste dans un ensemble de mœurs, de faits, d'accidents, qui font à la classe des travailleurs, c'est-à-dire à la masse des hommes, une condition précaire. C'est là que la sécurité est à maintenir ou à restaurer. C'est de ce côté que l'ordre public est vulnérable et périclitant. Par où l'on voit que les conditions de l'ordre et de la sécurité sont changeantes selon l'état des sociétés, mais que dans le plus avancé, elles laissent au pouvoir les mêmes soucis et les mêmes attributs ; que la répression et la protection publiques peuvent se déplacer, mais non s'effacer ni même se relâcher.

Encore n'est-ce pas assez dire.

Vous verrez à certaines époques plus d'instituteurs et moins de police, plus de bureaux de bienfaisance, de prud'hommes, d'inspecteurs de manufactures, et moins d'inquisiteurs ou de censeurs. Cela ne signifie qu'une chose, c'est que les moyens de gouvernement varient. Mais il y a plus : la somme de gouvernement va toujours grossissant, à mesure que la société prend plus de vie et de puissance, sans perdre pour cela son égoïsme qui est sa nature.

Il y a un mot entre tous, nous l'empruntons à la *Profession de foi du XIXe siècle* (1), qui caractérise la Civilisation : accroissement de vie.

(1) Voir le livre de *M. Eugène Pelletan*, où ce mot est fort bien justifié en tout ce qui tient à l'art et au sentiment.

M. Pierre Leroux s'était servi d'une expression moins juste en parlant de *création continue*.

Le mot est lumineux : il embrasse le Progrès tout entier, où la Production n'est qu'un élément entre autres.

Le nom est bien trouvé : Qu'est-ce en effet que le Progrès ? c'est le droit, créateur d'existences nouvelles, révélateur des titres du genre humain : c'est la science, découvrant de nouvelles forces dans la nature, de nouveaux espaces dans le monde, de nouvelles profondeurs sous nos pieds : c'est la richesse fécondant la population par le salaire, et les esprits par le loisir ; c'est la sympathie, un principe d'action bienveillante, une faculté par laquelle nous vivons dans nos semblables.

On expliquerait mal l'opération du Progrès, en disant que la société se spiritualise. Ce serait oublier un des traits saillants de notre époque, la poursuite et la science du bien-être. Dire que la société se matérialise, ne serait pas plus exact. Est-ce que les besoins moraux ne sont pas aujourd'hui plus impérieux et plus écoutés que jamais ? Si les sociétés vont se développant, corps et âme, comment appeler cela, si ce n'est : accroissement de vie ?

Une population plus nombreuse, avec plus de dignité, avec plus de puissance, avec plus de sève et d'entraînements variés, tel est le tableau d'une société progressive, c'est-à-dire plus vivante.

Or, est-il possible que sur un point donné les êtres se multiplient, que des droits paraissent, que des forces s'éveillent, sans que l'État ait quelque chose de plus à gouverner ? Comme si le gouvernement n'était pas le reflet de la société, ou plutôt son agent et son modérateur, destiné à d'autant plus de développement qu'elle lui offre plus d'existences à protéger, plus de besoins à pourvoir, plus d'énergie et de passions à contenir, plus de relations à équilibrer! Comme si les Individus pouvaient grandir en acquisitions et en facultés, se gonfler de convoitises, se ruer en poursuites de toute sorte, sans appeler au service ou au règlement de tout cela l'intelligence et la force collectives, c'est-à-dire l'État!

Ce serait peut-être le lieu d'énumérer tant de conquêtes ajoutées à la fortune et presqu'à la nature humaine, et d'y montrer cette conséquence partout attachée : on se contentera de la faire remarquer dans certains cas de Progrès, qui ne sont pas toujours du domaine économique.

Armées permanentes, colonies, presse, tolérance religieuse, chemins de fer, voilà qui appartient au Progrès, et qui est pour un peuple une manière nouvelle de défendre et d'étendre son territoire, d'exprimer son culte et sa pensée, de répandre non-seulement les produits, mais les personnes et les idées. Eh bien! parmi ces choses, ni les plus avantageuses à la communauté ne peuvent s'accomplir sans contrainte exercée par l'État, ni les plus utiles aux Individus ne peuvent se passer des encouragements de l'État. D'ailleurs n'ont-elles pas leurs périls et leurs abus, par où elles appellent la surveillance du gouvernement? N'ont-elles pas leurs difficultés, où le Gouvernement doit leur prêter son autorité et ses finances? — Aplanir les voies au Progrès, l'y soutenir, l'y modérer, telle est la mission naturelle de l'État.

Il n'est pas croyable que le Gouvernement puisse se simplifier dans un pays où les rapports deviennent chaque jour plus compliqués, et qu'une telle mêlée des égoïsmes n'ait pas besoin d'une médiation supérieure.

Qu'une société en face de certains besoins primitifs, l'indépendance par exemple, ait créé une force collective pour y satisfaire; et que cette société acquérant des besoins plus raffinés, n'y applique pas cette force, cela ne se conçoit pas davantage.

Toute société qui se perfectionne doit avoir un gouvernement plus fort, par la même raison qu'elle a une langue plus riche. Les idées ne s'expriment pas seulement, elles se réalisent.

Un pays emploie d'autant plus son Gouvernement au service de ses idées, que celui-ci est dans la condition de serviteur, de gérant. Quand la Nation, et une Nation plus remuante et plus passionnée, peut dire : *l'État c'est moi*, l'État grandit et s'anime de toute la vitalité sociale.

Il faut bien remarquer que cette exubérance de vie rend plus difficile la transaction que le Progrès doit opérer entre le passé et l'avenir. Plus difficile, cette transaction demande un arbitre plus puissant, à moins qu'il n'y ait pas compromis, mais révolution. Quand la civilisation monte, il faut pour équilibrer ce qui est et ce qui veut être, que l'État grandisse ou que les révolutions éclatent. L'État ne s'est tant développé de nos jours en Angleterre que parce qu'il prévient les révolutions, ce qui demande une partie de leur force pour une partie de leur œuvre. Rien n'est plus absolu que certaines lois contemporaines chez nos voisins. En général leurs lois sont faites comme des révolutions, sans doute parce qu'ils font leurs révolutions par des lois.

Pour énoncer le problème dans toute sa complexité, il ne faut pas perdre de vue une donnée essentielle : le milieu où se déploie la Civilisation est en général un milieu et un fond de droit commun. La vie aurait peine à se développer dans une société politiquement inculte et arriérée. Ce développement partiel et borné n'est pas dans les allures de la Civilisation. On peut citer les Indous comme exemple d'un peuple fort avancé dans les arts matériels en même temps que fort étranger à la notion des droits humains. Les castes florissaient dans l'Inde, à côté d'une telle perfection d'industrie que, pendant plus de deux siècles, elle ne demanda rien à l'Europe que son numéraire. Exception, anomalie. Le train naturel de la Civilisation est tout autre : elle s'avance d'un pas harmonieux et concentrique, par toutes les voies qui partent de la nature humaine.

Le problème est donc celui-ci : d'un côté, un droit universel, inviolable; de l'autre l'audace des volontés, l'ardeur des instincts, l'effervescence des entreprises. A ces données, il n'y a qu'une issue : l'État plus énergique et plus actif.

En résumé, à plus de vie il faut plus d'organes; à plus de forces, plus de règles. Or, la règle et l'organe d'une société, c'est l'État.

Nous ne saurions trop insister ici sur un point capital.

Cet essor de l'État dans une société progressive n'a rien en soi d'humiliant et de disgracieux, rien qui suppose une aggravation de contraintes. L'État et la Liberté ne sont pas dans le monde comme deux éléments, comme deux rations, dont l'un ne puisse être augmenté qu'aux dépens de l'autre; l'un et l'autre s'alimentent au même fonds, qui est la vie. Rien n'empêche qu'ils n'y puisent à même dose, et qu'ils ne se déployent concurremment sur ce théâtre, dans les mêmes proportions. La Liberté est l'expression brute de la vie, l'État en est la règle. Si la vie se féconde et s'enrichit de connaissances, de puissances, de jouissances nouvelles, on comprend que l'État puisse s'appliquer à la vie ainsi dilatée, sans rien ôter à la Liberté dont les hommes avaient joui jusque-là. Il n'y a pas pour cela plus de discipline au monde, celle-ci ne s'étant développée que parce qu'il lui survenait des objets nouveaux : ou du moins rien n'est changé, rien est aggravé sous ce rapport dans une société qui n'est plus gouvernée que parce qu'elle est plus vivante. Une nation, par exemple, peut à tel moment donné, porter une charge d'impôts plus considérable en soi, et cependant moins lourde que par le passé. C'est que la nature, mieux connue et mieux exploitée, peut accorder à cette nation encore plus que l'Etat ne lui prend. — On voit là distinctement que l'État et la Liberté ne sont pas deux puissances livrées tête-à-tête à un duel permanent. Il y a entre elles un tiers qui les concilie en les fortifiant toutes deux. Ce tiers n'est autre chose que le terrain qui les porte, assez vaste, assez fécond pour suffire à leur accroissement respectif. — Ainsi l'État tel qu'il se développe à la suite d'un développement social, n'est pas une réduction de liberté pour les choses préexistantes : il n'y touche pas avec plus d'étendue ni avec plus de force qu'il ne faisait auparavant. Quant aux choses nouvelles, il est la condition de leur Liberté, s'il est vrai que dans toute expansion des facultés humaines, l'homme ait à craindre l'obstacle ou l'entreprise de son semblable.

On voit que le Progrès économique comme la politique donne lieu au développement de l'État. Mais cette conséquence est moins sensible dans le premier cas que dans le second.

Progrès économique, Civilisation matérielle, richesse. c'est tout un : Or, la richesse procède des Individus. Dès qu'on entre dans cet ordre d'idées, on ne voit guère que l'Individu, tout comme l'État apparaît seul dans la sphère du Droit. L'homme d'État tire le Droit d'une notion qui lui est plus familière et plus présente qu'aux autres hommes, supérieur comme il l'est aux intérêts qui divisent la société : la pratique d'ailleurs lui en est plus commode qu'à personne, dans cette élévation d'où il domine les lois comme les intérêts. Tel Gouvernement est juste comme est généreux le testateur qui lègue sa fortune aux pauvres : à faire le bien, l'un ne se gêne pas, l'autre ne se prive pas. On comprend de reste que le Progrès des institutions soit le fait essentiel de l'État : Mais créer la richesse est le fait de l'humanité individuelle et spontanée.

Les Individus tirent le capital de leur travail, de leur persévérance, de leurs privations. Cette fonction leur est propre, et nulle force ne peut les y suppléer. Il est vrai que l'État fournit à cette œuvre la sécurité qui en paraît le besoin vital, souvent une assistance directe, toujours la police de ses règlements. Son rôle dans cet ordre de choses demeure considérable. — Cependant le Capital pourrait naître, malgré les obstacles dont l'État le délivre : il serait un bienfait, malgré les abus dont il est purgé par l'État. Il y a plus : le Capital pourrait se passer à la rigueur de sécurité, ainsi que cela s'est vu en Italie, dans ces opulentes cités du moyen-âge, au milieu des luttes du *peuple gras* et du *peuple maigre*, comme parle une chronique florentine, citée par M. Edgard Quinet. Mais la chose sans laquelle le capital ne se conçoit pas, ne se crée pas, c'est l'action libre des Individus. Ce n'est pas que les Gouvernements n'aient songé quelquefois à la suppléer ; ils l'ont tenté de nos jours en Égypte, et depuis un siècle, en Russie. Mais comme le travail servile (on ne peut appeler autrement le travail *imposé*, même à bonne intention) est improductif de sa nature, comme l'épargne n'est pas la vertu des Gouvernements, le Capital qu'ils évoquent, privé du mobile et de l'aliment qu'il lui faudrait, est chose artificielle, d'un produit médiocre et de nul avenir.

On ne dirait pas tout, si l'on omettait d'ajouter que *Capital* a certains synonymes, comme : loisir, libération de l'esprit, avènement de la pensée. Or, la pensée proprement dite, ou, comme s'exprime Platon, l'*examen de l'essence des choses par l'essence de l'entendement*, est toute puissante sur la Civilisation. Tout au monde relève de là, non-seulement la science, mais la condition de l'homme dans toute son étendue. Telle philosophie, telle civilisation. Si la pensée est sans élan et sans curiosité des choses générales, point de sciences naturelles ou exactes. Si cette curiosité ne s'étend pas à la nature et à la destinée de l'homme, point d'applications utiles de ces sciences. Quand la philosophie était nulle, c'est-à-dire quand l'homme n'était ni étudié ni compté, la science n'était qu'alchimie : au moyen-âge, rien que des chercheurs d'or ; ni Gutenberg, ni Colomb, ni Davy, ni Watt, ni Parmentier, ni Jenner. M. Cuvier cite un curieux exemple des bornes que se faisait à elle-même la science de cette époque.

« L'*Opus majus* de Roger Bacon, dit-il, a tous les dé-
« fauts de son siècle. C'est encore un ouvrage de moine.
« Ainsi, s'il découvre la propriété des verres convexes,
« l'application qui le frappe, c'est qu'on pourra en faire
« des lunettes qui faciliteront la lecture des vieux
« Pères. Dans les découvertes astronomiques il ne voit
« qu'un moyen de connaître l'époque à laquelle il con-
« vient de célébrer les fêtes mobiles (1). »

Il serait peut-être intéressant de comparer à ce passage les raisons de bien public et de philanthropie pour lesquelles Descartes se décida à prendre la plume, et qu'il expose à la fin du *Discours sur la Méthode*. Mais

(1) *Histoire des Sciences naturelles*, tome I, page 415.

ceci ne peut être l'objet d'une parenthèse. Bornons-nous à cette simple observation que l'esprit est la force humaine qui conduit les affaires d'ici-bas, et qu'il est nécessairement au fond de tout Progrès, intellectuel ou non d'apparence : par où l'on peut juger du concours prêté à toute œuvre de Civilisation par le Capital, émancipateur de l'esprit, et par la puissance purement individuelle dont il émane.

SECTION TROISIÈME.

Du Progrès moral, et des développements de l'État qui y sont inhérents.

Une société qui ne connaîtrait ni l'oppression légale ni l'exploitation naturelle, qui aurait mis le droit dans l'état des personnes, et qui maintiendrait l'harmonie dans leurs rapports, cette société, disons-nous, serait défectueuse si la morale des lois et de l'État y était stationnaire.

Mais il n'en peut être ainsi. Un des caractères du Progrès est le développement de la conscience humaine, et par suite l'amélioration infatigable de la moralité légale.

Classer comme répréhensibles des faits réputés innocents ou véniels; incriminer comme abus et comme licence ce qui passait pour simple usage, simple liberté; mettre dans la loi le précepte qui n'était que dans le for intérieur; élever enfin le niveau des devoirs, telle est l'œuvre essentielle de la Civilisation. Or, si l'on y prend garde, on verra qu'il n'y a guère de cas où cette opération du Progrès ne mette en branle toute la machine du Gouvernement, depuis le législateur jusqu'au dernier agent de la force publique.

Les faits abondent à l'appui de cette proposition, humbles ou imposants, tous d'un sens irrécusable.

L'abolition de la traite des noirs est une des réformes les plus considérables tentées depuis un demi-siècle. Rien ne répond mieux à ce développement de raison et de sensibilité qui remplace chez l'homme de nos jours la fibre grossière de ses ancêtres. Mais en même temps rien ne provoque à un plus haut degré l'action et le déploiement de la puissance publique. Que de façons ici pour faire droit au Progrès! Traités, lois, règlements, impôts, armements, droit de visite, confiscation, justice exceptionnelle, telle est la série de mesures nécessaires pour ériger la traite en délit du droit des gens, pour la constater, la prévenir, la réprimer.

Que si nous passons à une des moindres applications du Progrès, celle par exemple qui a pour objet d'interdire les brutalités contre les animaux, nous rencontrons des nécessités de même nature, si ce n'est de même importance.

Ne faut-il pas une loi pour mettre là un caractère de méfait? un règlement de police municipal pour l'interprétation de la loi? puis des procès-verbaux pour constater les contraventions, puis des poursuites pour saisir la juridiction compétente, puis un jugement pour faire application de la peine aux contrevenants, puis enfin le collecteur pour l'exécution de la peine qui est au moins une amende?

Tout cela, n'est-ce pas une besogne de plus pour le

Parlement, le maire, le préfet, le gendarme, le commissaire de police, le juge de paix, l'agent du domaine? C'est-à-dire pour le pouvoir législatif, pour le pouvoir réglementaire, pour le pouvoir administratif, pour le pouvoir judiciaire, en un mot, pour presque tous les engins dont se compose le gouvernement d'un pays.

Essayez de faire une loi contre le duel, et vous aurez à créer non-seulement une incrimination nouvelle, une pénalité nouvelle, mais peut être encore une juridiction nouvelle ou plutôt renouvelée, à l'image de celle qui existait autrefois. Ce ne sera pas apparemment sans ajouter quelque chose au domaine de la loi, du juge et de la police.

Et le régime cellulaire! quel surcroît pour l'État, de soucis et d'attributs! Quelle charge d'âme substituée à l'office tout matériel de surveillant et de geôlier! Est-ce avec un personnel d'argousins qu'il entreprendra la moralisation des détenus? Ne lui faut-il pas de nouveaux gardiens aussi bien que de nouveaux bâtiments?

Les choses de l'humanité la plus vulgaire, la plus naturelle, n'échappent pas à cette condition. Il n'y avait qu'un cri naguère contre ce qui s'appelle les *logements insalubres*, ces gîtes mortels où le travailleur s'entasse et se prédestine aux épidémies. Mais le moyen d'avoir raison de ces logements, aux termes des lois existantes? ni la loi sur l'expropriation, ni les pouvoirs des communes n'y suffisaient. Il fallut une loi nouvelle pour exécuter cette reforme. — Or, cette loi créa un nouveau délit, celui du propriétaire qui donne à loyer un logement déclaré insalubre — une nouvelle autorité, qui est la commission municipale chargée de rechercher ces logements — un nouveau droit pour la commune : l'expropriation pour cause d'insalubrité.

On a peut-être eu tort de regarder aux faits. *A priori*, établir de nouveaux devoirs parmi les hommes, c'est y créer plus de gouvernement ! Le devoir ne se propose pas : il s'impose. Ainsi le Progrès moral comme le Progrès politique ou économique détermine un accroissement infaillible de la puissance sociale.

Mais il y a des limites à cet accroissement, peut-être? Oui, sans doute.

La loi ne va pas aussi loin que le devoir : elle n'a pas la prétention de rédiger et d'imposer le devoir tout entier. Ce que la société a le droit de punir, ce n'est pas tout acte immoral, mais seulement l'acte immoral qui la blesse; et elle n'a le droit de se tenir pour blessée que quand elle a lieu de craindre la récidive ou la contagion. Ainsi elle punit la banqueroute, mais non tout manque de foi indistinctement. Ses pouvoirs ne vont pas plus loin. Il ne lui appartient pas d'obliger les hommes par la terreur du châtiment à faire le bien, à pratiquer les devoirs de vertu. Ici la loi positive est bornée par la loi naturelle et supérieure qui a fait de l'égoïsme le moyen de conservation de l'espèce humaine. Le législateur peut imposer des limites à l'égoïsme, lui interdire la malfaisance, mais non lui demander qu'il se change en abnégation. Comment punir, pour avoir manqué de dévouement, des êtres faits et organisés d'en haut pour se préférer aux autres? Le devoir de vertu ne comporte qu'une sanction à l'égard de ces êtres, la récompense tôt ou tard, ici ou ailleurs.

Ces principes sont certains et semblent borner d'une manière assez étroite l'extension que peut prendre le gouvernement à propos de morale.

Mais voici comment les choses se passent, à côté des principes.

Une société en se civilisant, acquiert non seulement plus de conscience, mais encore plus de susceptibilité. Dans cet état, elle se sent blessée et alarmée de choses qui naguère la laissaient indifférente. De là, une ouverture toute régulière à un grand accroissement de la loi pénale. Les désordres inaperçus, les scandales impunis de la veille, deviennent les délits réprimés du lendemain. Telle est l'humeur actuelle de notre société. On a pu en juger tout à l'heure, à l'énoncé de quelques incriminations récentes : Encore n'est-ce pas là sûrement le dernier mot des réprobations législatives. Peut-être copierons-nous cette loi récente de l'État du Mayne qui prohibe l'ivrognerie. Peut-être ferons-nous la loi que propose Bentham pour punir dans certains cas la non prestation du service charitable... mais laissons là les détails et les conjectures.

Il fut un temps où tuer un homme était un simple dommage, un cas rachetable, sujet à composition d'après les lois ripuaires. Aujourd'hui brutaliser un âne est un délit.

Nous voyons là, d'un coup d'œil, à quel point la morale des lois est perfectible. C'est ainsi que l'idée de justice se développe dans la conscience de l'homme, et passe de sa conscience plus riche dans des lois plus fortes. Je n'ai pas besoin de le demander à l'histoire : entre ce déni et cette largesse de justice, les temps ont été remplis par une abondante émission de peines, de procédures, de mécanismes répressifs, en un mot de gouvernement appliqué à la morale.

Le châtiment naît avec la société, et s'épanouit comme elle. L'expiation, forme suprême de la contrainte, fait partie de l'idée de justice : elle en est la dernière raison. C'est par ce côté entre autres qu'une société progressive, embrassant peu à peu cette idée tout entière, s'élève à un gouvernement plus énergique. Pas de dithyrambe sur le bourreau : rien ne serait plus faux. Il est de la Civilisation d'adoucir les peines par la même fibre qu'elle multiplie les incriminations ; d'être à la fois plus impatiente du méfait et plus compatissante au malfaiteur. Sous cette influence, les hommes prennent une sensibilité qui commence par eux-mêmes, et dont il reste quelque chose pour leurs semblables. — Cependant nous ne traiterons pas de monomane ce juge anglais qui, jeté sur une terre inconnue, ôtait son chapeau à l'aspect d'une potence. Terre habitée, disait le crime ; terre civilisée, ajoutait le supplice.

« Le jour viendra, dit M. Bossi, où l'ordre public, « essentiellement protégé par les sentiments, les lu- « mières, l'aisance de tout les citoyens ne réclamera « plus de la justice pénale que des peines rares, tem- « poraires et principalement dirigées à l'amendement « des coupables (1). »

(1) *Théorie du Droit pénal*, tome III, page 219.

Non, ce jour ne viendra pas. Toutes les influences qui viennent d'être énumérées, diminuent sans doute le nombre des anciens délits, mais fournissent et préparent la matière de délits nouveaux. Le Progrès, en même temps qu'il fait entrer dans le commun des consciences la morale élémentaire, élève les consciences d'élite à la conception d'une morale supérieure, d'un devoir plus exquis, d'une loi plus ombrageuse et plus exigeante : de là, une nouvelle série de méfaits et de répressions.

Ceci n'est pas une hypothèse. On peut consulter les *Compte-rendus* de la justice criminelle. Les vieux attentats par de vieux modes contre les personnes et les propriétés, vont diminuant. Vous avez en revanche un accroissement notable de certains délits qui n'ont été prévus que par des lois modernes : faux, banqueroute, fausse-monnaie, abus de confiance, violation de dépôt, extorsion de titres et de signatures, etc. (1). Le méfait devient moins grave et plus nombreux. — Moins grave, les passions perdant quelque chose de la violence qui verse le sang. — Plus nombreux, parce que le législateur, d'une conscience plus délicate, d'une incrimination plus large, tient pour méfait ce que naguère il laissait impuni (2).

Telle est l'action du Progrès sur des consciences iné-

(1) Statistique de la justice criminelle de 1826 à 1850.

(2) Tel délit, par l'effet d'une définition plus forte, a donné lieu récemment à un redoublement inouï de répression. L'année 1851 offre en matière de tromperie sur la qualité et la quantité des choses vendues, 1719 condamnations au lieu de 211 qui avaient été prononcées l'année précédente. Cet accroissement est dû à la loi du 27 mars 1851 qui a étendu la répression à des faits de fraude que le Code pénal n'atteignait pas.

gales qu'il pénètre toutes, mais sans les niveler; élevant les unes au devoir connu, et les autres à une notion supérieure de devoir; plaçant la règle plus haut, à mesure que les faits et les conduites s'en rapprochent. A ce train la société s'améliore, et l'on voit cependant si l'État peut désarmer.

C'est que le Progrès, encore qu'il ait lieu chez tous et pour toutes choses, n'a pas partout la même portée d'effet. Sous cette influence, il se répand une morale commune, de même qu'une raison commune et un bien-être commun, supérieur à ce qui en existait auparavant. Mais en même temps, il se conçoit parmi les hommes un bien-être, une science, une morale transcendantes. Les premiers touchés de ce rayon rejettent comme un vêtement disproportionné, ce qui dans ces choses leur avait suffi jusque-là : ils l'abandonnent au vulgaire, et s'élancent aux nouvautés supérieures. C'est ainsi que lire et écrire, qui faisait autrefois un grand clerc, est aujourd'hui le partage de tous. Et l'on ne peut nier l'influence de cette loi, à voir dans une capitale les lieux et les demeures dont les grands se contentaient naguère, délaissés par eux, occupés comme ils le sont aujourd'hui. En fait de devoirs, l'évolution est la même. — l'État est l'instrument de ce Progrès, qui consiste à entraîner l'universalité des hommes où quelques-uns vont d'eux-mêmes. Parmi des êtres inégaux, une force supérieure est nécessaire, non pour détruire cette inégalité, ce qui serait chimérique à entreprendre, mais pour la préserver de l'excès et de l'aggravation dont elle porte en elle le principe.

Le développement de législation dont on s'occupe ici ne ressemble en rien à celui dont nous avons eu le spectacle ailleurs. Ici la loi se développe, non plus par application à des personnes et à des choses nouvelles, mais dans son principe même. Ce n'est pas de proportion qu'elle change, mais de caractère et de but : elle aspire à créer, non seulement de nouvaux moyens, mais de nouvelles idées d'ordre. Quand le Progrès économique suscite une loi contre la banqueroute et la contrefaçon, vous n'avez là qu'une variété de la loi contre le vol : c'est le maintien de l'ordre et rien de plus, dans des circonstances nouvelles, mais dans la limite des anciennes données. Toute autre est le Progrès qui s'en prend aux abus d'une force même légitime, aux voies de fait même provoquées ou convenues, aux délits dont l'unique victime est le délinquant, qui interdit l'exhérédation romaine, le coup pour coup des Juifs, le duel du moyen-âge, les violences par représailles, la loterie, le jeu, l'ivrognerie. Cette législation n'a rien de commun avec les lois d'ordre et de police qui s'accumulent dans une société progressive. Elle vise plus haut que la sécurité publique ; son but n'est pas de pacifier des intérêts, mais d'élever les âmes : elle n'est pas un règlement, mais un amendement et une exaltation de la société.

Cependant le Progrès moral, même avec cette étendue, n'aurait pour conséquence après tout qu'une nouvelle édition du Code pénal. Le Progrès a de bien autres suites, dès qu'il signifie notion croissante du devoir.

L'État contracte, à cette lumière, autant d'obligations qu'il en impose.

Le devoir, en effet, est de plusieurs sortes, et à divers degrés :

Il y a le devoir de l'homme envers ses semblables et envers lui-même : à quoi répondent les réformes auxquelles on vient de faire allusion. — Mais il y a aussi le devoir de l'État envers les Individus.

Il y a le devoir *négatif* qui consiste à ne pas faire le mal, — mais il y a aussi le devoir *positif* qui consiste à faire le bien. Ce que Kant appelle *devoir de justice* et *devoir de vertu* : le premier strictement obligatoire; le second facultatif.

Or, le devoir de l'État n'est pas moins fait pour se développer que celui des Individus. Comment l'autorité sous cette forme supérieure qui s'appelle *État*, ne serait-elle pas touchée du devoir supérieur qui apparaît aux âmes? S'il y avait plusieurs morales, — ce qui ne peut être, l'humanité étant une dans des fonctions diverses, — celle de l'État, mesurée à ses lumières et à son élévation, serait nécessairement la plus pure et la plus étendue.

En fait, la conscience des Gouvernements incline volontiers au Progrès moral.

Cette disposition paraît, soit en ce que l'État s'acquitte plus complétement du devoir de justice, soit en ce que passant du négatif au positif, il s'élève au devoir de vertu.

Au moindre coup d'œil jeté sur quelques sociétés modernes, on démêle ce qui s'est passé dans les consciences officielles. Ce ne sont de toutes parts que nouvelles obligations assumées par l'État, envers les étrangers, envers ses serviteurs, envers ses créanciers, envers ses réprouvés même. Les traités relatifs à l'extradition et à la propriété littéraire, l'amortissement de la dette publique, le droit reconnu des neutres, les pensions de retraite, l'amendement du condamné, sont autant de matières où le souci du devoir est venu aux Gouvernements. Mais cela n'est peut-être que de la justice.

Nous arrivons au devoir de vertu. Quelle peut être la vertu de l'État, c'est-à-dire d'un être collectif, émané de la société et qui n'existe que pour elle, qui en représente d'ailleurs la force et la richesse? Évidemment, c'est la bienfaisance. Mais il ne s'agit pas ici d'une bienfaisance limitée à un seul ordre de faits, fût-ce la production, ni à une seule classe, fût-ce la plus nombreuse et la plus intéressante. Le bien que doit faire l'État est le bien public, aussi varié que la nature humaine et que le Progrès dont elle est capable, aussi divers que les classes dont se compose la société.

Il faut le noter en passant : certains soins que prend l'État dans la sphère économique, et dont il a été question plus haut, ne font pas partie de cette bienfaisance. Quand il maintient l'équilibre entre les forces inégales qui concourent à la production, il fait œuvre de police et non de vertu. Il veille au bon ordre : il s'acquitte du devoir le plus élémentaire de sa charge. Ainsi l'on ne commet pas de redite à rechercher maintenant en quoi consiste son devoir de vertu.

Montesquieu est, à ce sujet, d'une hardiesse inouïe. Ce qu'il impose à l'État n'est guère moins que la satisfaction de ce *droit au travail* qui fit scandale, il y a quelques années. « Dans les pays de commerce où beau- « coup de gens n'ont que leur art, l'État est souvent « obligé de pourvoir aux besoins des vieillards, des ma- « lades et des orphelins. Un État bien policé tire cette « substance du fond des arts mêmes : il donne aux uns « les travaux dont ils sont capables; il enseigne les au- « tres à travailler, ce qui fait déjà un travail. Quelques « aumônes que l'on fait à un homme nu dans les rues « ne remplissent point les obligations de l'*État qui doit « à tous les citoyens une subsistance assurée, la nour- « riture, un vêtement convenable et un genre de vie « qui ne soit point contraire à la santé* (1). »

Cette théorie est excessive et ne laisse pas que d'être incomplète. Elle oublie sous combien de formes peut s'exercer la bienfaisance publique.

L'État peut défrayer certains besoins de l'Individu, culte, éducation, routes, justice; érigeant en services publics ceux du prêtre, de l'instituteur, du juge, de l'ingénieur. C'est un bienfait pour le pauvre ; car il profite de ces services publics au prorata de ses besoins qui sont quasi les mêmes chez tout homme, et il ne contribue à leur dépense que selon ses facultés.

L'État peut être bienfaisant comme mandataire gratuit, par exemple quand il reçoit les petites épargnes, en sert l'intérêt, et en restitue le montant à toute heure,

(1) *Esprit des Lois*, liv. 23, chap. 29, DES HÔPITAUX.

On put juger, il y a quelques années, de l'éminence de ce service par les embarras où il jeta les finances publiques.

Enfin, la bienfaisance de l'État est quelquefois le don même, la charité. Tel est le cas de certaines mesures permanentes, comme la subvention aux hospices, les secours divers à défaut de pensions, l'école primaire gratuite, etc., et de certaines mesures accidentelles qui ne font guère défaut dans les pays civilisés aux temps de disette, d'épidémie, d'inondation, de crises commerciales.

Au surplus, on ne songe nullement à faire ici le programme, ni même le tableau des devoirs de l'État dans une Civilisation ascendante. Il suffit à notre sujet du simple aperçu qui précède : c'en est assez pour comprendre qu'en face d'une pareille tâche l'État ne peut-s'empêcher d'être plus actif et plus puissant.

L'État trouve un principe d'attributions, non-seulement dans ces nouveaux devoirs, mais dans les moyens de finance dont il ne peut se passer pour les accomplir. L'action de l'État dans les temps modernes est surtout une charge du fisc, parce que cette action est surtout la tutelle du faible relevé et protégé, non-seulement par des droits politiques ou par des pénalités, mais encore par le surcroît de bien-être et de lumières que l'État met à sa portée. L'État ne recommence pas de nos jours l'œuvre de moralisation et de discipline universelle où se plaisait le législateur antique. Aujourd'hui la religion, la morale intime, le somptuaire ne sont plus dans le domaine de la loi. Mais de nouveaux soins y sont entrés, des soins d'une telle nature, que le devoir de l'État est presque toujours une dette du Trésor.

En général, on peut dire que plus la société se civilise, plus le gouvernement en est dispendieux. D'abord ce gouvernement prend à son compte certains besoins de l'Individu : il crée pour cela les services publics que l'on a énumérés plus haut, et transforme ainsi des dépenses autrefois privées en dépenses de l'État. En outre, les anciens services publics ne peuvent plus tenir dans leurs cadres d'autrefois. Ils doivent prendre des proportions analogues à celles de la matière gouvernable.

Quand une population s'accroît et se condense, que les rapports se multiplient, que le commerce s'étend et s'active, il y a lieu naturellement à plus de force publique, à plus de routes, à plus de douanes, à plus de garnisons et de stations coloniales.

Or, cet épanouissement des services publics n'est pas pour rien : la Civilisation a son prix. Tout cela finalement aboutit à une plus grosse demande d'impôt.

Mais l'impôt est odieux : il importe de le varier, de le déguiser, même à une société qui s'enrichit. Ç'a été le soin immémorial des Gouvernements. Le fisc ne peut pas s'adresser toujours au contribuable, directement et tout haut, en se donnant pour ce qu'il est. Il lui arrive même d'être reconnu et chicané dans son procédé indirect. De là, une politique financière qui consiste surtout dans des monopoles tantôt exercés par l'État, comme le sont en France la régie des tabacs et celle des postes, comme l'est en Autriche la régie du sel, tantôt concédés par lui, comme les offices ministériels et l'émission de la monnaie de papier.

Ces mesures sont à noter ici parce qu'elles s'en prennent à la liberté plutôt qu'à la fortune du contribuable; parce que l'État demande de l'argent, non à titre de souverain, mais comme vendeur de services et de denrées; parce que, dès-lors, il supplante les Individus, dans certains modes d'activité qu'il exerce ou qu'il aliène.

Ainsi, d'une part, les besoins d'impôts que développe la Civilisation, d'autre part, l'odieux dont elle ne peut défendre l'impôt, concourent à mettre dans la main de l'État de nouveaux moyens d'action et d'influence. C'est une suite naturelle du devoir supérieur qui lui est imposé, et de la seule manière dont il puisse le remplir.

Ce devoir nouveau, cette vertu des Gouvernements, est un principe amèrement nié par certains esprits : il faut voir leurs raisons.

« La charité, disent-ils, est une vertu, c'est-à-dire une « pure faculté : l'État n'en peut être tenu comme d'un « devoir étroit. »

L'assertion est téméraire. Protéger le faible, n'est-ce pas chose vertueuse et facultative au même titre que la charité? Néanmoins l'État doit s'acquitter de cette protection comme d'un devoir précis et impérieux. Pourquoi à deux cas identiques ne pas appliquer la même règle?

« C'est que la société périrait sans une police faite par « l'État. »

Je demande comment elle vivrait, dans le délaissement systématique des misères et des infirmités.

« Lorsque l'État est charitable, il l'est au moyen de « l'impôt; lorsqu'il demande l'impôt, il l'exige : au be-« soin, il use de contrainte. Oblige-t-on les gens de vive « force à être charitables, à être vertueux?

Pourquoi pas, on les oblige bien, par le même procédé, à être secourables et dévoués, c'est-à-dire à défrayer par l'impôt les services publics institués pour la protection du faible, pour le redressement des griefs.

« Prenez garde, nous dit-on, quand vous énoncez le « devoir de l'État, vous affirmez le droit des Individus; « car il n'est pas de devoir qui n'ait un droit pour cor-« rélatif. Vous livrez à la logique populaire un prin-« cipe dont elle tirera le communisme : vous jetez dans « la société le plus inépuisable et le plus capiteux des « procès. »

C'est mal connaître les devoirs de l'État. Pas un de ces devoirs n'engendre une *action*, et ne prête cette arme aux Individus. Nulle obligation de l'État n'est plus certaine que la protection due aux personnes et aux propriétés? Cependant, pouvez-vous exiger de l'État qu'il vous fasse escorter sur une route mal sûre, ou garder dans un temps d'alarme? on ne serait pas plus fondé, dans un cas de disette ou de chômage, à lui demander du pain ou du travail, au nom de son devoir charitable. Nul ne peut sommer l'État de ses obligations; pas plus la faim du pauvre que la terreur du riche.

Il n'est pas dans la nature des devoirs de l'État de susciter des droits corrélatifs qui puissent être la matière d'une revendication juridique. Voyez le plus grand monument qui fut élevé aux droits individuels : *la Déclaration des droits de l'homme et du citoyen* qui fait partie de la Constitution de 91. Il n'y est pas question de la Charité de l'État. Ce n'est pas que l'Assemblée Constituante ait passé sous silence un pareil objet : elle s'en est au contraire fortement préoccupée. Elle a dit : *Il sera créé et organisé un établissement général de secours publics pour élever les enfants abandonnés, soulager les pauvres infirmes, et fournir du travail aux pauvres valides qui n'auraient pu s'en procurer*. Mais elle a dit cela, au titre de *dispositions fondamentales* et non ailleurs. Cette affirmation d'un côté, cette réticence de l'autre, dans la même œuvre et dans une telle œuvre, ont sûrement un sens. Il faut croire que l'Assemblée Constituante a compris la charité de l'État comme un devoir public qui ne peut être un droit individuel.

« Cependant l'État peut être appelé en justice, et nous « l'y voyons tous les jours. »

Il est vrai ; mais seulement à l'occasion de l'exercice de ses droits, fisc, propriété, police, qui sont définis par des textes et appréciables par un magistrat. Quant à ses devoirs, l'État en est le juge suprême, il connaît seul ce qu'il doit à chacun, parce qu'il est seul à connaître ce qu'il doit à tous. Qui donc aurait compétence pour le reprendre là-dessus ? en vertu de quelle loi ? S'il pouvait y avoir des juges en pareil sujet, le Gouvernement serait de trop, ou plutôt ces juges seraient le Gouvernement.

« Soit : La charité est un devoir de l'État, qui ne « peut être le sujet d'un litige, mais qui pourrait bien « être matière à révolution.»

A ce compte, il faudrait taire tous les devoirs de l'État. Car il n'en est pas un qui ne puisse servir de prétexte aux révolutions. Le plus sûr même, dans cette vue, serait de n'imposer à l'État aucun devoir, à moins qu'on ne trouve ce régime encore pire que l'aventure appréhendée.

Les adversaires de la charité légale, qui lui refusent le caractère obligatoire; qui l'érigent en péril public, ne s'en tiennent pas là. A les entendre, cette charité est superflue.

« Il y a solidarité intime entre les classes supérieures « et les classes inférieures. Le bien-être de celles-ci dé- « pend uniquement du bien-être de celles-là. Qu'on « s'enrichisse au sommet de la société et l'effet en sera « sensible partout; la dépense du riche est le patrimoine « du pauvre. Qu'on s'y appauvrisse ou qu'on s'y prive, « et la misère descendra de là sur le peuple. L'Etat n'a « donc pas à s'occuper directement du bien-être popu- « laire. C'est assez qu'il pourvoie au bien-être des classes « élevées, qui comprend celui de la société dans toutes « ses profondeurs ; or, les classes élevées n'ont besoin « que d'une chose pour prospérer, qui est la sécurité. « A une société qui n'a pas d'autre principe de Progrès, « l'Etat ne doit rien de plus. »

Cette doctrine paraît attacher peu de prix à l'histoire et aux faits actuels.

Si les classes inférieures dépendent de celles qui achètent leurs services ou leurs produits, si le travailleur souffre et languit comme souffrent et languissent les puissances consommatrices qui le font vivre, la conséquence de ceci est qu'il ne doit nuire ni par entreprise ni par menace à leur prospérité ; mais il est bien clair en même temps que le rapport d'une de ces classes avec l'autre est celui du faible avec le fort. Comme ce rapport devient le plus fréquent de tous dans une société, où produire et jouir devient chaque jour un plus grand intérêt, nous en concluons que la politique générale d'où procède la sécurité ne suffit pas à cet état social, et qu'une politique spéciale, pour le patronage des masses laborieuses, est au nombre des soucis et des devoirs les moins problématiques de l'État.

Il faut avoir une grande foi dans la simplicité du public, pour l'entretenir gravement d'une intime et constante solidarité entre le travailleur et le capitaliste. Est-ce que le capitaliste souffre en cette qualité des souffrances du travailleur? Pas le moins du monde. Il en a le travailleur à meilleur marché. Est-ce qu'il est intéressé au bien-être du travailleur? Mais le bien-être de celui-ci le ferait indépendant et renchéri. Rien jusqu'ici ne nous montre les classes élevées, atteintes par ce qui blesse le travailleur, gratifiées par ce qui le relève, intéressées dès-lors à prendre soin de sa condition.

Une seule chose est vraie dans cette solidarité boiteuse, c'est que le travailleur serait mortellement éprouvé par les mauvaises fortunes du capitaliste : ce qui est une garantie pour le capitaliste à l'encontre de l'ouvrier. Mais l'indifférence essentielle du capitaliste pour le sort du travailleur, comment serait-elle pour ce dernier la garantie d'un sort meilleur? Comment suffirait-elle à l'avancement des classes laborieuses? Comment l'État pourrait-il abandonner à eux-mêmes des rapports qui n'ont pas d'autre base?

Les capitaux ne peuvent croître et prospérer sans se répandre dans la société et sans employer plus de travail. Mais est-il certain que cet emploi aura lieu à des conditions équitables?

La formation et le développement du Capital, c'est l'histoire même de la Civilisation; cela est fort connu. Le Capital descend comme un bienfait des mains du capitaliste sur la société; mais un bienfait peut se mettre à trop haut prix. Asservir un homme pour prix de la nourriture ou de la protection qu'on lui accorde, ce qui est, selon Vico, l'origine de l'esclavage, c'est cher (1). Nous n'avons pas oublié que Capital signifie richesse, sécurité, loisir, et même jusqu'à un certain point, moralité et science; toutes choses qui peuvent passer pour les circonstances et les qualités du Capital, qui se sont répandues et accrues comme lui. Mais, avec cela, il y eut un temps où le créancier faisait pourrir son débiteur dans les fers; c'était un usage de la République romaine, à sa meilleure époque. Il y en eut un autre où le droit de travailler était le droit exclusif des *Maîtres* qui en rendaient quelque chose à l'État : cela durait encore en 89. Enfin, nous avons vu nous-mêmes des

(1) Vico, *Science nouvelle*, p. 193, traduction de M. Michelet.

temps où l'on demandait aux ouvriers quinze ou seize heures de travail par jour; où les femmes travaillaient aux mines dans des conditions de fatigue et d'immoralité indicible; où l'enfance était menée et surmenée dans les manufactures; où les habitations du peuple étaient faites à souhait pour les épidémies. Tout cela était-il innocent? Je le veux bien. Mais alors comment expliquer que les Gouvernements les plus civilisés du monde ne se lassent pas depuis vingt-cinq ans de prodiguer à ce sujet les réformes, les réglements, les pénalités?

A vrai dire, ce socialisme des Gouvernements est venu à son heure. Rien ne ressemble moins à une aventure que l'apparition de cette idée. C'est bien d'elle qu'on peut dire : arrivée et non parvenue. Seulement, comme elle a eu la défaveur de venir après d'autres idées qui avaient été prises, chacune en son temps, pour suprêmes et définitives, naturellement elle les a eues pour ennemies. — Nous avons vu se développer de nos jours, nous avons presque vu naître la théorie politique, abordant l'un après l'autre les divers sujets qui composent son domaine, c'est-à-dire le principe du pouvoir, ses limites, sa compétence.

Le dix-huitième siècle, dans son plus grand effort, n'alla pas plus loin que l'origine du pouvoir. Irrité contre les anciennes dominations, il courut à leur principe et le changea; mais il ne lui vint pas à l'esprit que tout pouvoir est à limiter. Le despotisme, transporté d'une dynastie à une Nation, ne fut que déplacé.

L'école libérale et doctrinaire répara cette omission. Elle stipula les droits de l'Individu, les limites du pouvoir, quel que soit le principe du pouvoir. Mais l'excès de gouvernement qu'on avait vu sous l'Empire, était tout le grief de cette école, et ne lui laissait former d'autre vœu que celui de la Liberté. Quant à la question du devoir des Gouvernements, elle ne s'en inquiéta pas plus qu'on n'avait fait avant elle.

De cet oubli sont nées les écoles socialistes, avec quels excès! avec quels emportements! personne ne songe à le nier. Mais où donc est l'idée juste et vraie qui ne régna sur le monde que par la vérité et par la justice? Nous laissons le lecteur achever notre pensée. — Toujours est-il qu'à la suite d'une école qui ne regardait qu'au principe du pouvoir, et d'une autre école uniquement soucieuse de ses limites, il y avait lieu de rechercher enfin quels sont les objets et les devoirs de la puissance publique.

Rien n'était plus naturel et mieux préparé que ce mouvement d'idées, avec la généalogie qu'on vient de voir. La science politique qui est celle du droit des Nations sur elles-mêmes, du droit des Individus à l'encontre des Gouvernements, des devoirs de l'État envers la société, cette science, dis-je, eut été incomplète sans ce nouveau tour que prirent les intelligences.

Après tout c'est le souci du pauvre qui s'est éveillé là dans la conscience publique, et l'on se demande ce que serait une Civilisation qui n'aurait pas de ces scrupules.

Les Gouvernements libres de notre époque ont obéi visiblement à cette impulsion du Progrès. Les Gouvernements absolus en ont ressenti quelque chose. Elle a gagné jusqu'aux écrivains absolutistes. Il y a tel apologiste du passé qui nous offre ça et là dans ses écrits la substance assez peu déguisée du socialisme. On pourrait citer tout un programme des devoirs de l'État, pris à cette source, qu'on dirait de l'inspiration la plus récente (1).

Ce point de vue est digne de remarque chez les écrivains absolutistes. En cela, ces écrivains ont le mérite d'être conséquents et de faire honneur à leurs principes.

Si la Société n'est que *dépendance et paternité*, comme dit M. de Bonald au lieu d'être *Égalité et Fraternité*, au moins, faut-il que le pouvoir social prenne les sentiments et remplisse les devoirs inhérents à ces rapports.

(1) « Toute chose abandonnée, tout homme qui n'appartient pas à une famille, délaissé, sans propriété, sans moyens ou sans volonté d'en acquérir au moins par un travail légitime, appartient à toutes les familles ou à l'État, qui doit prendre soin des hommes ou jouir des choses pour l'avantage commun. Ainsi, les enfants exposés, les mendiants, les vagabonds et gens sans aveu, etc., et généralement tous ceux qui n'ont aucune famille ou qui troublent celle des autres, appartiennent à la grande famille de l'État, et doivent être reçus temporairement ou viagèrement dans des maisons publiques de charité ou de correction où ils puissent trouver la discipline, l'instruction, le travail et la subsistance. — L'État remplissant, à l'égard des personnes faibles et délaissées, les devoirs d'un père, en acquiert sur elles le pouvoir, et peut les faire servir à ses besoins suivant leur force et leur capacité.

« L'État permettra, facilitera même, dans tous les sujets le développement de l'industrie honnête, propre à chaque sexe, et l'emploi de tous les moyens naturels et acquis, par lesquels tout homme puisse s'occuper et toute famille acquérir quelque propriété. L'État, à cet effet, fondera des établissements publics d'éducation, de police, d'arts, de communications par terre et par eau ; il veillera à la sûreté des personnes, à la salubrité des lieux, à l'abondance de subsistances ; et, pour renfermer ses devoirs en peu de mots, il fera peu pour les plaisirs des hommes, assez pour leurs besoins, tout pour leurs vertus. » (Voir l'écrit de M. de Bonald, intitulé : *Législation primitive*.)

Si le peuple est toujours *fou*, *absent* ou *enfant*, comme dit M. de Maistre, l'abandonner à lui-même serait une inconséquence odieuse ; il faut à ce peuple une tutelle. Dès que les masses n'ont aucun droit au Gouvernement, comme ignorantes, pauvres et faillibles à l'excès, elles acquièrent à l'instant même tout droit à l'assistance du Gouvernement. Il est vrai que cet argument peut se tourner avec avantage contre la Démocratie. Est-ce sérieusement qu'elle pense ériger en souverain un peuple qui est à relever de toutes parts, et chez lequel tant de besoins signalent tant d'impuissance. L'objection embarrassera peut-être les partisans du suffrage universel.

En résumé, la bienfaisance de l'État n'est pas plus inutile aux masses qu'elle n'est dangereuse pour la société et facultative pour l'État.

On a dû parler avec quelque insistance de cette obligation de l'État, parce qu'elle est la plus controversée de toutes ses obligations. Mais il importe de le redire : le développement du bien-être populaire ne représente pas tout le Progrès moral d'une société, ni même toute cette partie active et positive des devoirs de l'État, qui consiste après avoir empêché le mal, à faire le bien. Ces devoirs embrassent les diverses conditions du bien public et les diverses classes de la société. Quand l'État pourvoit à la vieillesse de ses serviteurs, à l'éducation de leurs enfants, à l'enseignement gratuit des beaux-arts, à la diffusion des connaissances classiques, au perfectionnement des sciences, quand il prête ses finances aux chemins de fer et ses ingénieurs à l'agriculture, au drainage, etc., il fait le bien tout aussi certainement que quand il favorise l'élévation de l'intelligence et du bien-être parmi les masses, par des mesures toutes spéciales.

L'État en s'élevant à cette hauteur morale, se développe. Ce développement est administratif, fiscal ou réglementaire — administratif, quand il donne lieu à la création des services publics — fiscal, quand l'Éta pour suffire à des devoirs qui sont des charges, se fait dispensateurs de certains services et de certains produits — réglementaire, quand il émet de nouveaux préceptes de conduite imposés aux hommes et sanctionnés soit par des peines, soit par des nullités. — La morale n'a pas moins sa place, et une place éminente, dans les lois civiles que dans les criminelles : le Progrès moral développe les unes comme les autres. Mais pour nous l'essor le plus frappant est celui des lois criminelles : il y a plus de gouvernement dans une *peine* que dans une *nullité*.

CHAPITRE TROISIÈME.

Du rôle de l'État en France.

Jusqu'ici nous n'avons guère envisagé que sous un rapport purement abstrait, le rôle du Gouvernement dans une société progressive. Nous avons principalement insisté sur les faits généraux qui supposent ou qui déterminent partout, à côté du Progrès, le développement de la puissance publique. Mais il y a des pays où cette loi s'applique, en vertu de certaines données toutes spéciales de race, d'antécédents, de climat. C'est quelque chose apparemment que le génie d'une nation, que son passé, que le rapport de son territoire à sa population. Il faut faire état de toutes ces particularités, pour démêler avec quelque certitude si cette nation est capable de Progrès spontané, ou seulement de Progrès communiqué, préparé par les institutions.

Il y a tel pays qui ne peut s'élever à la richesse qu'entraîné par son Gouvernement, où le bien-être est à créer au moyen des subventions de l'impôt, des contraintes et des combinaisons de la loi : où certains signes d'une Civilisation avancée, industrie, routes, crédit, enseignement, beaux-arts ne réussiront qu'entre les mains ou avec l'appui du Gouvernement.

Ne serait-ce pas là par hasard le fait de la société française? Il y a quelques raisons de le croire, qui sont : le caractère national, l'iniquité des institutions d'autrefois, les limites du territoire (1).

Le caractère français n'est pas tel, que par le seul appât du gain, par le seul attrait du bien-être, livré à lui-même et privé des encouragements de l'État, il puisse produire une grande somme de richesse et de progrès matériel.

Un historien, un homme d'État anglais s'est plu dernièrement à exalter les mérites du droit et de l'action individuels : il a fait, en l'empruntant un peu à Adam Smith, la plus brillante théorie que l'on sache, de l'Individualisme :

« Toute science expérimentale, dit M. Macaulay,
» tend vers la perfection : tout être humain tend à amé-
» liorer sa condition. Ces deux principes ont souvent
» suffi, même lorsqu'ils ont été contrariés par de
» grandes calamités publiques ou par de mauvaises
» institutions, pour faire progresser rapidement la Ci-

(1) Ces limites peuvent se reculer sans doute par le fait de l'Algérie. Mais ici nous retrouvons encore la main de l'État qui semble nécessaire dès qu'il s'agit de colonisation : une des choses où le Français et son Gouvernement, même appuyés l'un sur l'autre, réussissent le moins.

» vilisation. Les évènements malheureux, les vices du
» Gouvernement, n'auront jamais, pour rendre une
» Nation misérable, autant d'influence qu'en auront,
» pour la rendre prospère, le Progrès continuel des
» sciences physiques et le travail constant de chaque
» membre de la société pour améliorer son sort. Il est
» souvent arrivé que la profusion des dépenses, le
» poids des taxes les plus lourdes, l'absurdité des res-
» trictions commerciales, la corruption des tribunaux,
» les désastres de la guerre, les séditions, les persé-
» cutions, les incendies, les inondations n'ont pu dé-
» truire le Capital aussi rapidement que les efforts des
» citoyens parvenaient à le créer (1). »

Oui, c'est un désir naturel à tous les hommes que celui d'élever ou d'améliorer leur sort. Mais on n'oserait en conclure que cette tendance suffise *partout* au Progrès, et que les Gouvernements n'aient qu'à s'effacer devant cette poursuite universelle et spontanée.

C'est qu'en effet, l'égoïsme a ses variétés. — Il y a tel pays où le goût du bien-être n'est pas précisément l'appétit du lucre, l'amour de l'argent, mais bien plutôt un désir de places et de distinctions.

Dans un pays ainsi doué, où il y a plus de vanité que de cupidité, plus de solliciteurs d'emploi que de gagneurs d'argent, n'attendez pas de l'action libre et spontanée des Individus, cette puissance d'effets économiques observée ailleurs par M Macaulay. Dans ce pays, le rôle de l'État sera souvent un premier rôle. Le

(1) Voir l'*Histoire d'Angleterre* de M. Macaulay.

Gouvernement y fera, y devra faire, à titre de service public, mainte chose qui constitue ailleurs une industrie privée : les routes, les canaux, l'enseignement, le transport des lettres, la perception de l'impôt. Il sera non-seulement entraîné, mais autorisé dans cette voie par le tempérament de la Nation. S'il est en elle de mieux s'accommoder et de mieux s'acquitter d'une fonction publique que d'une industrie, d'une place que d'un métier, n'est-ce pas une raison pour réduire la sphère des industries et des métiers, pour étendre celle des fonctions et des places ?

Qu'on nous passe quelques détails à l'appui de ces considérations.

En Angleterre, le transport des lettres fut d'abord un service public. On finit par y renoncer. Mac-Culloch nous apprend pourquoi : c'est que les malles-postes du Gouvernement n'allaient pas aussi vite que les messageries particulières. En France, c'est l'inverse qui a toujours eu lieu : et ce fait nous donne peut-être la mesure du différent génie des deux peuples et de la différence des mobiles auxquels ils obéissent (1). Au surplus, ce n'est pas là un fait isolé. Pourquoi cette supériorité de l'enseignement des colléges sur celui des pensions et des institutions privées ? Pourquoi l'attelage et le charroi de l'artillerie étaient-ils mal exécutés par des entrepreneurs, ainsi que nous l'apprend le général Foy, tandis qu'ils le sont admirablement aux frais et par des serviteurs de l'État? Pourquoi les bois de l'État sont-ils

(1) Mac-Culloch. — *Treatise ou taxation*, page 301.

d'un plus grand produit que ceux des particuliers, comme le constate M. Michel Chevalier, si ce n'est parce que le sentiment de la fonction est plus énergique et plus efficace en France que celui de l'intérêt ? (1).

Le goût des places et de l'importance officielle est écrit partout dans notre histoire. Au moyen-âge les villes pouvaient acheter les droits de commune et de bourgeoisie ; c'était la Liberté. Beaucoup en achetèrent ; mais il ne parait pas qu'elles y aient tenu bien fortement. Les Communes ne tardèrent pas à s'effacer, à dépérir ; c'en était fait d'elles au quatorzième siècle (3). Le véritable trafic fut celui des offices, qui n'étaient pas moins qu'une participation au Gouvernement. Tandis que les Communes venaient à rien, le Tiers-État ne cessa de grandir : il grandissait par les offices. Rien ne fut si couru que ces charges, même à une époque où la France semblait épuisée d'argent, comme à la fin du dix-septième siècle. Rien ne se défendit si obstinément, même contre Richelieu. Il ne put raser la citadelle de l'île de Rhé que moyennant cent mille écus payés au comte de Toiras, qui en était gouverneur à titre d'office.

Remarquons bien que la fonction était recherchée pour elle-même : le vice de tout ceci n'était pas la cupidité.

(2) Voir le travail intitulé : *Comparaison du budget de 1830 et de 1843.* — *Journal des Économistes* de juillet 1843, page 35.

On pourrait citer dans le même sens quelques autres indices, tels que la préférence accordée aux ingénieurs de l'État sur les ingénieurs civils, et le succès des caisses de retraite patronnées par l'État, infiniment supérieur à celui des sociétés particulières d'assurances sur la vie.

(3) *Histoire de la civilisation moderne*, par M. Guizot, t. IV, page 270.

« La justice, dit Franklin dans ses Lettres, est administrée en France pour rien, et même pour moins que rien, puisque les membres du Parlement achètent leurs charges et ne retirent pas plus de trois pour cent de leur argent, par leurs épices et émoluments, tandis que l'intérêt légal est de cinq. On peut donc dire qu'ils donnent, outre leur temps et leur peine, deux pour cent, pour qu'on leur permette de gouverner. »

Et cependant le prix de ces charges, à certains moments surtout, était fabuleux. Un historien nous apprend qu'en 1639 on créa seize charges de maîtres des requêtes, *dont on se promettait de tirer onze millions!* Un autre a découvert que, dans les temps de trouble et d'agitation, le prix des charges du Parlement de Paris s'élevait au triple (1).

Telle fut la première forme du Progrès politique en France. Chez certains peuples, ce Progrès consiste dans les limites imposées au Gouvernement : chez les Français d'autres fois il est tout entier dans le droit de gouverner, ouvert à tous. Analogie, pour le dire en passant, avec l'Église catholique où le gouvernement est absolu, mais accessible à Sixte-Quint.

Ces premiers pas de la France dans le Progrès politique, sont fort à considérer. Certaines nations ne veulent pas être tyrannisées : il suffit à d'autres apparemment que chacun ait une chance égale d'exercer la tyrannie. Ailleurs on demanda le partage des terres, *l'ha-*

(1) Voir l'*Histoire de la Régence*, par M. Lemontrey et l'*Histoire de Louis XIII*, par M. Bazin.

beans corpus, des tribuns, le vote annuel de l'impôt ; en France, on demanda le droit aux places, et l'article Ier de la première Constitution française, est ainsi conçu : « Tous les citoyens sont admissibles aux places et em- « plois, *sans autre distinction que celle des vertus et*, « *des talents* » Nous avons vu si cela venait de loin avant de s'écrire dans la Constitution de 91, et de se répéter religieusement dans toutes les constitutions suivantes.

On ne fait ici que constater un point d'histoire· On n'aurait garde d'admirer ce qui est une pauvreté du caractère national ; c'est malgré cela qu'un peuple est grand. Il faut se souvenir toutefois pour être juste envers l'esprit et l'avenir de la France, que cette triste ambition des places fut la passion d'une époque bien inférieure à la nôtre sous d'autres rapports, et que le sens de la Liberté doit se développer chez une Nation, par la même raison que s'y développent des besoins moraux, inconnus à ses ancêtres.

En attendant, il faut reconnaître ce qui est dans l'histoire avec cet éclat et cette constance. Il faut surtout quand on recherche comment se fait le Progrès chez un peuple, accorder la plus sérieuse attention à un ressort qui a par devers lui de telles traditions et de telles œuvres.

Ainsi, il y a de bonnes raisons en France pour que les services publics y tiennent une grande place, et que beaucoup de choses y deviennent affaires d'État. Mais nous n'avons pas tout dit.

Il y a des choses que l'État ne peut faire nulle part sous aucun prétexte, qui sont des industries dans toute la force du terme. Ce n'est pas à dire qu'en ces matières qui semblent purement privées, l'État soit sans attributions. En France, avec les qualités, ou si l'on veut, avec les lacunes de caractère que nous avons reconnues, certaines de ces choses ne prospéreraient pas, ne naîtraient même pas sans le concours du Gouvernement : celles, par exemple, où il faut ardeur, audace, esprit d'expédient et de combinaison, les qualités de l'avarice, en un mot. Chez ce peuple, moins cupide qu'un autre, il faut éveiller la cupidité par l'importance et la facilité des bénéfices : de là tout un appareil d'avances, de primes, de monopoles. Chez ce peuple qui n'a guère la passion du gain, il y a peut-être le goût des arts, le sens de l'exquis et de l'élégant, qui n'attendent pour s'éveiller que l'apparition d'un type, que le contact d'une étincelle : œuvre de Gouvernement que de chercher et d'attirer les stimulants sympathiques qui peuvent provoquer ces facultés sommeillantes, et solliciter ces aptitudes enfouies, ignorées d'elles-mêmes.

Le lecteur ne s'y est pas trompé : dans cette esquisse aux traits sommaires, il a reconnu le programme de Colbert. Quels progrès fit la Nation sous cette main pleine d'aiguillons et de largesses. M. Chaptal va nous l'apprendre :

« En moins de vingt ans, la France égala l'Espagne » et la Hollande pour la belle draperie; le Brabant, » pour les dentelles; Venise, pour les glaces; l'Angle-

» terre, pour la bonneterie : l'Allemagne, pour les ar-
» mes blanches ; la Hollande, pour les toiles (1) . »

Que le régime réglementaire ait eu ses abus, celui surtout de l'immobilité, nous en convenons sans peine. Mais aussi bien il faut le reconnaître : sortant des mains de Colbert, ce régime fut une impulsion telle que le pays n'en avait jamais reçue, une accélération, une infusion de vie et de force, qui ne peut se comparer qu'au bienfait de cet ensemble d'œuvres créatrices émanées de l'Assemblée Constituante. Il en coûta vingt années d'efforts au despotisme et au génie ; ce qui nous dispense apparemment de rechercher si tout cela fût éclos de soi-même, naturellement et par la seule vertu individuelle.

On a peine à comprendre qu'un peuple ne se porte pas de lui-même aux choses où il excelle, et que son aptitude ne lui soit pas une vocation qui se suffise à elle-même. Tel est cependant le singulier génie de la France : elle n'est pas de caractère à réussir en certaines choses, essentielles ou désirables, qui touchent à l'ornement ou au fond même de la Civilisation, sans y être soutenue et stimulée par son Gouvernement.

Ce concours lui est nécessaire pour s'enrichir, pour prospérer sous le rapport économique ; il ne l'est pas moins pour le degré de Progrès qui consiste dans la diffusion de la richesse, dans une répartition meilleure de l'aisance générale.

(1) Voir le discours préliminaire du livre de M. Chaptal intitulé : *De l'Industrie moderne.*

Ici l'intervention de l'État est un devoir, une nécessité. Cela tient à l'origine, violente parmi nous, de l'inégalité des conditions, à cette partialité séculaire des lois qui ont constamment opéré au profit de certaines classes, au préjudice et à l'humiliation de certaines autres.

Il faut se rappeler que la France d'autrefois était au régime des castes. D'un côté, l'exemption des charges publiques, le privilége des honneurs et des emplois ; de l'autre, tout le poids de l'impôt et des incapacités légales.

De là aujourd'hui des misères imméritées, héréditaires, transmises à l'homme du peuple par un père ou par un grand-père, misérable lui-même, parce qu'il portait le poids d'institutions mauvaises, parce qu'il était seul à payer l'impôt au roi, la redevance aux nobles, la dîme aux prêtres.

Chez un peuple qui a de tels antécédents, la puissance publique a un principe tout spécial d'action et de devoirs. Les institutions vicieuses d'autrefois ont créé dans ce pays une profondeur de mal qui ne permet ni l'indifférence, ni la sympathie inerte. L'État en France, dût-il à l'avenir et en principe s'effacer, se neutraliser, cette conduite lui serait défendue à cette heure. Il y a des cas de conscience politique. On ne voudrait pas faire de phrases là-dessus : mais nous verrons tout à l'heure qu'une des angoisses du Gouvernement anglais, et le plus grand objet de sa législation, depuis quelques années, est l'Irlande où tant de misères et de ruines créées par des lois iniques sont à relever par des lois meilleures,

Il est vrai que le régime des castes eut ses tempéraments : il avait même ses mérites que l'État doit tout au moins reproduire.

La dépréciation du numéraire commencée au seizième siècle finit par valoir à peu près quittance aux débiteurs de ces redevances payables en argent et à perpétuité, qui étaient une des formes et un des profits de la puissance féodale (1).

La vente des offices, c'était le pouvoir mis à l'encan.

N'oublions pas non plus que ce fut de bonne heure une politique royale de ne pas regarder à la naissance pour la collation de certains emplois, même des plus élevés.

Ainsi l'intérêt des souverains, les besoins du trésor, la force des choses vinrent modérer ce régime, mais en outre il se modéra de lui-même. Telle caste, ou plutôt tel ordre, était tenu par son institution à des devoirs qui ne furent pas absolument méconnus. On sent bien que nous voulons parler de l'Église et de ses œuvres en fait d'aumône et d'éducation. Il faut lui reprocher d'avoir mis la main sur des fondations charitables, d'avoir converti en bénéfices et en prieurés, des hospices, des maladreries, des léproseries, contre toute intention des donateurs. Mais elle en rendit quelque chose

(1) On ne peut se défendre de rappeler à ce sujet un rare exemple de clairvoyance et de générosité.

L'Hôpital, dans sa terre du Vignay, avait de lui-même converti toutes les redevances de *grains*, dont les paysans étaient chargés envers lui, en rentes d'*argent;* leur prédisant qu'au train que suivait le cours des monnaies, il arriverait que ces rentes allant toujours en décroissant, les laisseraient un jour propriétaires libres de leurs champs.

au public. Il est établi ou plutôt avoué dans un document dont le moindre mérite est d'être officiel que l'enseignement classique était plus répandu en France sous l'ancien régime qu'il ne l'est de nos jours (1). Tout l'honneur en revient à l'Église. Je suppose que c'est elle qui inventa les *bourses* : en tout cas elle en prodigua l'équivalent.

Quant à l'aumône, celle des couvents, judicieuse ou non, était considérable, et tenait partout une grande place. Souvenons-nous seulement de ce qui se passa en Angleterre, à l'époque de la Réforme. La charité de la loi y parut nécessaire, presque immédiatement après la suppression des monastères et la confiscation de leurs biens. C'est Henri VIII qui ferma les couvents, c'est Élisabeth qui établit la taxe des pauvres.

Or, ces faits ont un sens dans leur filiation.

Quand une chose a rempli le monde, il ne faut pas croire qu'elle puisse périr tout entière. Il est en elle de se survivre et de reparaître, purgée seulement de ce que le monde n'en saurait plus supporter. Telle est l'histoire des castes, machine oppressive et couteuse dont les hommes devaient se lasser un jour, mais fonction nécessaire dont ils ne peuvent se passer.

Les castes, à travers mille abus de leur puissance, en faisaient un légitime emploi à maintenir l'ordre. Elles allaient même jusqu'à remplir dans une certaine mesure des devoirs plus élevés ou plus raffinés. En tout ceci, l'État doit les continuer. Le Progrès n'est pas une

(1) *Rapport au roi* sur l'enseignement secondaire par M. Villemain, Ministre de l'instruction publique (1842).

rupture avec la tradition. Et puis, quel Progrès, que de répudier l'assistance des misères et la culture des esprits, obligations reconnues du passé officiel! Quelle équité même, quand on se fait en tout d'ailleurs l'héritier d'un Ordre, que de rejeter l'héritage de ses devoirs! Il semble difficile de ne pas admettre toute une séri- nouvelle de devoirs publics et laïques, en fait de charité, en fait d'enseignement.

Ainsi en France, l'État, doit non-seulement réparer, mais remplacer les œuvres du passé.

Sans doute, les mœurs y peuvent beaucoup. Le devoir, la pitié envers la classe souffrante, sont des sentiments plus répandus que jamais parmi les classes élevées. On n'a pas oublié que le premier cri contre le travail des enfants dans les manufactures, est parti de la société industrielle de Mulhouse. Mais cette puissance des mœurs ne saurait se comparer à celle de l'État, sous le double rapport des résultats matériels et de l'influence à exercer sur les esprits. Les actes et le langage du pouvoir ont un ascendant, une force d'exemple et d'impulsion qui n'appartient ni aux Individus ni aux associations. La charité privée n'est nulle part si active et si prodigue que dans les pays où règne la charité légale

L'Angleterre en est une preuve vivante. Qui connaît la société anglaise, a pu remarquer que l'assistance du pauvre s'y pratique de toutes parts sous les formes les plus variées et dans les proportions les plus dispendieuses; qu'elle y est un souci universel, et s'impose au nom de l'opinion, des convenances, je dirai presque de la mode, comme signe de caste, comme acte de patronage, quand elle ne s'exerce pas comme devoir et comme sentiment.

En France, l'État doit paraître d'autant plus que la nature se refuse et s'efface. Il y a des pays qu'elle a magnifiquement traités, où sur un territoire immense et fertile, elle fait naître une population luxuriante, aux besoins insatiables et qui néanmoins ne sauraient de longtemps en épuiser les ressources. Aux Etats-Unis, le sol est à peu près pour rien: un élément capital de production et de bien-être est au prix de quelques dollars payés à l'Etat. A quoi bon dans ce pays la charité légale, la sollicitude publique pour les besoins du pauvre? L'État peut-il mieux faire que de lui vendre le sol à des conditions accessibles pour la moindre épargne, et qui sont l'équivalent d'une donation pure dans un pays où l'épargne est si facile, le salaire si élevé?

La propriété, répandue comme elle l'est aux États-Unis, y tranche souverainement certaines grandes difficultés qui troublent le continent. Elle y est universelle comme le droit politique, et cela est d'un prix inestimable : car Souveraineté et Propriété sont faites l'une pour l'autre. Le souverain devient propriétaire, quand le propriétaire n'est pas souverain : cette attraction est le fond de toutes les discordes sociales Aux États-Unis, le souverain, c'est-à-dire le peuple, ne lutte pas pour conquérir la Propriété par la force des lois dont il dispose : il l'a par la force et par la faveur des circonstances. Cette république a l'une des bases que Platon voulait pour la sienne, l'universalité, si ce n'est la communauté de biens. Les abeilles vivent en société, et cette société est une paix inaltérable. La raison en est simple : il y a des fleurs pour toutes.

Lorsque de grands esprits attribuent les succès de la démocratie dans l'Amérique du Nord, soit aux croyances religieuses, soit aux mœurs et aux traditions libérales qui ont façonné de longue main ces populations républicaines; lorsqu'ils prononcent qu'un peuple, ainsi doué et préparé, peut se confier aux institutions les plus hardies, ils oublient la Louisiane, ils oublient la Floride, peuplées d'Espagnols et de Français qui portent la démocratie, sans aucune assistance de ces précédents et de ces instincts.

Le point de vue économique n'a peut-être pas la place qui lui appartient dans la philosophie de l'histoire. Que de faits généraux, que de grands accidents ne s'expliquent que par là, ou du moins comportent cette explication, entre autres!

Dans les premiers âges du monde, l'esclavage est partout. Cette aimable simplicité du monde naissant, comme parle Fénelon, nous montre les hommes asservis les uns aux autres. Bien aveugle qui ne verrait là que malignité pure et brutalité gratuite. La chose n'est pas si simple. Il faut se représenter toutes les misères de cette enfance du monde. A cette époque, vivre ou plutôt subsister, pouvait être tellement difficile aux hommes; épargner des moyens de subsistance pouvait leur coûter un tel degré de travail et de contrainte morale; faire part à son semblable d'une partie de la subsistance épargnée, pouvait être un tel service, que l'abandon d'un droit et d'un bien tel que la Liberté, exigé par les uns et consenti par les autres, n'eût rien d'excessif, rien de disproportionné à ces besoins et à ces efforts. En fait, cette origine de l'esclavage entre autres n'est pas douteuse. Moïse la constate parmi les Égyptiens et les Juifs, Jules César parmi les Gaulois, Montesquieu dans le pays d'Achem (1). Aristote n'a pas songé à cette légitimation de l'esclavage : celle qu'il propose est insoutenable. Il n'y a jamais eu entre deux hommes la différence de l'âme au corps. La raison métaphysique et intime ne vaut pas ici la raison extérieure, économique.

J'en dirai autant à propos de ces migrations si communes dans l'antiquité. A ces époques reculées où la Civilisation était le fait exceptionnel de quelques pays seulement, y renoncer, s'expatrier, coloniser, était chose mille fois plus violente qu'aujourd'hui, sous ce niveau de Civilisation qui couvre le monde. Pourquoi donc ce déchirement perpétuel de la patrie antique, ce flux incessant de colonies, dans la légende et dans l'histoire des premiers humains? C'est qu'alors la terre était la seule richesse connue, et ceux que la terre natale ne pouvait plus nourrir étaient bien forcés d'en aller chercher une autre.

(1) Plus d'une fois en Chine, de pauvres cultivateurs réfugiés sur les terres d'un homme puissant, échangèrent l'hospitalité contre la servitude. On leur donne, dans l'appendice de Ma-Touan-Lin, le nom expressif de *familles usurpées*. (M. Edmond Biot, sur la condition des esclaves et des serviteurs gagés en Chine. — *Journal Asiatique*, mars 1837, tome III, page 279.)

Pourquoi, dans les premiers siècles de notre ère, cette inondation de barbares sur toute l'Europe? Penserons-nous que des populations entières furent prises tout à coup d'un besoin d'aventures et d'émotions, ou bien qu'elles cédèrent à une soif de sang et de conquêtes, qui jusque-là les avait laissées tranquilles? J'aime mieux croire avec Machiavel à une impuissance de subsister chez eux, qui jeta ces peuples hors de leurs déserts, sur tout pays capable de les nourrir (1).

Les Goths ne demandaient à Aurélien que des terres à cultiver. Il leur céda la Dacie. On pourrait d'après Gibbon citer maint exemple de concessions pareilles faites aux Barbares suppliants, celles entre autres de Dioclétien et de Constantin.

Quelques siècles plus tard, le même principe déterminait non plus des migrations de peuples, mais des chutes de dynasties, celle par exemple des Carlovingiens. *Les terres étant la seule richesse*, dit M. Laboulaye, *c'était avec des terres que se payaient tous les services civils et militaires, et quand les officiers royaux se*

(1) Les peuples qui habitent les parties septentrionales, entre le Nord et le Danube, vivant dans un climat sain et favorable, s'accroissent souvent, au point de forcer des troupes nombreuses à sortir de leur sein et à quitter le pays natal pour chercher de nouvelles habitations. Lorsqu'une de ces provinces est devenue trop peuplée, et tend à se soulager du fardeau qui la presse, voici la manière dont la chose s'exécute. — On commence par diviser la Nation en trois parties entre lesquelles on répartit également la noblesse et le peuple, les pauvres et les riches. Ensuite ils tirent au sort, et la portion à qui ce lot est échu, sort du pays et va chercher fortune, laissant les deux autres plus à l'aise, et en liberté de vivre commodément chez eux. Ce furent ces migrations qui causèrent la chute de l'empire Romain. — (Machiavel, *Histoire de Florence*, tome I, pages 1 et 2).

perpétuèrent dans la propriété de la fonction et du sol, le fisc fut ruiné, le pouvoir royal fut, anéanti (1). Qu'importe de nos jours à tel souverain d'Europe que tout le territoire de son royaume soit aux mains d'une caste? Il peut puiser sa richesse et sa force à d'autres sources.

C'est ainsi qu'en se plaçant au point de vue économique, on découvre dans l'histoire d'autres causes que les passions ou les combinaisons humaines. Rechercher ces causes, juger les évènements à cette lumière du dehors pour ainsi dire, c'est à la fois science et justice. C'est expliquer l'humanité par sa condition aussi bien que par sa nature; c'est se souvenir que l'homme ne dépend pas seulement des facultés intimes qui le constituent, mais encore des éléments extérieurs, c'est-à-dire du monde physique et de la société qui l'environnent; c'est puiser le vrai à toutes ses sources,

Quand on s'élève ou plutôt quand on s'étend jusque-là pour juger le passé, on arrive non-seulement à le comprendre, mais encore à l'amnistier. N'est-il pas naturel que les hommes aient les mœurs et les lois de leur condition? Tout au monde éprouve cette influence, et les rangs et les temps. Une vie précaire, anxieuse, périclitante, fait des habitudes et des sentiments à son image, soit dans les classes inférieures de la société, soit aux époques reculées de l'histoire. Les hommes d'autrefois avec plus de crimes, n'étaient pas plus méchants, ils étaient simplement plus misérables. Ils se rendaient les

(1) *Histoire du principe de propriété*, par M. Laboulaye, p. 367.

uns aux autres l'inclémence dont la nature usait envers eux. Cela se fait bien sentir dans les lois. Plus il est difficile d'acquérir la propriété, et vital pour ainsi dire de la conserver, plus les lois qui la protégent sont impitoyables. On sait quelle était la rigueur du Droit romain contre les débiteurs, et il n'y a pas bien longtemps encore que la peine capitale était édictée partout pour le vol simple. C'était justice en quelque sorte qu'il y allât de la vie aussi bien pour le voleur que pour le volé.

L'homme est incapable de pratiquer le bien absolu, moins par les vices de sa nature dont les qualités de cette même nature pourraient triompher, que par les lois de sa condition qui le dominent absolument. — Ainsi la supériorité de mal moral qui paraît dans les temps passés, ne tient pas du tout à l'imperfection native de l'homme, qui est la même aujourd'hui : elle ne tient pas seulement à ce que le Droit n'avait pas encore acquis par un long usage toutes ses consécrations : elle tient en grande partie à ce que les besoins de l'homme ne se satisfont qu'au prix d'une lutte contre la nature. Or, cette lutte est d'autant plus âpre, que l'homme a moins de science pour réduire les agents physiques : il est d'autant plus porté à maltraiter ses semblables, qu'il est lui-même plus maltraité par la nature.

Dans les premiers âges du monde, en lutte qu'il était contre la nature, il était tout simple que le pouvoir fût absolu. La Dictature est essentielle aux temps critiques : l'enfance du monde fut une crise. — Alors les religions étaient terribles comme les Gouvernements. Elles menaçaient les hommes, non pas de peines à échéance, en perspective, mais des châtiments immédiats, la foudre, les furies. Il n'en fallait pas moins pour dompter des sauvages affamés.

A lire les statistiques, on se réveille parfois et l'on se demande comment certains faits moraux qui semblent relever uniquement du libre arbitre de l'homme, se reproduisent néanmoins avec la même constance, la même périodicité que les faits purement physiques. Il est certain que chaque année ramène la même quantité de méfaits aussi bien que de morts et de naissances. Cette régularité, qui est le caractère essentiel des lois physiques, ne tiendrait-elle pas à leur influence qui s'exerce jusques sur la nature morale de l'homme, en passant par sa condition ?

A ce compte, une certaine indulgence de jugement est parmi les devoirs de l'historien. Mais dans cette excuse systématique du passé, on touche à un écueil qui est de prendre tout fait général pour légitime, et d'acquiescer à cette théorie célèbre qui érige le consentement universel en *criterium* de la vérité ? Il semble en effet difficile qu'un fait soit général, sans être ou sans avoir été d'abord consenti par tous.

Cette théorie a été retouchée de nos jours par un esprit original et fécond, qui ne considère comme *criterium* de la vérité, que le consentement universel, ***conforme à la tradition récente*** (1)

(1) On peut voir là-dessus dans le tome VI de la *Revue encyclopédique*, un recueil dont personne ne se doute aujourd'hui, les idées de M. Pierre

Même ainsi accomodée, cette doctrine est inadmissible. Je n'en sache pas qui contredise plus radicalement toute foi, toute aspiration au Progrès. En effet, si une chose est juste dès qu'elle est pratiquée universellement, elle a le droit de durer. Où donc l'idée nouvelle prendrait-elle sa lumière et son autorité à l'encontre de cette chose qui porte le signe visible de la justice? En vertu de quel principe une conscience isolée viendrait-elle imposer ses conceptions et ses vues comme supérieures à celles qui ont prévalu partout ? Il est évident de par cette doctrine que L'Hôpital n'avait pas le droit de parler tolérance à une époque qui rêvait la Saint-Barthélemy. Tout au contraire. Pussort et Lamoignon étaient dans le vrai, lorsque ayant à réviser les lois criminelles de leur temps, ils y laissaient la torture. On sait que Lamoignon la trouvait inhumaine, que Pussort la jugeait inutile. Elle fut maintenue, apparemment comme conforme à la tradition récente (2).

Non, la vérité n'est pas dans les choses si universelles qu'elles soient; l'homme y est trop mêlé, elle est uniquement dans les idées. Entendons-nous, non pas dans celles que l'homme tire de son propre fond, les produisant ou les construisant lui-même, mais dans celles qu'il aperçoit spontanément. Cette spontanéité est, à l'égard de ce qui se révèle ainsi, la marque d'une ori-

Leroux, un des écrivains que, moyennant éclectisme, on pourrait dévaliser avec le plus de fruit et d'impunité.

(2) Voir les recherches sur l'origine de l'impôt, par M. Potherat de Thou, page 275.

gine supérieure, *nil mortale sonans* (1). Ce que l'homme voit et sent de la sorte, est le droit absolu où il doit tendre, la fin essentielle de ses actes, le principe de Progrès pour la Société comme pour l'Individu.

Au demeurant, la généralité d'un fait n'est pas la preuve qu'il soit juste, mais la présomption qu'il est nécessaire ; cette nécessité relative laisse au passé son excuse sans rien ôter à l'empire de la conscience, aux droits du Progrès.

Ainsi, la condition de l'homme, dont l'historien doit tenir compte dans ses jugements, ne peut faire obstacle à la politique progressive des Gouvernements. Cette politique doit être d'autant plus entreprenante dans un pays que la nature y est à corriger ou à suppléer. Nous avons vu combien la condition humaine dans l'Amérique du nord vient en aide aux Gouvernements, et leur permet d'insouciance et de loisir.

Cette puissance de bienfait, nous ne pouvons y compter en France. Le sol à partout des propriétaires, partout le haut prix qui résulte d'une grande population à nourrir. Il appartient donc à la sagesse du législateur et à l'habileté des hommes d'Etat, de créer les moyens de bien-être populaire qui sont ailleurs un don de la nature, un effet de climat et de territoire.

(1) On ferait écart sur écart si l'on allait s'appesantir sur cette esquisse de solution. Contentons-nous de dire, et cela suffit du reste, qu'elle est prise aux premiers *fragments philosophiques* de M. Cousin. — Voir la préface et surtout le morceau intitulé : *De l'abstraction comparative et de l'abstraction immédiate.*

CHAPITRE QUATRIÈME

Du rôle de l'État ailleurs qu'en France, de son rôle en Angleterre surtout, et de son importance croissante dans ce dernier pays.

La cause du pouvoir est intimement liée en France à celle du Progrès. Mais ce n'est pas là un accident sans exemple, une particularité inouïe parmi les peuples.

Interrogez le passé. Demandez-lui comment se sont faites les Civilisations les plus exemplaires. Regardez parmi les Nations à l'origine de toute puissance, de toute richesse; vous démêlerez partout une impulsion de l'Etat : et cela non-seulement chez les peuples tenus en tutelle, exclus de leurs affaires, où le Progrès, comme toute chose, ne peut manquer d'être un produit du gouvernement, mais chez les peuples libres et fiers, qui, par principe ou par instinct, tiennent le plus fermement pour la religion du droit individuel : c'est nommer l'Angleterre et les Etats-Unis.

Qu'est-ce que l'Angleterre? Une marine sans rivale, une industrie gigantesque. De là l'inviolabilité de son île, ses conquêtes romaines, et surtout une richesse à mettre toute l'Europe sur le pied de guerre, et à soutenir, à réparer vingt années de défaites.

Or, qui a fait à la Grande-Bretagne tant de puissance et de prospérité? est-ce uniquement l'initiative des Individus? la vertu spontanée du tempérament saxon livré à lui même et opérant avec ses seules ressources? On le croirait volontiers d'une race, d'une société qui fait, dit-on, une si petite part aux pouvoirs publics, qui les borne à des fontions toutes négatives de répression et de fiscalité. Il n'en est rien cependant. Cette fortune a deux causes entre autres, qui sont deux institutions, l'acte de navigation et la loi des pauvres — l'une en faveur de la marine britannique, et qui la protége contre la concurrence des marines étrangères, en fermant à celles-ci les ports de la Grande-Bretagne — l'autre, qui se résout en paix publique et en bas prix de la main-d'œuvre, assurés à l'industrie anglaise.

C'est l'allégation de quelques économistes, que la puissance navale de l'Angleterre ne doit rien à l'acte de navigation : que le développement en a eu lieu, non à cause, mais en dépit de cet acte. A l'opinion des disciples, nous opposerons celle du maître qui n'a pas de ces jeux d'esprit.

Ad. Smith, d'une pénétration, d'une sûreté de jugement qui ne se démentent guère, a nettement reconnu la légitimité comme l'efficacité de l'*acte de navigation :* « Il paraîtrait, dit-il, qu'il y a deux cas dans lesquels

» il serait en général avantageux d'établir quelque » charge sur l'industrie étrangère pour encourager l'in- » dustrie nationale... Le premier, c'est quand une es- » pèce particulière d'industrie est nécessaire à la dé- » fense du pays. Par exemple, la défense de la Grande- » Bretagne dépend beaucoup du nombre de ses vais- » seaux et de ses matelots. C'est donc avec raison que » l'*acte de navigation* cherche à donner aux vaisseaux » et aux matelots de la Grande-Bretagne le monopole » de la navigation de leur pays, par des prohibitions » absolues dans certains cas, et par de fortes charges » dans d'autres, sur la navigation étrangère. »

Quant à la loi des pauvres, pour en juger l'effet, il faut se rappeler ce qu'est la Grande-Bretagne, cette condition toute particulière d'un pays aux trois-quarts industriel, et pratiquant l'industrie sous le régime d'une concurrence illimitée, soit entre les maîtres, soit entre les ouvriers, soit entre maîtres et ouvriers. De là un effort permanent du maître pour réduire les salaires, c'est-à-dire pour diminuer les prix de vente et pour assurer l'écoulement des produits ; effort qui n'est pas de sa part inhumanité gratuite, mais nécessité absolue imposée par la lutte comme condition vitale, comme unique élément du succès. De là des accidents qui sont également dans la nature des choses, et qui tiennent à l'excès de production : chômages, banqueroutes, crises générales, toutes choses qui affectent la régularité des salaires, qui suspendent, diminuent ou déplacent la demande du travail.

Otez de ces données la taxe des pauvres, qui vient en

aide aux victimes de cette collision universelle et qui en corrige les pires effets, qui agit comme supplément du salaire trop faible ou comme remplacement du salaire absent, vous verrez se produire alors une de ces trois choses : ou révolte, ou coalition, ou mortalité avec l'effet de troubler la production et d'élever le prix de la main-d'œuvre.

Révoltes, quand la crise est partout, la masse des travailleurs n'ayant que l'alternative de mourir de faim ou de prendre les armes.

Coalitions, quand le salaire est, non pas suspendu, mais réduit d'une façon qui semble attenter au nécessaire.

Mortalité, quand la classe ouvrière est depuis trop longtemps à la diète d'un salaire instable ou insuffisant.

Victorieuses, les révoltes et les coalitions troublent gravement l'industrie, et même le cours général des transactions. Vaincues, elles ont encore de sinistres conséquences : la misère du travailleur, puis sa mortalité, puis finalement cette élévation dans le prix du travail, qui accompagne nécessairement la diminution du nombre des ouvriers, et qui est la plus mauvaise chance du capitaliste.

Il est donc vrai de le dire, l'industrie anglaise doit à la *loi des pauvres* la sécurité dont elle jouit, et surtout un taux des salaires qui lui permet de produire et de vendre à des prix inaccessibles pour ses concurrents, et victorieux sur presque tous les marchés du monde.

On voit par là si la main du gouvernement est pour

quelque chose dans le progrès de la société anglaise, dans les sources de sa grandeur, jusqu'à quel point, en ce pays d'Individualisme, les individus sont les obligés de l'État.

Industrie et Commerce, c'est là toute l'Angleterre. Or, l'une et l'autre y fonctionnent abandonnés à eux-mêmes, naturellement, spontanément, à cela près que l'État se mêle des salaires dans l'une et des profits dans l'autre.

Il est vrai que depuis peu l'*acte de navigation* a été reformé, et que d'une manière générale le régime prohibitif a fléchi en Angleterre. Mais l'intervention de l'Etat n'y a rien perdu. Il semble, au contraire, que tout ce qui s'appelle *centralisation*, *tutelle*, *règlement*, s'y soit animé d'une vie nouvelle.

On va voir, si l'on veut bien encourir l'ennui de quelques détails, que ce n'est pas là une simple apparence, mais le sens intime et le fond même d'un grand nombre d'actes du Parlement qui s'accumulent depuis quelques années surtout.

Tout d'abord on aperçoit dans ces documents la *centralisation :* Elle s'y déploie, elle s'y professe même, car la loi anglaise donne ses raisons.

L'application des *lois sur les pauvres* était autrefois une affaire purement locale, confiée aux soins de la paroisse : aujourd'hui c'est un service public centralisé à Londres et dirigé de là par un commissariat suprême qui ressemble fort à un de nos départements ministériels. Cette transformation a été opérée par un bill de 1834.

Jusqu'à ces dernières années, les villes étaient en

possession de s'administrer elles-mêmes souverainement : mais depuis le bill du 31 août 1848 elle relèvent d'un comité général de santé publique, « attendu « y est-il dit, que des mesures plus efficaces doivent « être prises pour améliorer les conditions sanitaires des « villes et des rassemblements populeux de l'Angleterre, « et qu'il est expédient que l'approvisionnement de l'eau, « le drainage, les égoùts le nettoyage et le pavage desdi- « tes villes soient autant que possible sous un seul et « même contrôle, et soumis à une surveillance générale. »

Naguère encore la police était éparse, subordonnée çà et là, aux maires, aux juges de paix, aux shériffs. — Des lois récentes, l'une du 19 juin 1829, l'autre qui est de l'année 1856, ont créé d'abord une police métropolitaine pour Londres et ses environs, puis une police générale pour tout le royaume.

L'émission du papier au porteur, l'industrie des banques, s'exerça jusqu'eu 1844, sans autorisation et sans contrôle. A cette époque, nous trouvons une loi, non-seulement pour réglementer cette industrie, mais pour la réserver en quelque sorte à la banque d'Angleterre. A partir du 6 mai 1844, nulle banque nouvelle ne peut s'établir. Quant aux banques établies, deux obligations capitales leur sont imposées. D'abord, elles ne peuvent se mettre en actions, où, comme l'entend la loi anglaise, avoir plus de six associés, sans une patente accordée par la reine. En second lieu, elles ne peuvent dépasser un maximum d'émission déterminé par le montant de leurs émissions pendant le trimestre qui a précédé ce nouveau règlement.

La gestion des établissements de bienfaisance fut confiée pendant longtemps aux corps municipaux. En vertu d'un acte du 20 août 1853, elle appartient désormais à *des mandataires indiqués par le lord haut chancelier*, sous la direction d'un comité supérieur. Ces autorités ont le droit de louer ou de vendre des terres, *alors même que ces locations ou ventes ne seraient pas prévues ou autorisées par l'acte de fondation.*

Même réforme pour le régime des prisons. Autrefois elles étaient gouvernées souverainement — à Londres par le lord maire et par la cour des aldermen, — dans les comtés, par deux magistrats supérieurs (chief justices). Depuis l'acte du 25 août 1835, cette direction est subordonnée à un secrétaire d'État qui peut en réformer les actes et les règlements, et nommer des inspecteurs de prisons dans toute l'étendue du Royaume-Uni.

Enfin, le gouvernement de l'Inde, au lieu d'être comme autrefois le privilége d'une compagnie souveraine, est attribué depuis peu à dix-huit directeurs, nommés par la reine ou dont la nomination doit lui être soumise; à un gouverneur général qui a la prérogative de faire des lois et ordonnances; à un commandant en chef des troupes de Sa Majesté, qui est en même temps le commandant en chef des forces de la compagnie. — Ce nouvel état de choses a été fondé par l'acte du 20 août 1853.

Telle est la Centralisation qui se fait dans le Gouvernement de la Grande-Bretagne. — Les mesures qu'on peut qualifier de Tutelle, n'y sont pas moins abondantes.

Il faut ranger dans cette catégorie les lois bien connues qui ont réglé le travail des enfants dans les manufactures, — qui ont prohibé le travail des femmes dans les mines, — qui ont doté l'instruction primaire, — qui ont pourvu à la salubrité du logement pour le pauvre, — qui ont fixé les obligations des logeurs en garnis, — qui ont établi les précautions les plus détaillées pour le transport des émigrants, — qui ont soumis les caisses d'épargne à une surveillance supérieure, — qui ont créé une administration des travaux publics en Irlande, — qui ont imposé aux compagnies de chemins de fer, *dans l'intérêt de la classe de voyageurs la plus pauvre*, la vitesse et la commodité alliées au bon marché.

Le Gouvernement britannique se développe ainsi aux dépens des localités et au service des classes les plus humbles, — il grandit encore par le soin qu'il donne à d'autres intérêts, s'étendant à des choses de bien public qui ne sont pas d'ordre et de morale, au même degré du moins que les objets de la centralisation et de la tutelle. Le règlement proprement dit lui met en main plus d'une attribution nouvelle.

Là est la source de ces faveurs et de ces contraintes que l'Etat en Angleterre répand à pleines mains sur toutes les branches de l'intérêt collectif. Il faut voir à l'œuvre cette sollicitude et cette libéralité.

Il dote l'émigration,

Il prête au drainage,

Il subventionne les paquebots transatlantiques,

Il fait le code des ateliers insalubres,

Il établit la société en commandite,

Il fonde l'uniformité des poids et mesures,

Il oblige la vapeur à dévorer sa fumée,

Il favorise, en créant des hypothèques privilégiées à cette fin, le drainage et l'émigration,

Il encourage, en modifiant le droit commun, la vente des propriétés grevées en Irlande,

Il stipule la révision éventuelle des tarifs des chemins de fer.

A ce qui est fait il convient d'ajouter ce qui est en voie d'exécution, c'est-à-dire le projet relatif à la vente et à la location des propriétés substituées, et le projet sur les *statistiques agricoles*, qui est de soumettre tout possesseur (occupier) de plus de deux acres, à fournir annuellement, sous une peine de cinq livres sterling, un état détaillé de sa culture. Il ne faut pas omettre non plus l'agitation de la presse et des meetings, pour l'imitation des lois américaines qui répriment l'ivrognerie.

C'est avec cette latitude que les lois anglaises font aujourd'hui du *règlement, de la tutelle, de la centralisation*. Rien ne peut donner une idée plus juste de la sphère d'action qui semble assignée de nos jours au gouvernement d'un grand peuple. Encore ne sommes-nous pas sûrs d'avoir énuméré toutes ces lois : en tout cas, il nous reste à en reconnaître les caractères variés.

Ces lois d'un peuple libre ont une vigueur, je dirais presque une véhémence qui ne le cèdent en rien à leur étendue.

Les peines y sont rudement assénées. On confisque

tout navire qui se met en mer avec des émigrants, sans s'être fait inspecter. On confisque tous billets qui excèdent le maximum d'émission permis à un banquier.

Ce sont là des incriminations nouvelles : il y en a bien d'autres. Le fait du père qui envoie son fils avant l'âge légal dans une manufacture ; l'omission du logeur qui ne déclare pas au bureau des pauvres ses malades, sont érigés en délit et frappés d'une amende. Il faut remarquer en passant que notre amende de simple police est singulièrement distancée. L'amende prononcée par les actes du Parlement n'est jamais inférieure à vingt schellings ; et de plus, elle se multiplie en général, quand il s'agit de ce que les Criminalistes appellent un délit *continu*, par le nombre de jours qu'a duré le délit.

En outre, ces lois vont droit et roide à leur but sans fléchir ni dévier sous aucun prétexte. Le respect des contrats, des testaments même y est médiocre. Rétroagir, dont on se fait en France un certain scrupule, est volontiers leur fait. Ainsi, elles obligent les femmes à quitter soudainement le travail des mines quelle que soit la durée de l'apprentissage convenu ; les chemins de fer à certains transports dont il n'y a pas le premier mot au cahier des charges ; les créanciers hypothécaires à souffrir le privilége de toute somme empruntée pour le drainage ou pour l'émigration (1).

Le législateur britannique ne s'embarrasse pas plus des droits naturels que des droits acquis. Traitant les contrats comme on vient de voir, il ne fait pas autre-

(1) Voir sur ce *Privilége* les actes du 1er août 1849, paragraphe 3 et du 7 août 1851, paragraphe 1er.

ment de façons avec la propriété, avec la puissance paternelle. Il les sacrifie résolûment au bien public, tel qu'il se révèle et se caractérise désormais en ce pays.

L'intérêt de l'agriculture y est devenu depuis peu un de ces cas d'utilité publique qui donnent lieu à l'expropriation. Tout propriétaire peut être obligé à vendre son immeuble, déclaré nécessaire au drainage en Irlande (1) ou telle partie de cet immeuble enclavée d'une façon gênante pour ses voisins (2).

Quant au père de famille, il est supplée, évincé par les inspecteurs de manufactures, qui, à son défaut, obligent les enfants employés dans une fabrique, à fréquenter l'école(3).

Ajoutons que les lois anglaises prennent leurs précautions contre l'imprévu; qu'elles délèguent volontiers leur pouvoir aux fonctionnaires institués pour leur exécution, par exemple, aux commissaires de *la lois des pauvres* ou bien aux commissaires pour la *vente de terres grevées en Irlande*, et l'on aura quelque idée de l'irrésistible énergie qui leur appartient.

Il ne faut pas oublier de dire que le secret de leur puissance est dans leur origine, c'est-à-dire dans la part que le public ne cesse d'y prendre, non-seulement comme électeur et contrôleur de ceux qui font la loi, mais encore comme agent nécessaire de l'exécution de la loi. Ainsi, le public fournit son avis ou plutôt son vote sur les cas d'utilité publique, qui motivent les ex-

(1) Acte du 5 août 1842, paragraphe 65 et 70.
(2) Acte du 8 août 1845, paragraphe 25.
(3) Acte du 29 août 1833, paragraphe 20.

propriations dont on parlait tout à l'heure. De plus, il fournit le personnel voulu pour l'instruction de ces affaires : ingénieurs, architectes, jurisconsultes. Le Gouvernement anglais n'a ni Conseil-d'État ni corps des ponts-et-chaussées. Ces façons une fois faites, avec ce point de départ et d'appui, le fonctionnaire anglais a une plénitude d'action dont on n'a pas d'idée. Il réunit les pouvoirs administratifs, judiciaires, réglementaires, qui ailleurs sont soigneusement distingués. Il ouvre des enquêtes, il pénètre partout, il défère le serment, il punit le témoin défaillant, il prononce l'expropriation, il interprète et amplifie la loi.

Ce n'est pas que les lois anglaises s'élèvent tout d'abord à cette vigueur et à ces proportions. Il arrive quelquefois qu'elles s'essayent pour ainsi dire avant de se déployer. Elle s'essayent volontiers sur l'Irlande et sur Londres. C'est le propre de la misère et des grandes agglomération, d'attirer sur elles l'attention du législateur. — La loi actuelle sur le drainage, et la loi qui vient d'être proposée pour la vente des immeubles substitués, ont pris naissance en Irlande. Celles qui établissent une police générale et les mêmes principes d'édilité pour tout le royaume, ont pour précédent et pour modèle des lois destinées à la capitale. Rien ne manque mieux la nécessité d'une législation que ce développement successif né de l'expérience. Rien d'ailleurs ne réalise mieux ce mélange de continuité et de nouveauté qui est la saine condition du Progrès.

Que si l'on cherche l'objet de tant de règlements, il n'est autre que l'objet varié du Progrès : le bien-être, la sécurité, la moralité, le savoir, à repandre ou à perfectionner.

Mais parmi ces soins, c'est celui des classes les plus humbles qui semble prédominant. Et l'on remarquera que cet intérêt du pauvre est surtout considéré dans les grandes agglomérations, mines, capitales, manufactures, bâtiments de trasports. Rien ne donne lieu à gouvernement comme la densité de population. Tout droit en borne un autre. Plus les êtres se touchent, plus cette limite a besoin d'être gardée. Naturellement, le plus menacé est le plus pauvre.

Ainsi, toutes ces lois ont le Progrès pour fin, comme elles ont pour effet le développement administratif. Mais on le croira peut-être plus volontiers, en parcourant la nomenclature que nous donnons ci-dessous (1).

(1) 28 juillet 1828. — Acte pour confirmer et amender les actes relatifs aux banques d'épargnes.

19 juin 1829. — Acte pour améliorer la police dans la capitale et les environs. (*Metropolitan police act.*)

15 octobre 1831. — Acte pour l'extension et l'encouragement des travaux publics en Irlande.

29 août 1833. — Acte pour régler le travail des enfants et des adolescents dans les usines et fabriques du Royaume-Uni. (*Factory act.*)

14 août 1834. — Acte pour l'amendement et pour une plus efficace application des lois relatives aux pauvres en Angleterre et dans le pays de Galles. (*Poor Law act.*)

25 août 1835. — Acte pour donner une administration plus uniforme aux diverses prisons d'Angleterre et pour instituer des inspecteurs des prisons dans la Grande-Bretagne. (*Prison act.*)

9 septembre 1835. — Acte pour abroger un acte de la quatrième année du règne de Sa Majesté, relatif aux poids et mesures, et pour le remplacer par d'autres réglements.

10 août 1840. — Acte pour réglementer les chemins de fer. (*Rail-way act.*)

11 août 1840. — Acte pour amender les lois relatives aux sociétés de prêt.

5 août 1842. — Acte pour encourager le drainage des terres et pour l'a-

Telle est la série des faits législatifs en Angleterre depuis environ un quart de siècle. Il n'échappera pas au lecteur qu'ils surabondent et s'entassent depuis quelques années surtout. C'est que tout a contribué de

mélioration de la navigation et du service des eaux dans leur rapport avec le drainage en Irlande.

10 août 1842. — Acte pour interdire l'emploi des femmes et des filles dans les mines, pour réglementer l'emploi des garçons, et pour établir d'autres prescriptions relativement aux personnes qui travaillent dans lesdites mines.

19 juin 1844. — Acte pour régler l'émission des ban-k-notes, et pour investir, pendant un temps limité, le gouverneur et la compagnie de la banque d'Angleterre, de certains privilèges.

9 août 1844. — Acte pour régler la construction et l'usage des édifices dans la capitale et dans son voisinage. (*Building act.*)

9 août 1844. — Acte pour attacher certaines conditions à la construction soit des chemins de fer autorisés et non terminés, soit des chemins de fer qui seront autorisés dans cette sessions ou dans les suivantes et pour d'autres objets relatifs aux chemins de fer.

5 septembre 1845. — Acte pour réglementer les banques par actions en Angleterre.

8 août 1845. — Acte pour favoriser la clôture et la culture des terres communales ou possédées en commun, l'échange des terres et la division des propriétés disséminées, pour remédier à l'inexécution ou à l'exécution imparfaite des actes de clôtures généraux ou locaux, et pour faire cesser leur désuétude en certains cas. (*General inclosure act.*)

31 août 1845. — Acte pour prendre des mesures favorables à la santé publique. (*Board of heath act.*).

27 novembre 1847. — Ordre de la reine, instituant des commissaires dans le Royaume-Uni pour la vente des terres appartenant à la couronne dans les colonies, et pour favoriser l'émigration des classes pauvres vers ces colonies.

4 septembre 1845. — Acte pour confirmer les pouvoirs de la commission métropolitaine des égoûts.

28 juillet 1849. — Acte pour faciliter la vente et l'amélioration des propriétés grevées en Irlande. (*Incumbered estates act.*)

1er août 1849. — Acte pour encourager les avances de fonds particuliers pour le drainage des terres de la Grande-Bretagne et de l'Irlande.

nos jours à les multiplier, non-seulement l'initative des hommes d'État, mais l'Opinion, la Science et les leçons d'un maître encore plus magistral, l'Expérience.

L'opinion a été prise d'une sorte d'impatience, à la suite de tant d'efforts infructueux tentés en dehors de

24 juin 1851. — Acte pour la bonne tenue des garnis. (*Common lodging houses.*)

7 août 1851. — Acte pour autoriser à faire certaines avances pour faciliter l'émigration dans certains districts d'Écosse.

30 janvier 1822. — Acte pour amender et confirmer les lois relatives au transport des voyageurs sur mer. (*Passager's act.*)

20 août 1853. — Acte pour la meilleure administration des fondations charitables. (*Charitable trusts bill.*)

20 août 1853. — Acte pour remédier à l'incommodité résultant de la fumée des fournaises de la capitale et des bateaux à vapeur naviguant en amont du pont de Londres.

20 août 1853. — Acte pour stateur sur le gouvernement de l'Inde.

Il manque à cette énumération plusieurs actes dont nous ne sommes pas sûrs de pouvoir donner exactement la date et le titre, mais qui sont de notoriété publique. Ce sont les actes relatifs à la dotation de l'enseignement primaire, à la subvention des paquebots transatlantiques, au prêt de trois millions sterling pour le drainage; enfin aux sociétés en commandite, ou comme disent les Anglais, à *engagement limité*.

J'avoue que ces lois ont tout ce qu'il faut pour étonner et pour embarrasser le lecteur français. D'abord il en est peu qui se suffisent à elles-mêmes, la plupart renvoient à des lois antérieurs. Quand on n'en tient qu'une, c'est comme si l'on ne tenait rien.

Les considérants et les dispositions y sont pêle-mêle : le législateur britannique ne commande pas seulement, il donne ses raisons.

Tantôt il se charge et s'allonge de détails qui, en France, seraient l'objet d'un règlement d'administration publique, ou même d'un simple arrêté ministériel. Tantôt il abandonne ces détails aux fonctionnaires qu'il institue, leur attribuant par là des pouvoirs qui chez nous n'appartiennent qu'aux ministres et au conseil d'État.

A voir ces lois qui se succèdent au jour le jour, chacune avec un objet très-limité, retouchant le passé à l'appel de chaque besoin nouveau, fortes mais bornées, on dirait cet élément particulier de la législature romaine, qui s'appelait l'*Edit du Préteur*.

l'Etat pour répandre l'instruction parmi le peuple, pour extirper l'ivrognerie, pour amender la discipline des prisons. Elle s'est lassée d'entendre parler pour tout cela de souscriptions, de comités, de meetings, et d'apprendre en même temps par les documents officiels que le nombre des délits ne cessait de croître. Elle a soupçonné que la force a un rôle dans de monde.

Cette idée a toute la véhémence d'une explosion chez les organes les plus accrédités de l'esprit public. C'est de leur part un appel incessant aux procédés réglementaires, aux habitudes administratives du continent. Ailleurs, elle a toute l'autorité de la Science, telle que nous la voyons se transformer chez nos voisins.

J'appelle la Science, et je prends pour son témoignage un livre qu'on invoque dans tous les débats économiques de la presse et du parlement britannique (1). J'y trouve, non pas assurément le Socialisme tel que nous l'avons connu parmi les sectes et les révolutions du continent, mais une prise en considération de l'Etat, un inventaire de ses fonctions, une défiance du mobile individualiste, qui déroge souverainement aux doctrines de Bentham entre autres, où *toute loi est considérée comme un mal, parce que toute loi est une infraction à la Liberté.*

L'illustre économiste auquel on fait allusion, ne touche que par un côté, celui du libre échange, à ses devanciers. Sauf ce point, tout diffère d'une différence telle qu'il serait sans fin de l'exposer, même par aperçu.

(1) *Principes d'Économie politique*, par John Stuart Mill.

Le plus court et le plus sûr est de citer un passage qui nous semble significatif entre tous.

« On peut dire d'une manière générale que tout ce « qu'il est désirable qu'il soit fait dans l'intérêt général « de l'humanité où des générations futures, ou dans « l'intérêt des membres de la société qui ont besoin de « secours extérieurs, *sans être de nature à rémunérer « les particuliers ou les associations qui l'entrepren- « draient*, *rentre dans les attributions du Gouverne- « ment.* »

La Grande-Bretagne n'est pas éloignée d'adhérer à cette doctrine. L'expérience lui a parlé de nos jours par la voix de deux grands faits, ses chemins de fer et sa campagne de Crimée. D'un côté, sept milliards ont été dépensés à des travaux où trois peut-être eussent suffi sous une direction publique et centrale (1). Mais ceci est le moins grave. Ailleurs, le prestige des armes a été compromis, et ceux qui en ont sauvé l'honneur, les héros d'Inkermann, ont péri par milliers, victimes d'un travers d'esprit national, je dirais presque d'une manie de sectaire.

Nous ne sommes pas seuls à reconnaître l'impulsion de ces enseignements sur l'esprit anglais. La remarque

(1) La *Revue d'Édimbourg* du mois d'octobre 1854 contient une vive critique du système d'après lequel ces travaux ont été conçus et administrés. Toutes les bévues qui font des chemins de fer anglais une mauvaise affaire pour les capitaux engagés, et pour le public un service mal réparti et trop coûteux, y sont soigneusement relevées, et l'on ne peut se défendre de les imputer à cet esprit d'aventure et de désordre qui est le vice des œuvres non gouvernées, c'est-à-dire absolument livrées aux courtes lumières et à la direction souvent immorale de l'intérêt privé.

officielle s'en faisait naguère au congrès international de statistique, en ces termes :

« Plusieurs actes du Parlement ont posé en principe « la création d'un certain nombre d'inspecteurs des « mines... et si l'on se rappelle en même temps que « déjà depuis plusieurs années des créations ana- « logues ont été fondées en Angleterre pour la surveil- « lance des chemins de fer et des bateaux à vapeur, « *l'Administration française peut se glorifier de voir « la force des choses et la nécessité faire établir « dans la Grande Bretagne des institutions qui sont « les siennes* (1). »

Plus récemment encore, l'Académie des sciences morales entendait là-dessus le rapport d'un de ses membres les plus considérables qui n'hésite pas à constater le développement de l'administration de l'autre côté du détroit.

« La chose n'est réellement pas niable, dit M. Du- « noyer, et dans la lecture que j'ai faite des principaux « de ces documents, j'ai été plus d'une fois et comme « malgré moi entraîné à reconnaître qu'on avait com- « mencé en Angleterre à substituer, dans certains tra- « vaux, le régime de la tutelle et du *gouvernement di- « rect* à celui des simples répressions pénales, appli- « cables seulement aux actes nuisibles auxquels ces « travaux pourraient donner lieu. Ce n'est pas une « chose qu'il soit possible de contester quand on a de- « vant les yeux des actes comme ceux qui ont fixé les

(1) Voir le programme, page 100. — Discours de M. Rouher.

« heures de travail dans les manufactures; interdit « l'emploi des femmes dans le travail des mines; assu- « jetti, sur la simple constatation d'un certain nombre « de décès annuels, les habitants des villes et des districts « les plus peuplés à un ensemble infiniment onéreux « de travaux d'assainissement et d'amélioration de di- « vers ordres; subordonné l'entreprise et la direction « de ces grandes opérations, d'un intérêt tout local, « aux décisions d'un bureau placé à Londres; soumis « des opérations particulières, plus ou moins liées à « l'ensemble de ces travaux, à la nécessité de l'autori- « sation préalable; fait poindre, en d'autres endroits, « d'une manière non moins explicite, cette nécessité de « l'autorisation pour des choses naturellement licites, « qui avait été jusqu'alors à peu près inconnue dans le « droit public anglais, et qui semblait être la chose du « monde le plus en désaccord avec l'ensemble des ha- « bitudes nationales.

L'honorable et savant rapporteur, après avoir constaté les faits avec cette netteté, n'épargne rien, il est vrai, pour en atténuer l'importance : il en conteste vivement la nécessité, la popularité surtout. A cet égard nous ne pouvons mieux faire que de lui rappeler une opinion purement anglaise, de la provenance la plus libérale, la plus orthodoxe, qui a peut-être ici toute la valeur d'un *meâ culpa.* Nous la trouvons aussi explicite que possible, dans un recueil spécial qui jouit en Angleterre et ailleurs d'une considération méritée, comme organe des doctrines de Smith et de Malthus. On se préoccupe fort parmi nos voisins de grandes œuvres auxquelles le monde est convié de nos jours, du percement de l'isthme de Suez, de la jonction des Océans par l'isthme de Panama, du chemin de fer transatlantique, de la civilisation de la Turquie : on se demande comment l'Angleterre paraîtra sur ce terrain nouveau : on se souvient qu'en fait de banques ou de chemins de fer à créer dans des pays arriérés, son bonheur, son initiative habituels lui ont fait défaut depuis quelques années.

Voici comme parlent sous cette impression les plus économistes :

« L'épisode des chemins de fer dans notre histoire « générale ébranle nos opinions préconçues. De grandes « entreprises industrielles de la même nature que les « chemins de fer sont au moment d'être tentées. Ils ont « besoin eux-mêmes d'être étendus, et de plus, il y a « des ports à creuser, des vaisseaux et des flottes gigan- « tesques à construire, des systèmes mixtes de drainage « et d'irrigation à exécuter, enfin de plus grands pro- « jets que jamais à accomplir, toutes choses qui deman- « dent les services et la puissance du nombre dirigés « par quelques-uns. Comment l'œuvre doit-elle se « faire? Notre confiance dans l'intérêt privé a baissé. « Devons-nous imiter nos voisins du continent et nous « confier à l'État plus que nous n'avons jamais fait? « C'est une importante et sérieuse question que la pra- « tique résout affirmativement, et la théorie négative- « ment. L'expérience nous dit bien ce que l'on risque « à placer sous le contrôle des lois l'industrie créatrice « de la richesse. Mais le public demande impérieuse-

« ment et incessamment l'intervention de la législa-
« ture (1).

Après tout, le fond du tempérament anglo-saxon est l'Individualisme. Le peuple qui a rejeté le catholicisme, rejeté le droit romain, rejeté le classique, ne ressemble à aucun des peuples du continent. Cette énergie du sens individuel et national est un don qui lui est propre, et cela implique entre autres choses une impatience innée du règlement. Il semble que tout ce qu'on puisse imposer à de tels esprits, c'est la responsabilité et non la réglementation de leurs actes.

Mais le caractère des nations, si prononcé qu'il soit, ne fait pas à lui seul toute leur destinée. Les Nations subissent une autre influence, celle du milieu où elles se développent. Il en est des peuples comme des Individus : ils ont à compter non-seulement avec leur naturel, mais avec leur condition. Comment les circonstances économiques et internationales n'agiraient-elles pas sur les peuples, lorsque le climat, une chose purement physique, les affecte si puissamment? C'est ce qu'ont éprouvé les Anglais avec leur antipathie du règlement, mais avec leur plaie d'Irlande et de paupérisme à traiter, avec la concurrence de l'Europe à soutenir désormais, avec une cinquième partie du monde à peupler et à exploiter, surtout avec l'envahissement des mœurs industrielles, du travail aggloméré, des existences précaires, des populations urbaines. Quel ins-

(1) *Économist* du 26 janvier 1856, page 84.

tinct ou quelle tradition ne plierait pas sous un tel fardeau de nécessités et de nouveautés? Les Anglais en sont venus à copier nos façons administratives par la même raison qu'il y a cent cinquante ans ils copièrent nos armées permanentes. Il n'est pas permis aux Nations de s'isoler : on tombe le plus souvent au-dessous de ce qu'on n'imite pas. L'originalité des races exclusives et dédaigneuses, Celtes, Juifs, Arabes, s'expie par la déchéance.

Comme nous tenons à ne rien omettre en ce sujet, nous sommes les premiers à le dire : ce tableau de la législation anglaise est incomplet. On n'y a pas porté des mesures telles que l'émancipation des noirs, la réforme électorale, l'abolition des lois céréales, qui sont principalement des restitutions de droit et de liberté. Ce sont là à coup sûr de grands épisodes. Cependant, l'esprit général des lois anglaises depuis vingt-cinq ans, n'en est pas moins tel qu'on l'a représenté, un esprit de règlement et de centralisation.

Une société progressive répand sur sa route des lois de toute sorte. Mais si elle prodigue des lois pour assister les classes les plus nombreuses, dans des besoins tels que le travail, la culture d'esprit, l'habitation, le transport; si rien ne l'arrête dans cette voie, ni la puissance paternelle, ni la liberté des transactions, ni le droit des communautés, ni la religion des testaments, comment ne pas reconnaître à ces traits la politique dominante, ou plutôt la civilisation spéciale d'une époque? Tel est le fait des lois anglaises qui descendent jusqu'à la famille, en réglementant le travail et défrayant l'éducation des enfants, qui pénètrent la vie privé au point d'interroger, pour cause d'impôt ou de statistique, chaque existence sur ses ressources; qui brisent la tradition au point de refaire un testament; qui portent la main sur des contrats et des mécanismes tels que les banques, les sociétés de commerce, les monnaies, l'émigration. Peut-on toucher à plus d'existences privées ou collectives, à plus de ressorts et de replis, et manier plus hardiment, je ne dis pas quelques détails, quelques rapports; mais la substance même de la société ?

On ne croit pas céder à un parti pris en considérant cet essor de l'État parmi nos voisins comme le plus grand trait de leur histoire contemporaine.

Au surplus, il est bon de le rappeler, les mesures libérales qu'on a vues de nos jours en Angleterre, n'offrent pas uniquement le caractère de liberté restituée. Elles ont apporté leur part à ce surcroît de gouvernement dont la Grande-Bretagne s'est enrichie. Je n'en sais rien, je ne m'en informe pas, mais à coup sûr les noirs n'ont pas été émancipés à la Jamaïque, sans que le Gouvernement y ait pris plus de force et plus d'attributions, soit pour discipliner, soit pour instruire et protéger ces nouveaux venus de la liberté. Quant à la réforme électorale, elle n'a augmenté le nombre des électeurs qu'avec la conséquence de réduire les pouvoirs des corps électifs et d'augmenter ceux de l'autorité centrale.

« L'Angleterre elle-même, dit M. Vivien, à mesure « que ses pouvoirs locaux échappent davantage aux

« mains de l'aristocratie, sent la nécessité de se rap-
« procher du système de centralisation. Depuis un cer-
« tain nombre d'années, les prisons, l'instruction pu-
« blique, les mesures relatives à l'application de la taxe
« des pauvres y ont été mises, en grande partie, sous
« l'autorité du Gouvernement; et depuis que la réforme
« des corporations municipales a étendu le cercle des
« électeurs et enlevé l'administration des villes aux pri-
« vilégiés qui en étaient investis, les règlements géné-
« raux que leurs conseils étaient autorisés à faire,
« doivent recevoir l'approbation du ministre de l'in-
« térieur (1). »

Telle est l'œuvre de liberté. On ne donne pas à l'homme de nouveaux droits et surtout de nouveaux pouvoirs, sans qu'il y ait à leur prêter ou à leur opposer main-forte.

On s'est arrêté, appesanti peut-être sur cet exemple de la Grande-Bretagne; mais en pouvait-on citer de plus décisif? Ce pays est le plus civilisé du monde, celui surtout où la civilisation contemporaine a fait le plus de progrès. On n'en trouverait pas un autre où le commerce ait doublé en douze ans, et cela au milieu d'un développement des droits politiques, des productions d'esprit, des œuvres de philanthropie qui n'a été surpassé nulle part (1). Si nous y apercevons en même temps, une expansion signalée de la puissance publi-

(1) *Études administratives*, tome II, page 19.

(1) Les exportations de la Grande-Bretagne qui étaient de 47 millions sterling en 1842, se sont élevées à 98 millions en 1854.

que, c'est qu'apparemment l'État doit se développer comme se développe la société.

Au surplus, ces deux faits sont liés logiquement. La Civilisation produit un sentiment plus vif de l'humanité, un sentiment plus élevé de l'ordre et de la morale publique. Mais elle produit en même temps la concentration des capitaux, la densité de population, l'embrasement de toutes les concurrences indigènes et internationales. Cet état des esprits, appliqué à cet état des faits, engendre le développement de l'État comme un principe engendre sa conséquence. Règlement, répression, tutelle publique doivent nécessairement grandir sous une influence complexe qui suscite à la fois un plus grand besoin d'ordre et de plus grandes causes de désordre.

La Grande-Bretagne *s'administrative,* on ne peut le nier. Ce n'est pas qu'elle aspire ou qu'elle tende à changer ses institutions politiques, à répudier la tribune et la presse. Grâce à Dieu, il s'en faut de tout ! Seulement ce gouvernement libre se charge de plus de soins, ces lois faites ou discutées par tous ont à prévoir plus de choses, à traiter plus d'intérêts. L'État se développe, il le faut bien dans une telle dilatation de toutes les forces du pays ; mais le pays n'abdique pas.

La race anglaise n'est pas autre, sous ce rapport, aux États-Unis que dans les Trois-Royaumes. C'est un compte à faire que celui de la liberté et de la sujétion américaine, dont le résultat pourrait bien déranger certaines idées reçues.

L'Américain peut voyager sans passe-port, chasser

sans port d'armes, charrier ses marchandises sans être sujet à une certaine largeur de roues ni à une certaine saillie de moyeux, les introduire partout sans rencontrer des droits d'entrée ou de circulation. Il peut construire une manufacture, fouiller une mine, élever un barrage, pratiquer l'association politique ou commerciale, sans avoir à demander l'autorisation de l'État. Pour tout cela il est libre, il s'appartient, il ne dépend de personne, tandis que pour tout cela nous sommes gouvernés.

Mais voici où reparaît pour cet homme dont nous admirions la souveraine indépendance, l'action du Gouvernement.

Qu'il s'avise de voyager le dimanche, il lui en coûtera une amende ; qu'il exporte quoi que ce soit, ses marchandises, avant d'être embarquées subiront une inspection officielle ; qu'il essaie de fonder une banque, il lui faudra contribuer à un fonds commun qui est l'indemnité voulue et préparée par l'État pour les créanciers des banques qui viendraient à faillir. Ajoutons qu'en Pensylvanie il sera contraint de subvenir aux frais des écoles ; qu'à New-York, s'il importe des émigrants, il paiera un dollar d'impôt par tête, pour défrayer un service de direction et d'assistance qui attend les nouveaux-débarqués ; que dans l'État du Maine, il ne pourra acheter de spiritueux. Enfin, l'État fait en Amérique ce dont il ne s'avise nulle part sur le continent. Il fait le commerce, et quel commerce ? Il prend ou achète aux Indiens la terre américaine qu'il revend aux Européens. Aux États-Unis, le cadastre et la vente des terres de l'État (*général land*) constitue un service public (1).

Pourquoi tant de restrictions et d'immixtions à côté de tant de liberté? Parce qu'en Amérique comme partout, il y a des matières de croyance ou d'utilité générale qui ne peuvent rester étrangères au Gouvernement. L'observance du culte, l'instruction du peuple, la probité du commerce au dehors, la solvabilité des banques constituent en Amérique des intérêts suprêmes, des besoins impérieux et transcendants. Un peuple qui se gouverne lui-même, qui a chez lui tous les éléments d'un échange universel, qui pratique la production et le défrichement par le crédit, un pareil peuple ne peut prendre son parti de l'incrédulité religieuse, de l'ignorance du citoyen, de la fraude commerciale, des aventures de la circulation monétaire. Il fera de la superstition, de la tracasserie, de la violence même, plutôt que de ne pas gouverner en pareil sujet, où il s'agit pour lui, non pas de prospérer à un degré quelconque, mais d'être.

Tel nous apparaît le Gouvernement en ce pays d'indépendance, et pour ainsi dire de révolte individuelle, qu'est l'Amérique du Nord. L'État n'y a pas moins qu'ailleurs les grands attributs qu'il lui faut pour la garde et pour le triomphe de tout ce qui tient à la grandeur du pays, de tout ce qui parle au cœur et aux inté-

(1) Les faits qu'on vient de mettre sous les yeux du lecteur proviennent de la *Démocratie en Amérique*, par M. de Tocqueville — des *Lettres sur l'Amérique du Nord* et d'un opuscule sur la *Liberté aux États-Unis*, par M. Michel Chevalier — des *Récits et Souvenirs* de M. Ampère — de la *Puissance Américaine*, par le major Poussin.

rêts de la Nation. Jamais chose ne passionna un peuple sans attirer les soins de son Gouvernement. Or, comme *les grandes passions font les grandes Nations* selon le mot de Carnot, j'en conclus qu'un Gouvernement inerte et borné de près, est la marque d'un peuple sans ressort et sans avenir.

Qu'est-ce que le Gouvernement? une force collective, aussi ancienne que le monde, qui n'eut d'abord à s'occuper que de certains besoins élémentaires, comme la sûreté des personnes et des biens. Mais les besoins de l'homme se raffinent, se multiplient, et si dans cet état ils ne sont pas moins impérieux que les besoins primitifs, comment n'auraient-ils pas à leur tour l'appui de la force collective?

Chaque Nation a sa plaie; elle y applique son Gouvernement. Le Gouvernement anglais nourrit ses pauvres et exporte l'Irlande. Le Gouvernement hollandais refoule l'Océan et cultive Java. Quelques Gouvernements des États-Unis s'en prennent à l'ivrognerie : tous exterminent l'Indien et l'Espagnol (1).

Il est fort naturel que les peuples se servent de l'État

(1) En 1795, le Gouvernement hollandais se substitua à la Compagnie des Indes hollandaises. Il convertit l'impôt foncier des Javanais en corvée, et se fit cultivateur de café, de sucre et d'indigo, n'usant de l'industrie privée que pour la fabrique du sucre à un prix convenu, et gardant par devers lui le commerce de ces denrées. (*Souvenirs d'une station dans les mers de l'Indo-Chine*, par M. Jurieu de la Gravière.)

Ainsi pour la colonisation de l'Inde insulaire, il fallut d'abord le monopole d'une compagnie qui était à vrai dire un Gouvernement, puis le monopole de l'État proprement dit, puis, enfin, l'agriculture pratiquée par l'État.

pour leurs intérêts ou leurs passions. Mais quelquefois ils l'emploient à de moindres choses, ils en usent pour de simples goûts. L'Anglais a celui de la chasse, des chiens, des chevaux : il y paraît à ses règlements. Nulle part les animaux ne sont si bien gardés ou si bien protégés par la loi. En revanche, il n'a pas le sens de l'art, il n'éprouve pas le besoin de monuments. C'est pourquoi il abandonne à des compagnies et à des vues purement mercantiles ce qui serait ailleurs des travaux publics exécutés par des artistes avec quelque souci de l'idéal. Cette absence de Gouvernement, sans exemple ailleurs en pareil sujet, est peut-être ce qui a fait croire, plus que tout le reste, à une absence générale de Gouvernement de l'autre côté du détroit.

En résumé, les peuples diffèrent : tous n'ont pas les mêmes besoins, les mêmes penchants : delà la différence qu'on aperçoit dans la sphère et dans le mode d'action de leurs Gouvernements.

Les Arabes avaient, dit-on, une législation très savante sur les cours d'eau : nous en avons une, nous, sur les dessèchements. A eux le sable, à nous l'argile qui ne peuvent avoir la même loi. — Il y avait en Égypte des embaumeurs publics, une précaution de salubrité : et dans les cités grecques, des gymnasiarques publics. C'est que les Grecs redoutaient plus la servitude que la peste. — Dans les temps modernes, nous voyons l'État encourager les sciences, parce que le bien-être général dépend de leurs applications. En Grèce, Heeren nous l'apprend, ce qu'il favorisait et traitait presque comme des services publics, c'étaient les arts et la poésie, à l'usage du petit nombre d'hommes libres et oisifs qui comptaient seuls dans la cité antique. — — Chez les Athéniens la partie légale et défrayée de l'éducation était la partie militaire. En France, c'est la partie morale et intellectuelle : la paix avec ses arts et ses mœurs étant la grande affaire de nos jours, tandis que la guerre et l'indépendance étaient le souci capital des États de l'antiquité. — La caravane de la Mecque, dirigée par le pacha de Damas, coûte deux millions au Gouvernement turc. — Les Gouvernements chrétiens défrayent d'autres pèlerinages vers l'inconnu des mers, des ruines, des bibliothèques (1) ; — à chacun sa tradition et sa curiosité.

La place du Gouvernement n'est pas moins variable, selon les peuples, que son objet. Chez les uns, le Gouvernement est au centre; chez les autres, il ne dépasse pas la commune ou la province. L'exemple le plus frappant qu'on puisse citer à cet égard, est celui de la France et des Etats-Unis. Là-bas, le gouvernement est localisé à ce point, comme le remarque M. de Tocqueville, que la Commune prête ses fonctionnaires à l'Etat pour la levée de l'impôt fédéral. Chez nous, au contraire, la Commune emprunte les agents de l'Etat et pour le service de l'octroi, et pour la perception de ses recettes, et pour la garde de ses bois.

Que si nous jetons les yeux sur les procédés de Gouvernement, nous apercevons d'un peuple à l'autre la même diversité. — Ici le gouvernement a des façons

(1) Voir la relation de M. Ségur-Dupeyron, intitulée : *la Syrie et les Bédouins.*

préventives, tutélaires. Pour le bien de l'individu comme pour le bien public, il soumet l'action de l'Individu soit à la nécessité préalable d'une autorisation; soit, tandis que cette action s'exerce, à une surveillance ; soit, enfin, quand elle est consommée, à une réception, à une vérification. Il procède par veto qu'il oppose, par nullités qu'il inflige. — Ailleurs le gouvernement se contente d'être répressif : il s'exerce par un commandement et par une pénalité, sans se mêler autrement et jusques-là de ce que fait l'Individu et de la manière dont il le fait. Son action est souvent plus véhémente, elle n'est pas si détaillée ni si continue. — On raconte que dans certaine grande école d'un pays voisin l'enfant est laissé maître, de l'emploi de son temps : il n'est pas tenu de faire sa tâche à certaines heures sous l'œil d'un pédagogue ; il ne subit aucune surveillance, ni dans son travail ni dans ses jeux ; il peut aller et venir, courant tous les risques de la rivière, et tous les pièges de la ville voisine. Il a une tâche cependant, et, s'il ne l'a pas faite au moment voulu, il est fouetté. Ceci nous représente la plus grande liberté à laquelle les hommes puissent aspirer. Il faut que le Gouvernement ait son heure; il ne perd rien pour attendre, même dans les pays qui passent pour le moins gouvernés (1).

Une dernière dissemblance parmi les Gouvernements, c'est que tantôt ils sont directs, et tantôt indirects. Les premiers font eux-mêmes, soit au centre, soit à la cir-

(1) C'est ainsi qu'est élevée au collége d'Eton, près de Windsor, l'aristocratie anglaise, la classe la plus accomplie peut-être qui existe au monde.

conférence, la prévention ou la répression estimée nécessaire Les autres procèdent par voie de délégation. Les Anglais délèguent volontiers les pouvoirs de l'État C'est ainsi que la dicipline des professions libérales est abandonnée à des corporations privilégiées qui ont tout pouvoir sur leurs membres. Mais le plus grand fait à rappeler ici, est le Gouvernement de l'Inde, confié à une Compagnie.

Nous touchons ici à une des sources de la puissance britannique. C'est à l'extrême Orient, dans ce *far-east*, que s'ouvrent les débouchés, que se payent les impôts, que se forment les gens de guerre ou d'administration, qui ont porté si haut la fortune de la Grande-Bretagne. Or, les affaires de l'Inde, bien que le trafic et qu'une Compagnie de commerce s'y trouvent mêlés, sont au plus haut degré affaires d'État. La patente de cette Compagnie s'est enrichie peu à peu de tous les pouvoirs publics, en fait de paix ou de guerre, de juridiction, de fiscalité. A cette occasion, le Gouvernement de la Grande-Bretagne s'est démembré. Certains de ses sujets, qui ne lui demandaient qu'un privilége commercial au loin, ayant été entraînés à faire œuvre de colonie et de conquête, il fut conduit, de son côté, à les revêtir d'une véritable souveraineté, et le commerce de ce pays fut mené comme un service public (1).

(1) Cette transformation imprévue, involontaire, est très-bien décrite dans un excellent livre : *History of Bristish India*, by James Mill.
En 1624 la Compagnie avait obtenu le droit d'appliquer à ses employés la loi martiale aussi bien que la loi municipale. En 1661 elle obtient un pouvoir général de juridiction civile et criminelle, le droit de faire la paix et la guerre avec tout prince ou tout peuple non chrétien,

Si l'Inde est pour l'Angleterre un marché insatiable, une tributaire opulente, une école de stratégie, de diplomatie et de gouvernement, tout cela est à porter au compte de l'État dont le non seul manque à la Compagnie des Indes.

Proconsulat et pour ainsi dire doublure du Gouvernement Anglais, tel fut pendant deux siècles son mode d'existence. Aujourd'hui la délégation tend à cesser, et nous avons vu plus haut que le gouvernement central rappelle à lui presque tous les pouvoirs dont il était dessaisi.

Ainsi les applications, la place, les procédés, le mode d'action des Gouvernements varient selon les peuples;

enfin le droit de saisir comme contrebandier quiconque ferait le commerce dans les limites de sa concession et de l'envoyer en Angleterre. En 1683 la Compagnie fut dispensée de cette façon et appelée tout comme la juridiction de l'amirauté à saisir et à condamner sans appel les navires des contrebandiers. (Tome I, pages 58, 93 et 119, — tomes III, pages 19 et 21.)

La transaction, tant de fois remaniée entre le Gouvernement anglais et la Compagnie des Indes, ressemble assez à celle que l'Etat en France concluait avec les fermiers généraux.

Rien ne manque à cette analogie, ni les avanies, ni une certaine surenchère, ni les pots de vin. Il fut établi qu'en 1693 la Compagnie avait dépensé pour ce dernier objet 90 mille livres sterling.

La Compagnie des Indes (aussi bien que la Banque d'Angleterre), paya fort cher et plus d'une fois son privilége. En 1642, Charles Ier acheta, sans qu'elle paraisse en avoir jamais été payée, le contenu de ses magagasins. En 1707, un prêt de douze cent mille livres sterling, sans intérêts, fut exigé par le Gouvernement. En 1708, autre prêt de trois millions sterling, au taux de cinq pour cent.

La Compagnie finança non-seulement avec le Gouvernement de son pays, mais avec celui du Grand-Mogol. Avant de prendre, elle acheta des territoires, celui de Calcutta entre autres.

On peut voir sur le même sujet la vie de *Clive* et celle de *Warren-Hastings* dans les *Miscellaneas* de *M. Macaulay.*

mais la quantité de gouvernement est la même partout, étant donnée la même intensité de passions et de besoins. Nulle part les hommes ne sont tels qu'ayant une force à leur disposition, ils n'en usent pas dans le sens de leurs intérêts et de leurs penchants : si elle n'existait ils la créeraient. On ne peut pas dire que certains peuples se prêtent essentiellement à être gouvernés, que d'autres y répugnent essentiellement et que ce dernier caractère est celui des peuples progressifs. La vérité est ceci : Les peuples ont des intérêts et des goûts plus ou moins nombreux, plus ou moins compliqués, plus ou moins vifs. C'est cela, et seulement cela qui décide de l'énergie et de l'étendue d'action de leur gouvernement. Que si vous voyez quelque part la force collective, nommée *État*, stagnante et sans emploi, c'est peut-être qu'il n'y a chez les Individus ni sève ni pensée pour lui donner le branle. Moins de Gouvernement chez un peuple ne peut signifier que deux choses : moins de vitalité ou moins de besoins chez ce peuple.

On dirait, à certains moments, que l'humanité se soulève, se dilate, s'illumine d'elle-même. Illusion! la main de l'État n'est pas loin, tantôt allumant, tantôt propageant la flamme du Progrès, entraînant le monde alors même qu'il semble aller de son propre souffle et de son train spontané.

L'historien de la Réforme s'écrie au début de son livre :

« Générations trop confiantes dans les forces collec-
« tives qui font la grandeur du XIXe siècle, venez voir
« la source vive où le genre humain se retrempe, la

« source de l'âme qui sent que seule elle est plus que « le monde... Le XVIe siècle est un héros! »

Cela est éloquent. Mais puis-je oublier le ressort que je trouve mêlé partout aux plus grandes choses du XVIe siècle, l'appui triomphant prêté à la Réforme par tel roi d'Angleterre, par tel électeur de Saxe. — Les Estienne, c'est-à-dire la Grèce, la Renaissance, sauvés de la Sorbonne par François Ier — et le dilettantisme des Médicis — et cet entraînement des rois de Portugal vers l'Océan — et cette correspondance de Charles-Quint avec Fernand Cortez, retrouvée par M. de Humboldt — et les Grandes-Indes conquises par des compagnies, anglaises, françaises ou hollandaises, mais toujours faites comme par des Gouvernements, et investies de tous les pouvoirs de l'État?

Ce n'est que dans l'antiquité qu'on voit des législateurs semblables à des dieux, et créant des nations de toutes pièces. Cependant l'histoire moderne nous offre, à l'impromptu et au merveilleux près, quelque chose d'analogue : des avènements de Nations, de main souveraine. Il en est jusqu'à trois qu'on ne peut séparer de leurs Pierre, de leurs Victor, de leurs Frédéric.

Cette grandeur et cette nécessité du rôle de l'État, qui se révèlent ailleurs, éclatent en France. Le Progrès y est affaire de gouvernement à un degré inouï : ni l'humeur de ce pays, ni la Liberté, ni la nature ne suffiraient à cette œuvre.

La nature n'a plus de largesses pour un territoire pleinement peuplé, et qui touche à l'extrême limite de sa puissance productrice. Elle n'est une ressource, un principe de Progrès que dans certaines contrées du Nouveau-Monde, où le sol inoccupé se donne plutôt qu'il ne se vend, et recèle des richesses qui récompensent le moindre travail, les moindres façons jetées à sa surface.

Quant à la Liberté, ce bienfait suffit-il pour un peuple qui fut longtemps une caste disgraciée, et qui en porte la marque persistante dans sa pauvreté de biens et d'esprit?

Sur ce point comme sur bien d'autres, le Progrès en France ne peut venir que de l'État, soit parce que les facultés du caractère national n'ont toute leur valeur qu'au service de l'Etat, soit parce qu'elles ne s'éveillent pour certaines choses, le lucre, par exemple, qu'à l'appel de ses encouragements, de ses tentations en quelque sorte.

Ainsi, par l'impuissance de la nature à son égard, par la faute du passé, par certaines particularités de son tempérament, la France ne peut attendre que d'un surcroît de gouvernement le Progrès qui est la promesse de ses révolutions.

En résumé, mettant de côté toute considération de peuples et d'époques, il est vrai d'une vérité générale que le perfectionnement moral et l'amélioration matérielle du sort des masses, est chose subordonnée à l'importance croissante du pouvoir social. S'il existe une loi en vertu de laquelle l'humanité se développe et s'élève, la condition d'accomplissement pour cette loi, c'est le rôle supérieur de l'Etat. Le gouvernement d'un monde où apparaissent de nouveaux droits, et pour ainsi dire de nouveaux êtres; où se répand la nouvelle de l'égalité, de la fraternité, de la souveraineté des hommes, ne peut être un gouvernement apathique et désarmé. Il a beaucoup à protéger : son devoir grandit de toute la taille des révolutions qui ont placé sous sa garde cette partie de l'humanité, dépourvue jadis d'existence légale. — La mission de l'Etat est clairement indiquée dans cet accroissement de vie qui est tout le Progrès, et qui se montre, soit par la création de droits sociaux et de pouvoirs politiques, soit par l'expansion et le raffinement de la sensibilité morale, soit par la passion de produire et de jouir. A lui de patronner les droits et d'organiser les pouvoirs de date récente; de mettre dans la loi la morale la plus pure qui s'est révélée à la conscience progressive de l'humanité; de surveiller et de réglementer l'entraînement économique, — à lui dès-lors tout ce qu'il faut d'attributs, d'initiative, de puissance pour accomplir ces nouveaux devoirs.

CHAPITRE CINQUIÈME

Objections générales.

Les idées qu'on vient d'exposer, en partie théoriques, en partie fondées sur l'histoire, donnent lieu à une contradiction qui offre le même caractère, tantôt s'appuyant sur des faits, tantôt invoquant des principes.

Cette contradiction peut s'analyser ainsi :

Il n'appartient pas à l'État de coopérer directement au Progrès ; son activité est purement négative, et n'a rien à voir dans cette sphère : il doit se borner à empêcher le mal à protéger les droits.

L'État n'a pas plus le besoin que le droit de se faire l'agent du Progrès. — Ici, deux opinions parmi les Individualistes. Selon le uns, la Civilisation est un mystère qui s'accomplit de lui-même, au plus profond des masses : selon les autres, elle est l'œuvre des classes supérieures.

Le progrès fût-il à certains moments le fait de l'État,

c'est-à-dire de la force, l'État y trouvant une simple occasion d'agir, mais non un principe d'activité continue, n'y acquerrait pas d'attributions nouvelles.

Enfin, les hommes ont d'autant moins besoin d'être gouvernés qu'ils deviennent meilleurs, ce qui est l'effet naturel du Progrès. L'histoire nous montre partout, en vertu de cette loi, la prépondérance croissante des faits individuels et libres.

SECTION PREMIÈRE

L'État est uniquement fait pour maintenir l'ordre.

Ceci est au plus haut dégré la négation des idées qu'on vient de voir sur le développement parallèle de l'État et du Progrès.

Il est clair que l'État ne peut grandir au service du Progrès, s'il n'a pas même le droit de s'y employer, s'il a des attributions étroitement définies qui le confinent et l'épuisent ailleurs.

Voici comment raisonnent les Individualistes pour réduire à si peu le personnage de l'État :

« La société n'est autre chose que la collection des « Individus.

« Or, il ne peut y avoir plus de droits dans cette col- « lection que dans les éléments qui la composent. Or, « les Individus ne peuvent user de la force que dans le « cas de légitime défense.

« Donc la collection des Individus, la société, l'État « (c'est tout un), ne peut avoir d'autre droit que celui « de réprimer la violence et la fraude, cette répression

« étant le seul emploi de sa force qui puisse passer « pour légitime défense. »

Telle est dans toute son apparence la thèse des Individualistes que nous empruntons presque mot par mot à leur interprète le plus éminent (1).

De l'État ainsi compris, on voit ce qui reste : une force pour l'ordre, rien pour le Progrès, rien pour les choses de morale et de bien public qui n'intéressent pas matériellement la paix des sociétés.

Cette doctrine est insoutenable de tout point : d'abord dans son principe, d'où vient tout le mal.

Il n'est pas vrai de dire qu'une société soit une collection d'Individus et rien de plus.

Ceci est la définition d'un caravansérail, de quelque chose comme Bade ou Hombourg, et non d'une société. Autant vaudrait dire qu'une famille est simplement un groupe de personnes d'âge et de sexe différents. On oublierait là bien des choses vraiment, ne fût-ce que l'âme du groupe, c'est-à-dire les sentiments et les besoins qui tiennent ces personnes attachées les unes aux autres.

La société a quelque chose de cet attrait et de ces nécessités qui constinuent la famille.

Quand vous voyez quelque part, entre les mêmes fleuves et les mêmes montagnes, une agrégation d'hommes faits pour s'entendre et se plaire par la similitude de langue, de foi, de penchants; faits pour se suffire par la variété de leurs travaux, comprenant de

(1) Ce système a été développé avec une ardeur de conviction et des ressources d'esprit peu communes dans le livre de M. Frédéric Bastiat, intitulé : *Harmonies économiques*.

la même manière les choses de cette vie et de l'autre, l'ordre, le surnaturel, l'art, le plaisir, vous pouvez le dire hardiment : il y a là plus que le groupe et le nombre : il y a rapport, convenance, communion.

« La société, disent les Individualistes, n'est qu'un « mot, un pur concept de l'esprit, le nom d'une chose « qui n'existe pas. Ce qui existe, c'est l'Individu, ni « plus ni moins. Réunissez, entassez sur un point au« tant d'Individus qu'il vous plaira, vous n'obtiendrez « jamais que des Individus : leur masse, si vous la « considérez sous le rapport du droit, ne saurait en « avoir qui lui soit propre et qui ne préexiste dans les « molécules. »

Erreur : la société est distincte des Individus. C'est un tout supérieur à ses parties par la cohésion, un ensemble supérieur à ses éléments par l'harmonie et la finalité, c'est l'amas de matériaux transformés en édifice. La société est un rapport entre les hommes, de même que la famille, et ce rapport est distinct du pur fait de l'agrégation qui n'en est que la matière brutte, d'autres diraient peut-être l'accessoire.

La société étant autre chose que la collection des Individus, il m'est déjà permis de conclure de là qu'elle *peut* avoir d'autres droits.

J'ajoute qu'elle en *a*, parce qu'elle est le milieu nécessaire à l'homme, l'atmosphère en dehors de laquelle il n'y a plus d'hommes, mais, comme dit Aristote, une brute ou un Dieu.

Tâchez donc d'évoquer et de vous représenter un Individu en dehors de la société, réduit à ses seules forces et à ses seules acquisitions, sans passé intellectuel, sans les traditions, ou plutôt sans l'héritage qui appartient au membre le plus humble de la société la plus grossière. L'homme n'est pas viable dans ces conditions et il ne serait pas un homme s'il s'y accommodait. On ne le conçoit guère plus en dehors de la société que l'on ne conçoit la société sans lui. Le roman de Daniel Foë n'est vraisemblable que parce que son héros est l'élève de la société, et encore, parce que la société tout entière a échoué avec lui dans la même solitude, et l'a peuplée de ses œuvres les plus savantes (1).

Si la société est nécessaire à l'homme, elle tire de là des droits qui lui sont propres, tous les droits, remarquons-le bien, qui touchent non-seulement à sa conservation, mais à son développement.

Quand on entend réduire les pouvoirs de la société à l'une de ces choses, au maintien de l'ordre, on introduit dans ce sujet une limitation tout arbitraire. L'ordre est-il donc l'unique bien de la société? La richesse, la science, la moralité n'ont-elles pas leur prix? Que d'intérêts légitimes et considérables auraient à souffrir, à

(1) Que l'homme ait été créé, et qu'il ait été créé adulte et parlant, c'est la croyance du plus grand nombre. Mais en outre une révélation divine, pour tenir lieu d'expérience sociale à cet échappé du néant, et pour l'adapter à son milieu, est une hypothèse nécessaire. Cette hypothèse est universelle, quoique diverse. L'Orient croit à une révélation des arts de la vie matérielle. Le Mosaïsme tient pour une révélation morale. La théorie des idées innées appartient peut-être à cet ordre de croyances qui supposent non-seulement une création et des lois données à cette création, mais encore une initiation accordée par Dieu à sa créature, soit sous la forme d'un rapport direct comme sur le mont Sinaï et dans l'Éden, soit par un don d'intuition départi au premier exercice des facultés humaines.

périr même, si l'unique droit de la société était de se défendre contre la violence! Le cas de défense est le seul, il est vrai, où les Individus puissent s'armer de la force. Mais pourquoi les pouvoirs de la société, qui ne procèdent que d'eux-mêmes, qui n'empruntent rien aux pouvoirs de l'Individu, seraient-ils bornés comme ceux-ci?

La société a beau être distincte des Individus et nécessaire à l'humanité, il est clair qu'elle a besoin d'un organe pour agir en son nom, pour exercer les droits et les pouvoirs qui intéressent la sécurité, la prospérité collectives. Telle est la fonction de l'État : chargé qu'il est non-seulement de l'ordre, mais du bien public, on peut se représenter toute la puissance, toute la diversité d'action qui lui appartient.

Ici une nouvelle objection nous attend. Ne demandons-nous pas à l'État ce dont il est naturellement incapable. L'État est après tout un ressort de même métal que les Individus. Pouvons-nous donc compter sur des hommes pour corriger et surtout pour suppléer l'égoïsme essentiel à l'humanité ?

Pourquoi pas? le même fonds peut porter des fruits très différents. Malfaiteurs et législateurs ne sont-ils pas du même limon?

Il faut considérer que la différence de position aussi bien que de culture peut mettre un abîme entre les produits du fonds humain.

L'État qui est l'humanité dans une fonction spéciale et transcendante, s'élève par cela même au-dessus de l'humanité : j'y vois une force et pour ainsi dire un être *sui généris.* C'est l'homme moins la passion; l'homme à une hauteur où il entre en commerce avec la vérité même, où il ne rencontre que Dieu et sa conscience. Il y a des types célèbres pour exprimer cela : Moïse sur le mont Sinaï, Numa dans le bois sacré du Capitole.

De quelque façon qu'il soit constitué, l'État vaut mieux que les Individus.

Si l'État est un seul homme, supérieur qu'il est aux intérêts qui divisent la société, supérieur même à ses propres lois, il n'a aucune raison d'être un législateur inique. Certes, le pouvoir absolu est un grand corrupteur, mais de l'homme et non du souverain. Les monarques les plus dissolus ont fait des lois d'une morale exemplaire; les plus cruels, des lois humaines. C'est une histoire bien connue, celle de Tibère, d'Auguste, de Caracalla.

L'esprit de l'homme est fait pour la vérité; il tourne à l'oracle, quand il ne s'agit que de la reconnaître et de l'imposer. Telle est la condition du législateur. Vous y verrez le plus méchant homme faire acte de droiture, à côté du plus vertueux, s'aveuglant et s'égarant dans la condition privée. Plutarque nous l'apprend, c'est Brutus qui prêtait à quarante-huit pour cent : c'est aux empereurs, et aux plus monstrueux que remonte la répression de l'usure. Néron brûlait Rome; mais au besoin il eut inventé les lois contre les incendiaires. Pourquoi non? Il fit plus en créant un patronat des esclaves (1).

(1) *De injuriis dominorum in servos qui audiat positus est, qui in sævitiam et libinem et in prœbendis ad victum necessariis avaritiam compescat.* (Senèque, *De Beneficiis*, 3, 22.)

Telle est la supériorité de l'État ainsi constitué sur les Individus.

Si le pouvoir est multiple, si l'État est la fonction de plusieurs au lieu d'être celle d'un seul, cette supériorité est évidente à une autre titre : il est un élite, soit qu'il réside dans une aristocratie comme celle de Rome et de la Grande-Bretagne, soit qu'il appartienne aux délégués de toutes les classes d'une Nation.

Dans le premier cas, l'État a une valeur de position, en quelque sorte; dans le second cas, il vaut par lui-même. Ici l'équité de la loi tient en outre à une circonstance particulière. De quoi s'agit-il? D'un peuple chez lequel les pouvoirs sont divisés, c'est-à-dire d'un peuple libre. Or un pays ne s'élève pas à ce Progrès sans être universellement progressif, le théâtre par cela même d'intérêts variés, ardents, nombreux, armés de toutes pièces, avec cette conséquence qu'ils se tiennent en échec les uns les autres; que pas un n'est capable de prévaloir et de s'imposer d'une manière absolue; que la loi y est nécessairement une transaction où nul droit ne périt, nul égoïsme ne triomphe. L'État est ici non-seulement l'élite, une quintessence, mais un équilibre.

Ainsi rien ne ressemble moins aux Individus que l'État avec les qualités qu'on vient de voir. Autre chose est l'homme dans une fonction qui l'exalte, l'isole et le transfigure, ou l'homme borné uniquement au soin de vivre. Autre chose est l'élite ou la foule. Autre chose est un intérêt livré à son entêtement, ou l'ensemble des intérêts éclairés et contenus les uns par les autres. Rien n'est moins légitime dès-lors que de mesurer les droits de l'État à la taille des droits individuels. Le pouvoir social émane des Individus ; il en est fait ; il ne les représente pas. Il représenterait, à ce compte, trop de vices et d'inepties. S'il n'était que leur image et non leur règle, à quoi servirait-il ? La loi n'est pas une expression de la société, mais de la conscience ; de même que la grammaire est la théorie des langues et non celle des jargons, des patois.

On l'a dit excellemment : la souveraineté appartient à la raison. Il s'ensuit que l'État peut bien tenir son existence de la société, mais qu'il reçoit sa mission de plus haut. Si la religion est une lumière de Dieu communiquée aux homme, l'État, tout au contraire, est un instrument de façon humaine prêté aux lois et aux combinaisons qui gouvernent le monde moral. La lumière d'en haut, portée et répandue par des hommes, est sujette à se troubler ; mais l'instrument humain, sous la main divine qui l'emploie, au service, au contact des lois éternelles dont il est l'agent nécessaire, s'améliore et se purifie ; ce qui fait de l'État, pour le dire en passant, une autorité morale qui ne le cède en rien à celle d'une Église.

Ainsi le principe est faux qui assimile l'État aux Individus pour imposer à tous deux la même règle et les mêmes limites. D'une autre nature que les Individus, l'État peut recevoir une autre mission et déployer dans une sphère plus vaste la supériorité de pouvoirs qui appartient à un être meilleur.

Le principe des Individualistes, ne fût-il pas erroné

de l'erreur qu'on vient de voir, périrait par ses conséquences.

A les entendre, l'État ne peut user de la force que comme l'Individu, dans les mêmes cas, dans les mêmes limites. Soit; mais alors l'État n'a pas le droit de punir. Il peut intervenir dans une rixe, arrêter le bras levé ou la main furtive, faire œuvre de police ou de force armée; mais rien de plus. Il n'a pas le droit d'opérer cette partie de la répression qui consiste dans la justice proprement dite, dans l'expiation infligée au coupable. L'office de législateur, de juge, de bourreau, lui est interdit, car rien de tout cela n'appartient à l'Individu, et ne fait partie de la légitime défense — qu'on daigne y réfléchir, l'Individu ne peut user de la force que contre un péril actuel ou imminent, comme moyen de salut, comme riposte de la chair et de l'instinct. Cela est si vrai que les coups du lendemain pour les coups de la veille ne sont pas réputés défense, mais vengeance, et tombent sous l'application de la loi qui réprime les voies de faits. Or, qu'y a-t-il de commun entre le droit individuel, limité de la sorte, fugitif, machinal, et ce droit éminent de punir qui survit au péril de l'offensé, qui n'attend pas sa plainte, qui n'admet pas sa transaction, qui recherche et frappe le crime jusque dans la pensée du malfaiteur, montrant assez par cette insouciance pour la victime, qu'il la venge en passant, et qu'il ne vient pas plus d'elle qu'il ne s'y concentre (1).

(1) « Il y a une espèce de justice, dit Leibnitz, qui n'a point pour but l'amendement, ni l'exemple, ni même la réparation du mal. Cette justice n'est fondée que dans la convenance qui demande une certaine satis-

On peut bien dire que la Société a le droit de se défendre, et qu'elle se défend en effet quand elle punit le crime. Ce langage est volontiers celui des magistrats et même des théoriciens. Il est sans inconvénient pratique. Nous ne ferons qu'une remarque à ce sujet, c'est que la société se défend tout autrement que ne fait l'Individu, et que ce droit social n'emprunte rien au droit individuel.

Mais à quoi bon s'appesantir ici? S'il y a quelque chose de certain au monde, c'est que nul ne peut se faire justice soi-même. C'est là-dessus apparemment que les sociétés reposent : et l'on voudrait tirer le droit le plus essentiel à l'État, de l'impuissance la plus essentielle à l'Individu! Il suffit d'indiquer ce non sens.

Après cela, il serait superflu peut-être de relever certaines autres conséquences du principe individualiste; par exemple, que l'État n'aurait pas le droit de faire des règles sur les successions, ni même sur l'exécution des contrats; choses à lui défendues, parce qu'elles ne peuvent passer pour répression de la violence ou de la fraude, parce qu'elles sont interdites à l'individu, sa source et son type (1).

faction pour l'expiation d'une mauvaise action. Les Sociniens la croient être sans fondement, mais elle est toujours fondée dans un rapport de convenance qui contente non-seulement l'offensé, mais encore les sages qui la voient, comme une belle musique ou bien une bonne architecture contente les esprits bien faits. »

(Leibnitz, *Théodicée*, Ire partie § 73.)

(1) Sous quel chef, par exemple, placerons-nous les lois sur les successions? Sous celui de la répression de la force ou de la répression de la fraude? Il y a nécessairement des lois de successions quelconques dans toute la société. On peut dire peut-être qu'en cette matière le

Vous ne pouvez chercher le droit de l'État dans le droit individuel sans détruire l'État, sans laisser tomber la société de toutes parts. La source des pouvoirs publics est ailleurs : elle est non dans les droits, mais dans les devoirs de l'Individu, ou plutôt dans la loi morale d'où procèdent ces devoirs.

A la proposition des Individualistes, nous opposons celle que voici :

Toute loi est faite pour être exécutée. Vous ne trouveriez pas une loi dans l'ordre moral ou dans l'ordre physique qui ne soit ou le jeu régulier d'une force, ou flanquée d'une force pour en assurer l'observance ; c'est ainsi que la conservation, loi suprême des Individus, est servie par la force des instincts et des appétits.

Or, la loi morale, faite pour gouverner l'homme, est

Gouvernement n'a qu'à exécuter les dispositions testamentaires des particuliers ; mais cette opinion est au moins très-contestable : il n'y a probablement aucun pays dans lequel le droit de tester soit sans limites. Supposez, d'ailleurs, le cas très-ordinaire où il n'y a pas de testament ; est-ce que la loi, c'est-à-dire le Gouvernement, ne décide pas, d'après des principes d'utilité publique, à qui doit revenir la succession ? Et dans le cas où il n'y a point d'héritier, la loi ne nomme-t-elle pas des personnes, souvent des officiers du Gouvernement ?

J'accorde qu'il est légitime que le Gouvernement réprime la violence ou la fraude ; mais sous lequel des deux chefs placerons-nous l'obligation imposée aux hommes d'exécuter leurs contrats ? Le défaut d'exécution d'un contrat n'implique pas nécessairement qu'il y ait fraude : celui qui a contracté peut avoir eu l'intention sincère de remplir son engagement, et le mot fraude, qu'il serait difficile d'appliquer même au cas d'inexécution volontaire d'un engagement, s'il y a tromperie, ne peut certainement pas s'appliquer à l'inexécution d'un contrat par négligence.

(John Stuart Mill, *Principes d'économie politique*, t. II, p. 389 et 390).

souvent mise en oubli par cette nature libre et mixte que sollicitent des attractions diverses.

L'État est la force dont cette loi ne peut se passer.

De là ses attributions, non-seulement pour empêcher le mal, mais pour faire le bien, par exemple pour pratiquer la charité, qui est un des préceptes les plus certains et les plus négligés de la loi morale.

Toutefois, cette solution qui suffit à justifier notre sentiment sur l'étendue des devoirs de l'État, n'explique pas l'État tout entier, et fait apparaître à l'esprit encore plus de difficultés qu'elle n'en décide. Il reste à savoir pourquoi l'État, avec la mission qu'on vient de lui reconnaître, s'abstient de certaines choses qui intéressent la morale, et en fait certaines autres étrangères à la morale.

Il faut aller jusqu'au bout : on n'a rien vu en pareil sujet quand on n'a pas tout vu.

L'État, avons-nous dit, est la force préposée à l'observance de la morale. Mais notons d'abord que cette loi a des devoirs variés et inégaux : devoirs de l'homme envers lui-même ou envers ses semblables, devoirs de justice ou de vertu. L'Etat va-t-il consacrer la morale tout entière, l'imposant aux hommes, ou la pratiquant à leur défaut? Va-t-il convertir chaque précepte en commandement légal ou en services publics? En outre, il n'y a pas au monde que le juste, il y a l'utile, pour la société comme pour les Individus. Peut-on nier que l'utilité sociale soit pour l'Etat un principe d'action et de pouvoirs, distinct de la loi morale?

On voit que nous avons d'une part à restreindre, de l'autre à compléter la solution reconnue plus haut.

Il faut d'abord en marquer les limites.

La force de l'État s'applique inégalement aux diverses parties de la loi morale, et même ne s'applique pas a toutes.

S'agit-il du précepte qui défend de nuir? L'État l'impose par une loi, et appuie cette loi d'une pénalité.

S'agit-il du principe qui ordonne de faire le bien! Ici l'État ne commande pas, ne menace pas : il agit, il accomplit lui-même le devoir de vertu, au moins en ce qui regarde la protection du faible et l'assistance du pauvre.

Que l'État n'impose pas aux hommes la vertu, comme il leur défend le crime, par la terreur des châtiments, la raison en est simple. La vertu, c'est-à-dire le dévouement et le sacrifice, ne peut être l'obligation rigoureuse d'un être chargé avant tout de se conserver, et créé égoïste à cette fin. Que si néanmoins les œuvres de vertu, comme le redressement des violences et le soulagement des misères, sont prescrites à l'homme et nécessaires à son existence sociale, où chercher l'exécution de cette loi, si ce n'est dans une force extérieure aux Individus, mais constituée et défrayée par eux? Étant donné qu'ils ne peuvent faire ce qui néanmoins doit être fait, à quelle conclusion arriver, si ce n'est à celle-ci : Affaire d'État.

Les choses ne se passent pas autrement. Les vertus érigées en devoir par la loi sont imposées, non aux Individus, mais à l'Etat. Dans cet ordre d'idées, la loi n'interpelle pas les hommes avec menace et injonction; mais elle crée des services publics pour faire, à leur place, l'œuvre de bien publique qu'ils ne feraient pas d'eux mêmes, et qu'il ne peut être question d'exiger d'eux par la contrainte.

Sans doute l'État n'est *justicier* et *aumônier* qu'au moyen de contributions mises sur les Individus; et, pour en avoir paiement, il peut vendre les biens du contribuable, ce qui est une contrainte.

Cependant autre chose est l'impôt que l'État demande ainsi pour faire œuvre de vertu à la place des Individus; autre chose est la pénalité sous laquelle il leur commande d'être justes les uns envers les autres. Dans le premier cas, l'État est simplement un créancier : ses voies d'exécution sont celles dont tout particulier dispose. Dans le second cas, il exerce tous les pouvoirs et toutes les vengeances de la société. La différence des sanctions est un hommage rendu à la différence des obligations.

Ainsi l'Etat n'impose pas aux hommes l'assistance du faible ni du pauvre. Il retient pour son compte et pratique à leurs frais ces vertus. Le devoir de justice reste seul imposé aux hommes par la force des lois pénales et de l'Etat.

On voit comment se restreint le principe d'après lequel l'Etat est l'agent et l'interprète de la loi morale : le fait est que l'Etat ne sanctionne pas également toutes les parties de la loi morale.

Ce n'est pas tout : il y a certaines parties de cette loi qu'il ne sanctionne en aucune façon; tels sont les préceptes relatifs à la tempérance, à la véracité, à la reconnaissance, en un mot, à la morale personnelle. On ne peut pas dire que l'accomplissement de ces devoirs implique précisément l'abnégation, le sacrfice ; et cependant l'État ne les impose ni ne les accomplit. Comment expliquer cette lacune dans la consécration prêtée par les lois positives à la loi supérieure? Par deux considérations dont l'une est tirée de la nature de l'Etat : cet être collectif ne peut se mêler apparemment d'être chaste, véridique, reconnaissant à la place des Individus qui s'en dispensent. L'autre est prise de l'intérêt public : ce serait troubler gravement la société que d'incriminer certains vices. Les recherches et les poursuites seraient ici plus immorales peut-être que n'est l'impunité ; elles seraient à coup sûr plus désastreuses, bannissant du commerce des hommes la confiance et la sécurité, mettant partout l'espionnage et la délation.

Il n'échappera à personne qu'ici nous ne parlons plus morale, mais prudence ; justice, mais utilité, et que nous introduisons un élément nouveau dans ce sujet.

Il le faut bien, sous peine de négliger des faits considérables ou de les expliquer violemment par un principe qui leur est étranger.

Jusqu'ici l'Etat ne nous était apparu que comme la sanction, comme la force gardienne de la loi morale. Mais les sociétés ne vivent pas seulement de morale : elles ont à se conserver, à prospérer. L'indépendance de la Nation, le développement des forces productives, la nature et ses forces à conquérir, sont choses qui touchent au bien-être, si ce n'est à l'existence même des sociétés. Or, ces choses ne sont point de celles qui se traitent par la loi morale. Elles ne peuvent pas davantage être abandonnées au sens individuel; car elles constituent des intérêts collectifs, quelquefois distincts des intérêts privés, quelquefois identiques à ces intérêts, mais d'une identité que les particuliers ne voient pas ou n'admettent pas (1). — Ce qui ouvre à l'Etat une nouvelle série d'attributions. L'Etat est le gérant de ces intérêts. Nulle société ne peut se passer de cette fonction. Une force doit résider au sommet de la société, au point de vue d'ensemble, pour démêler et pour imposer ces conditions de bien public, invisibles, indifférentes ou même antipathiques aux particuliers.

Ainsi l'Etat est préposé non-seulement à la loi morale, mais encore à l'utilité publique (2).

On essaierait en vain de ramener à l'unité ce double

(1) Il y a différence d'intérêts par exemple entre la communauté et les propriétaires quand elle leur interdit le défrichement de leurs bois ou leur impose une cession d'immeubles. Il y a identité, mais lointaine et obscure, quand elle leur demande un impôt pour défrayer des prêtres et des instituteurs.

(2) Que tel soit le double principe des pouvoirs de l'État, on en trouve plus d'un indice dans l'histoire de sa formation. Il y eut une époque où l'État n'existait pas en France : c'était l'époque féodale. Mais alors il n'y avait ni chose publique, ni sens moral. Tout était privé et conventionnel. Entre nobles un contrat, une fédération hiérarchique : de nobles à vilain le droit de propriété. En fait de sens moral, transaction sur crimes permise : elle ne fut défendue que par l'ordonnance de l'an 1350.

Ce fut la guerre contre les Anglais qui créa en France une société, un Gouvernement : l'abolition des guerres privées est de 1418. La guerre est quelquefois un agent de Progrès en ce qu'elle serre le lien social. Elle principe des pouvoirs publics. Il est vrai que le juste et l'utile, dans leur application aux sociétés se rencontrent souvent, se touchent de près.

Cependant certaines choses sont purement justes et sans aucun mélange d'utilité, par exemple, l'émancipation des noirs. Il n'est pas clair que la production agricole, sous les tropiques, puisse se passer du travail nègre et forcé. Même remarque pour les asiles ouverts à la vieillesse et aux incurables. Quel bien appréciable peut-il revenir à la société, de personnes qui ne peuvent rien pour elles-mêmes? — D'autres choses sont purement utiles, comme les soins que prend l'Etat dans l'ordre économique ou esthétique. Il faudrait se livrer à certaines contorsions d'esprit pour retrouver la loi morale dans le monopole des tabacs ou dans la subvention accordée aux théâtres. Qu'on lise Beetham, et l'on verra comment un penseur, sous l'idolâtrie de l'utile, dégénère en sophiste.

Ainsi l'utile est à maintenir comme principe des pouvoirs de l'Etat, distinct de la loi morale, Hatons-nous d'ajouter qu'il n'en est pas indépendant; loin de là, qu'il lui est inférieur et subordonné.

Il n'en est pas autrement des intérêts publics que des intérêts privés. Tous ont à compter avec la loi morale, leur règle souveraine. Permis aux sociétés comme

donne aux hommes des habitudes d'action commune et de hiérarchie qui profitent ensuite aux travaux de la paix.

Il est fort naturel de supposer que l'État est né en France du développement de la nationalité et de celui de la conscience publique. Cette origine serait une preuve entre autres de l'étendue de sa mission et de ses devoirs.

aux individus d'aviser à leur salut et à leur bien, mais seulement dans les limites de cette loi (1).

Sans doute la société peut demander à l'Individu quelque chose de ses biens et de ses droits, encore que la loi morale les assure, les garantisse intégralement à chacun contre ses semblables. Cette exception est juste et naturelle. Pourquoi la société, ce milieu nécessaire, cette atmosphère vitale des hommes, n'existerait-elle pas à leurs frais comme elle existe à leur profit? Peut-elle d'ailleurs exister autrement?

Toutefois il faut reconnaître la portée précise de cette exception.

La société peut demander aux hommes l'impôt, le service militaire, ce qui représente ses plus grandes exigences. Elle a ce droit, même en temps régulier pour son maintien, à plus forte raison l'a-t-elle en temps de crise pour son salut, et dans une proportion égale à ses périls. Tout cela est naturel, est logique. Mais, dans aucun cas, la société ne peut prendre à l'Individu la totalité et la substance d'un de ses droits, liberté, vie, fortune. Car si la société est le milieu nécessaire à l'homme, il est, lui, l'élément même de la société, l'être qu'elle doit conserver matériellement et moralement, sous peine de dissolution. Sacrifier à la société ce qui

(1) L'État est en présence de la loi morale, comme le maire d'une commune française en présence de la loi générale. Ce maire est le gérant des intérêts locaux : il a charge du bien-être communal. Cependant il ne peut déroger à la loi générale qui l'oblige et le circonscrit. — Cette analogie est d'autant plus complète que le maire est à la fois l'agent de la loi générale et préposé aux intérêts locaux, de même que l'État est gardien de la loi morale, et gérant de la société.

en fait le prix ou plutôt ce qui en est le fond, serait une contradiction dans les termes.

Donc, l'État dans ses périls les plus pressants, ne peut demander aux hommes qu'une partie de leurs droits. Il ne fait rien de plus quand il les oblige, en face d'une invasion, à céder une portion de leurs biens par l'impôt et par les réquisitions, une partie de leur liberté par le service militaire, quand il les contraint même à exposer leur vie sous le drapeau. Peut-être que suspendre la liberté de la presse serait légitime à ce titre : cette liberté n'en serait pas anéantie. Le sacrifice est partiel, quand il n'est que pour un temps, à l'égard d'une chose qui peut renaître. Quoi qu'il en soit, toute la différence des temps ordinaires aux temps de crise, est dans l'importance du sacrifice, qui toutefois ne peut jamais atteindre la totalité des droits individuels.

L'État, quelle que soit sa détresse, doit respecter quand même, l'humanité et la morale, c'est-à-dire des êtres qu'il n'a pas créés, une loi qu'il n'a pas faite.

Telles sont les limites de la dictature la plus justifiée par les circonstances. L'Etat pour cause de salut public, ne peut tuer ni spolier soit une caste, soit un parti, soit une race, soit une secte, soit même un individu. Ce serait détruire des droits qu'il lui est seulement permis de mettre à contribution.

Appliquant ces idées à l'histoire, on flétrirait sans réserve la Saint-Barthélemy et les Dragonnades, la persécution des Albigeois, des Templiers, des Juifs, des Maures, des Jansénistes, des Jésuites d'Espagne. — Et dans le régime qui s'est appelé la *Terreur,* on distinguerait entre des mesures telles que la levée en masse, l'emprunt forcé, les réquisitions, etc., et de purs forfaits, comme les journées de septembre, la loi des suspects, et même, à un degré inférieur, la loi du *maximum*.

L'État n'a qu'une manière de prendre aux hommes leur vie et leur liberté : la manière juridique. Il n'en a qu'un sujet : l'expiation. Encore ne doit-il user que des lois et des juridictions préexistantes. C'est le propre des pays de l'Occident que les façons judiciaires envers la vie et la Liberté. M. de Maistre relève avec raison cette différence entre la Turquie et l'ancien régime (1). Mais si vous faites des lois et des juges de circonstance, vous faites au fond comme en Orient, avec l'hypocrisie de plus.

En dehors des saines conditions juridiques, lorsque l'État prend aux hommes ou leur vie ou leur liberté ou leur fortune, il commet un crime. Une preuve entre autres qu'il y a crime, c'est que l'Individu lui-même ne peut se dessaisir de ses droits, tant ils font partie de son essence! La loi civile (celle par parenthèse où le caractère du législateur a toute son autorité, tout son désintéressement) tient pour nuls tous les contrats immoraux, et ce qu'elle répute immoral, c'est l'aliénation de certains droits individuels. Vous ne pouvez trafiquer de votre liberté, de votre honneur, de votre vie, du droit d'hériter de votre père. Comment le législateur pourrait-il prendre aux hommes ce dont il leur défend

(1) Le PAPE, t. II, p. 190.

l'abdication, et commettre par la confiscation, par l'asservissement, par la proscription, l'attentat qu'il leur interdit sur eux-mêmes?

Ne dites pas que le salut de l'État est la loi suprême et que la fin justifie les moyens. Cette maxime est doublement impie ; elle viole la loi de Dieu et usurpe sa prescience. Qui vous dit que de votre crime va renaître la paix publique, l'indépendance du pays, l'unité de religion? La suite et la portée de vos actes vous échappent. C'est le secret de la Providence que l'appropriation des moyens au but. Vous ne savez qu'une chose, c'est que tuer et spolier sont des crimes ; et cette science, la seule dont vous soyez sûr, parce que vous ne l'avez pas faite, doit être la règle et la borne de votre conduite.

Ainsi point de malentendu sur ce point capital.

L'État fait des choses étrangères à la morale, comme agent du bien public. Il ne sanctionne pas toute la morale, comme législateur. Il a ses raisons, nous les avons dites, pour en user ainsi ; il ne saurait en avoir pour violer la morale. Cette loi régit absolument les sociétés comme les Individus : la souveraineté est là et non ailleurs : de même que la justice n'appartient pas au juge, la souveraineté n'appartient ni aux dynasties ni aux démocraties. La loi morale prime tout : ce que signifie de nos jours, la division, inconnue à l'antiquité, du spirituel et du temporel.

En résumé, faire le bien entre nécessairement dans

les attributions de l'État, tout comme empêcher le mal.

Le moyen de lui refuser cette attribution, c'est d'expliquer le droit de l'État par le droit des Individus : mais cette solution excluant aussi bien le droit de punir, le droit de régler les successions, etc., ne tient pas devant de telles conséquences.

Pour atteindre l'État tout entier, il faut s'élever jusqu'à la loi morale, jusqu'à l'intérêt public : à cette hauteur on embrasse toute la variété de ses œuvres, y compris celle du Progrès. On distingue parmi ses devoirs, et non comme son devoir unique, le maintien de l'ordre. On aperçoit au-dessus de tout la loi morale planant ou plutôt pesant sur le personnage.

Encore un mot. Quand même l'État, dépourvu de toute initiative, serait uniquement le gardien de l'ordre, il aurait à grandir dans une société progressive ; car le Progrès est une complication, quelquefois même une perturbation.

Les Grammaires ne font pas les langues, et n'entrent pour rien dans le progrès des idiomes. Cependant la grammaire d'une langue qui s'enrichit, finit par s'enrichir à son tour — à chaque chose sa dicipline, qui se développe comme les choses elles-mêmes.

SECTION DEUXIÈME

Le Progrès s'opère de lui-même dans les masses.

Nous avons vu quelle est la voie du Progrès en général : la société n'y peut faire un pas dont il n'y ait trace dans ses lois et dans ses finances, et qui ne fasse jaillir quelque source nouvelle d'actes et d'attributs pour la puissance publique.

A l'égard du Progrès moral, dire que la conscience, véritable principe des réformes, suffit à les maintenir, à les introduire dans une société, c'est oublier que cette lumière n'a jamais servi pour l'observance du précepte le moins problématique, celui qui réprouve le vol : c'est perdre de vue la résistance des minorités ineptes ou égoïstes, qui n'a jamais manqué aux meilleures choses, aux plus consenties, aux plus invoquées par la conscience publique.

Mais il y a sous cette objection une théorie qu'il faut approfondir, celle du Progrès spontané, anonyme, mûrissant et s'élaborant de lui-même au plus profond des masses, gagnant de là le reste de la société, et qui n'a que faire dès-lors de l'assistance du gouvernement, ni pour éclore, ni pour se répandre et s'imposer.

Cette théorie, qu'on retrouve un peu partout, qui est en égale faveur auprès des esprits les plus divers, les plus antipathiques même, a quelque chose qui confond l'entendement.

L'incroyable opération que cet avancement, cette exaltation des facultés et des connaissances humaines, parmi des existences et des intelligences condamnées au souci du gagne-pain, et à la disgrâce, j'allais dire à l'abrutissement immérité des travaux manuels!

Quoi! le perfectionnement de la loi morale pourrait être conçu et promulgué au sein de ces masses inertes et infécondes, à peine soucieuses, à peine intelligentes des préceptes les plus élementaires de cette loi!

C'est plus que de l'hypothèse, c'est du mystère.

La vérité est que les hommes sont inégaux en tendances, en aptitudes, en facultés; d'où il suit naturellement que certains d'entre eux sont les premiers, de par leur génie et leur vertu, à concevoir les notions et les sentiments qui sont le Progrès. Tantôt, ces hommes de choix, les mieux doués, les premiers éclairés, sont des hommes d'État ou des monarques: ils s'appellent saint Louis, L'Hôpital, Henri IV, Turgot; alors, ils imposent le Progrès. Tantôt simples particuliers tels que Vincent de Paule et Vilberforce, ils se contentent de le persuader. Dans un cas comme dans l'autre, le Progrès, notons-le bien, procède non de tous, mais de quelques-uns; non des masses, mais des Individus; avec cette conséquence, que le Progrès a besoin d'être au moins adopté par l'État pour avoir raison de la foule arriérée et dissidente.

Ajoutons que sous un régime politique qui distingue et porte au pouvoir les individus les plus éminents, c'est la condition du Progrès, d'être non-seulement adopté, mais promu, inventé par le pouvoir, et que l'influence des lois sur les mœurs devient l'état naturel de la société, et le principe véritable de son avancement.

Mais le Progrès, en politique surtout, n'a-t-il pas été souvent conçu par les masses et imposé par leur révolte?

Non, vraiment : il ne leur est pas donné de se faire justice, réduites à elles-mêmes; elles n'y parviennent que moyennant le concours et sous la conduite des forces intelligentes qui occupent le haut de la société. Incapables de gouvernement jusqu'à ce jour, elles sont incapables même de révolution. A aucune époque ce qui s'accomplit de plus favorable au peuple, ne fut sa conquête. Prendra-t-on par hasard pour choses d'origine populaire la diffusion du christianisme, le protestantisme, la révolution de 89 ou même telle révolution plus récente? Ce serait une façon particulière de lire l'histoire. La souffrance, le droit, le nombre même ne suffisent pas pour redresser l'état social le plus vicieux : il y faut l'intelligence qui invente une conduite et des institutions; il y faut surtout les supériorités anciennes et toutes faites qui seules obtiennent l'obéissance des hommes, et qui apportent dans une entreprise la discipline, la hiérarchie. L'aventure de Mazaniello est le lieu commun de l'histoire.

Où l'on voit combien l'intelligence est indispensable à la force et au droit, c'est dans l'histoire des premières années de la réforme protestante. Accueillie par les grands, la classe éclairée de cette époque, elle triomphe avec Luther; repoussée par eux, elle succombe avec Muncer l'anabaptiste. Les griefs de la Jacquerie étaient fondés : mais la Jacquerie n'avait pas les instruments nécessaires et pour ainsi dire le personnel des révolutions; elle échoua dès les premiers pas.

Ainsi le Progrès politique n'est pas plus conquis par les masses que le Progrès moral ne leur est acquis par un développement spontané et privilégié de la conscience humaine.

SECTION TROISIÈME

Le Progrès est l'œuvre des classes élevées.

Si le Progrès n'est pas l'œuvre des masses, il ne s'en suit pas qu'il soit par cela même l'œuvre des Gouvernements. Tout n'est pas peuple ou autorités constituées, force officielle ou force aveugle. Nous l'avons reconnu : il y a des classes douées de réflexion, d'indépendance, de lumières, dont le concours est nécessaire aux griefs du peuple le plus opprimé. N'est-ce point parmi elles que le Progrès s'élabore? Il y a des forces, comme les mœurs, l'honneur, la religion, le climat, le ridicule, l'opinion. N'est-ce point là qu'est la sève et l'impulsion d'une Société, ce qui constitue sa vie morale et suffit à son avancement? Dès qu'on admet la puissance des idées, on reconnaît par cela même l'ascendant des classes supérieures. Les idées pourraient-elles naître ailleurs? Où s'inquiéterait-on par exemple de la Science et de la Liberté, si ce n'est là où sont déjà les autres biens de la vie (1)?

(1) En France, les nouveautés religieuses et politiques eurent pour elles tout d'abord la plus haute aristocratie. Au seizième siècle, les chefs protestants s'appelaient Bourbon, Chatillon, Bouillon, Rohan. Quant

Nous voudrions, à ce sujet qui en vaut la peine, expliquer et surtout limiter clairement notre opinion. Nous n'attribuons pas à l'État l'initiative nécessaire et constante du Progrès. Nous croyons seulement que le Progrès ne peut être exécuté que par l'État; que la puissance de l'opinion ne peut se passer ici de la puissance publique; que la traite des noirs eut persisté, quoique flétrie moralement, si le second Pitt ne fut venu en aide à Vilberforce; que le Progrès peut bien être au début une conception, une propagande privée, mais qu'il devient affaire d'État au dénouement pour avoir raison des intérêts ou des passions arriérées et hostiles.

Cela revient à dire que la force est nécessaire au droit. Ce n'est pas que le droit, à lui tout seul, ne soit une puissance : il y a une affinité naturelle entre l'esprit de l'homme et la vérité. Mais l'homme n'est pas seulement une conscience avertie du juste et du vrai ; c'est en même temps une force qui s'appartient à elle-même et qui peut refuser son obéissance, si ce n'est son assentiment à la vérité même. L'homme est perfectible, mais il est libre, ce qui maintient la force parmi les moyens de son éducation et de son perfectionnement. C'est en quoi le Progrès relève du Gouvernement, celui-ci apportant au droit et à l'opinion la force voulue pour réduire les

à l'Encyclopédie, il serait trop long de nommer tout ce qu'elle eut d'adeptes en bon lieu. Il n'y manquait que le roi : encore était-ce Louis XV. — La tradition nobiliaire est le Libéralisme.

On pourrait ajouter à ces exemples le travail d'idées politiques et sociales que firent les Doctrinaires et les Saint-Simoniens.

Le peuple est progressif à sa manière, autant qu'il est en lui. Jamais il ne cria *viva el rey netto*, comme telle populace antique ou moderne, toujours méridionale.

multitudes ou les oligarchies rebelles à l'amélioration.

Le rôle de l'État, lors même qu'il ne va pas jusqu'à l'initiative, demeure considérable. Il n'y a qu'à voir comment il s'est mêlé en France à la question des chemins de fer, subventionnant les compagnies, annulant le mauvais vouloir des propriétaires, stipulant dans les statuts pour le public actionnaire, dans le cahier des charges pour le public voyageur, dans la lòi de concession pour la communauté tout entière. Prévenir l'abus du Progrès, briser l'obstacle sur sa route, lui prêter aide et faveur, tel est le personnage de l'État, en dehors même de ce qui peut s'appeler création et direction.

Nous admettons pleinement la puissance des mœurs, en ce sens que les lois ne sauraient imposer ni improviser ce que les mœurs réprouvent. Mais il est également sûr que les mœurs ont un empire limité et précaire, si le législateur ne transforme leur force persuasive en force impérative. — C'est dans le domaine de la production qu'on peut bien juger de la puissance respective des lois et des mœurs. Quelles lois ne se briseraient pas à vouloir faire de l'État un producteur universel? en même temps, quelles mœurs suffiraient à modérer le travail des enfants, à pallier les crises d'industrie, à libérer les nègres?

Ce qui résiste ici sous le nom de mœurs, c'est la nature des choses et de l'hmanité. Mais quelquefois la puissance des mœurs n'est que celle des lois anciennes, un simple débat entre le passé et le présent ou l'arbitre naturel est l'État.

Ce qu'on révoque en doute le plus volontiers, c'est l'efficacité des lois politiques. Il faut convenir qu'on les a vues plus d'une fois créer des pouvoirs sans capacité, des mécanismes morts-nés, des peines où manquait le délit. Rien n'a plus contribué à répandre l'idée d'une impuissance générale des lois. Cependant, quand le législateur ne fait qu'imposer des devoirs nouveaux à l'État ou aux Individus, s'adressant à la conscience universelle, employant des ressorts éprouvés, on ne voit pas clairement par où la puissance peut lui manquer.

Pour plus de lumière, il faut supposer de bonnes lois, tendant à réformer des mœurs mauvaises, l'ivrognerie, l'agiotage, la vendetta, les préjugés de couleur ou de religion. Il est certain que ces mœurs trouveraient un appui dans leur durée, ces lois un obstacle dans leur nouveauté. Ici le temps fait quelque chose à l'affaire. L'impromptu, l'absolu ne sont pas de ce monde. « La « nature, dit Bonnet, dans ses *Considérations sur les* « *corps organisés*, ne va point par sauts. Tout a sa « raison suffisante ou sa cause prochaine et immédiate. « L'État actuel d'un corps est la suite ou le produit de « son état antécédent : ou pour parler plus juste « l'état actuel d'un corps est déterminé par son état « antécédent. »

On peut croire que la société n'est pas gouvernée autrement que la nature, et que les deux sphères destinées au même habitant, ont les mêmes lois. La meilleure loi humaine doit donc se rattacher à quelque chose de préexistant, ou, si cela lui manque, user sobrement de contrainte, de pénalités, et ne pas aller dès l'abord à toutes ses applications, se contentant d'être elle-même, à l'usage des lois à venir, un précédent. Cette façon est celle que le progrès le plus rationnel doit subir : elle s'impose à toute œuvre humaine. Rien n'y échappe de ce qui paraît parmi les hommes, même avec un caractère manifestement divin, ni les révolutions, ni les révélations. Ce qu'elles apportent, ce qu'elles enseignent ne laisse pas que de s'appuyer sur des précédents, sur des préparations, et s'avance pas à pas vers les hommes.

Après tout, l'influence des mœurs doit baisser ; celle des lois est destinée à grandir.

La force des lois est en partie une force morale. L'estime portée au législateur entre pour beaucoup dans l'obéissance obtenue par les lois. Tant vaut le Gouvernement, tant prévaut la règle qu'il impose. On sait que le duel, défendu par Richelieu et par Louis XIV, en était devenu fort rare. Il en est de même ici que dans l'éducation, où la fortune du précepte tient au mérite de l'instituteur, au dégré de confiance, d'ascendant, de prestige qu'il a su conquérir. Comme l'autorité morale appartient essentiellement aux lois d'un peuple libre, parce qu'elles sont l'expression d'un sentiment général et l'œuvre d'une élite, comme la Liberté est de nos jours la condition à laquelle s'élèvent les peuples, l'influence croissante des lois parmi les sociétés modernes ne peut guère être mise en doute.

Quant aux mœurs, elles n'ont toute leur force qu'autant qu'elles procèdent d'une inspiration suprême, d'un fonds unique, la religion par exemple. Là, du moins est le secret des persistances les plus invincibles à la loi, dont l'histoire ait gardé le souvenir.

Mais la civilisation apporte au monde des choses telles que la Science, la Liberté, la Patrie, l'Honneur, qui viennent partager la somme de foi et le respect départis à l'esprit humain. Elle provoque d'ailleurs toutes les renaissances d'art, de droit civil, d'industrie, de commerce. — Les mœurs y perdent une puissance que gagnent les lois. Évidemment les lois ont plus de prise sur une société sollicitée par des forces diverses, que sur celle qui appartient tout entière à une seule force. *Divise pour régner*, dit un proverbe célèbre. C'est que la division produit justement cette diversité qui est inhérente au Progrès.

Henri VIII d'Angleterre put abolir la puissance du pape dans son royaume : Henri II, le meurtrier de Becket, l'avait subie et avait fait pénitence publique de son crime. Charles VII put régler à sa volonté, au concile de Bourges, les affaires religieuses de son royaume: une entreprise où tel de ces prédécesseurs eût peut-être laissé sa couronne. Lorsque l'Etat se déploya de la sorte, la société était arrivée au démembrement, c'est-à-dire à l'affaiblissement de la foi unique dont elle était possédée au moyen-âge.

Ainsi il est dans le cours naturel des choses que les mœurs laissent échapper le principal ressort de leur ascendant, et que les lois acquièrent un nouvel élément de puissance. Ce double fait a une seule et même cause, le développement de la raison, laquelle ne cesse d'améliorer le législateur et de miner les influences à base surnaturelle.

SECTION QUATRIÈME

Lors même que l'État est l'agent du Progrès, il n'y acquiert aucune force.

Cette objection peut s'exprimer ainsi :

Il est clair que les abus ne tombent pas d'eux-mêmes : la loi qui les consacre veut être abrogée par une autre loi. Il y a donc en toute réforme une façon qui ne peut être que de la main de l'État. Mais de ce que le Progrès est toujours en ce sens un acte de gouvernement, s'ensuit-il que le Progrès ait pour condition nécessaire, soit avant, soit après, la corroboration du gouvernement ? Cela n'est pas évident. Là par exemple où la torture est en usage, il n'y a que le gouvernement pour l'abolir ; mais on ne voit pas que pour cela le gouvernement ait besoin d'une extension préalable de ses pouvoirs et de sa compétence, ni que, cela fait, il acquerre ultérieurement cette extension. Il fait acte de son autorité, ni plus ni moins, laquelle, l'acte consommé, demeure la même qu'auparavant.

Cette difficulté n'est qu'apparente. Il faut distinguer entre le Progrès qui se borne à détruire et celui qui consiste à édifier. Le premier s'accomplit avec la force préexistante entre les mains de l'État : le second ne peut s'opérer qu'au moyen d'une force nouvelle conférée à l'État. D'un décret on abolit les lettres de cachet, l'inquisition; mais il faut de nouveaux services publics pour substituer l'instruction primaire à l'inculture du peuple, le régime protecteur au libre échange, une église salariée et disciplinée à une église propriétaire et indépendante. Autre chose est de détruire un abus ou de fonder un régime — d'abolir ce qui est, à quoi la force, une seule fois exercée, suffit — ou de le remplacer, ce qui est l'œuvre d'une force continue, nouvelle et supérieure.

Or, il est rare que le Progrès opère simplement par voie de destruction. Comme le passé a des droits, le Progrès est presque toujours un compromis entre l'élément ancien et l'élément nouveau, un composé de tradition et de raison. Comme rien ne dure pour ses vices seulement, plus une chose a duré, plus il est nécessaire qu'elle renaisse dans un équivalent. Si le Progrès n'était que destruction, il ne resterait rien de l'humanité, à l'heure qu'il est.

La Continuité n'est pas une loi moins certaine que le Progrès : on n'ensevelit point le passé. Chaque siècle reproduit en les perfectionnant les caractères du siècle antérieur. Cette loi pourrait bien être celle de l'univers, et les sciences naturelles nous offrent ici de curieuses analogies. Elles constatent que les espèces et les époques inférieures se retrouvent dans les espèces et dans les époques supérieures, mais seulement comme point de départ, comme rudiment (1). — La matière première du Progrès est le passé. Dans l'évolution du Progrès humain, la part faite à la nouveauté est plus ou moins grande selon les peuples. Certains en usent très sobrement. *Il n'y a pas eu un moment*, dit M. Macaulay, *où l'élément ancien ne l'emportât sur l'élément nouveau dans la constitution anglaise.* Mais il n'est pas donné aux sociétés les plus novatrices d'abolir le passé : à travers des révolutions traitées parfois de cataclysmes, il se laisse apercevoir, il se fait même péniblement sentir.

En somme, l'œuvre de destruction ne tient pas la place qu'on pourrait croire parmi les moyens du Progrès. Rien ne s'éternise sans doute, mais rien ne périt non plus : tout se transforme. — Dans cette transformation, l'État perd quelques-unes de ses attributions avec les choses qui disparaissent, mais il en acquiert de nouvelles et de plus considérables avec les choses qui se révèlent : les intérêts et la conscience d'une société qui s'améliore, sont une toute autre matière à gouvernement que des intérêts oligarchiques et des consciences barbares. l'État n'est-il pas d'ailleurs l'arbitre de la transaction entre le passé et le présent, le créateur de ces équivalents que le présent doit au passé ?

(1) Les animaux actuels à l'état embryonaire, reproduisent les animaux fossiles à l'état adulte et parfait (AGASSIZ). Dans chaque espèce, le fœtus reproduit tout le développement de l'animalité inférieure (BARCHOU DE PENHOEN).

SECTION CINQUIÈME

La Civilisation améliorant les hommes réduit par cela même la place et le rôle des Gouvernements. — Opinion de M. Guizot.

Je lis ces paroles dans l'*Histoire de la Civilisation moderne* :

« C'est aujourd'hui une remarque vulgaire qu'à me-
« sure que la civilisatiou et la raison font des progrès,
« cette classe de faits sociaux qui sont étrangers à toute
« nécessite extérieure, à l'action de tout pouvoir public,
« devient de jour en jour plus large et plus riche. La
« société non gouvernée, la société qui subsiste par le
« libre développement de l'intelligence et de la volonté
« humaine, va toujours s'étendant à mesure que l'homme
« se perfectionne. Elle devient de plus en plus le fonds
« social. »

Essayons de commenter ces vues, l'histoire à la main.

Il ne peut être contesté que de saint Louis à Henri IV la société française a changé de face. Quels progrès de la raison publique, durant ces trois siècles ! avec quels fruits d'ordre et de richesse, avec quelle efflorescence des choses d'art et d'esprit! mais en même temps, il faut le reconnaître, que d'applications nouvelles de gouvernement!

Qu'on se figure Beaumanoir reparaissant au XVIe siècle, et jetant un coup d'œil sur cette société qu'il avait laissée informe et ténébreuse. Certes, il eut admiré des villes plus peuplées et plus ornées, l'état meilleur des routes et des campagnes, la guerre plus savante, le commerce plus actif, les esprits plus avisés et plus curieux, la complication et la variété survenus dans les rapports des hommes, la délicatesse de leurs plaisirs, et surtout tant de sécurité, de force, de jouissance inconnues à ses contemporains. Mais, à voir marcher cette société, il eut frémi de retrouver sous la discipline de l'État tant de choses dont le noble du XIIIe siècle usait librement, souverainement.

Nous prions bien qu'on le remarque : Il n'est plus question du progrès qui mit le gouvernement aux mains de la royauté, mais de celui qui étendit le gouvernement (royal ou non, peu importe ici), à des choses jusques-là non gouvernées, aux querelles privées, aux démêlés du plaideur avec le juge, à la poursuite des délits, à la levée et au commandement des troupes, à la capacité du juge — qui dit au baron : Tu ne feras plus la guerre à ton voisin. Tu ne provoqueras plus ton juge. Tu n'appliqueras plus la loi, si tu ne la sais pas. Tu ne leveras plus de troupes. Tu ne naîtras plus capitaine. — Qui créa les parlements, les compagnies d'ordonnance, le ministère public, la commission de capitaine, le noviciat du bailli ; mettant ainsi des services publics et des règlements là où se déployaient, à titre de droits individuels et illimités, la guerre privée, le commandement militaire, le gage de bataille, la juridiction.

Ici les lois prennent à la noblesse, non-seulement ses pouvoirs, mais ses libertés. Il ne s'agit plus d'une souveraineté éparse qui se concentre, mais d'une souveraineté étroite qui se dilate, acquérant de nouveaux objets plutôt que des sujets nouveaux. L'étendue comme l'unité viennent à ce Gouvernement.

Nous nous sommes arrêtés au seizième siècle pour contempler ce développement de l'État et de la société : Grand siècle en effet où tant de choses nouvelles eurent pour les comprendre, François 1er, l'Hôpital, Henri IV, où il se fit comme un dénouement et une élévation de l'humanité. Mais le Progrès survit à cette époque, et même avec des caractères, avec un train tout particuliers. — On peut dire que jusqu'alors, à quelques nuances près, le Gouvernement avait suivi pas à pas la société. Au dix-septième siècle autre spectacle. C'est le gouvernement qui la devance et l'entraîne. De nouveaux faits lui apparaissant, les faits de l'ordre économique et intellectuels, il les stimule de toute son énergie. Il leur prodigue l'encouragement sous toutes les formes connues ou inconnues : règlements, types, subventions, primes, monopoles, honneurs même. N'y a-t-il là simplement que l'action d'un homme, la politique d'un règne, un accident sans racines et sans traces? Non, vraiment; le Progrès pénètre le fond même de la société, il s'y établit par une création incessante, par une effusion infatigable de règlements et de services publics. Jamais, le pouvoir social ne se détailla, ne s'épanouit comme il fit à cette époque et à cette œuvre. On dit que Michel-Ange attaquait avec furie le marbre qui lui cachait sa statue : ainsi tombèrent les enveloppes du moyen-âge sous l'effort répété des hommes d'État du dix-septième siècle. Une France nouvelle sortit de leurs mains; et quand le plus grand des historiens anglais la contemple en cet état, il ne peut se défendre de la comparer aux armes romaines, aux lettres et à la politesse d'Athènes (1).

Au dix-septième siècle où la société prend une splendeur et une force inouïes, nous venons de voir l'État s'élever à ses plus hautes proportions : quelques siècles plus tôt, nous assistions à l'œuvre laborieuse de son enfantement.

Car l'État ne paraît pas dans la société, comme la lumière sur le chaos. C'est la formation d'un organe, lente comme la croissance de l'être collectif auquel il appartient. Notre passé a des époques ténébreuses où toutes les fonctions sont confuses, de même que tous les droits sont latents et inarticulés. La Civilisation se fait en évoquant l'un après l'autre les éléments implicites de la puissance publique qui dormaient pêle-mêle dans la substance informe et dans le titre indéfini de la royauté.

Elle met au jour ce qui était enfoui : en saillie ce qui était agrégé : en vigueur ce qui était virtuel. Sous ce travail incessant, vous voyez peu à peu l'État se séparer

(1) Voir l'*Histoire d'Angleterre*, par M. Macaulay.

de l'Église, la force publique se constituer en dehors des castes, le fisc se démembrer de la justice, la justice elle-même se diviser en poursuites et en jugements, le commercial s'abstraire du civil, le notariat sortir des greffes, enfin, l'administration se personnifier dans les intendances et se fonder en dehors de la judicature. Discernement, débrouillement partout. Anaxagore raconte ainsi la création : « Toutes les choses étaient ensemble, l'intelligence les divisa et les arrangea. » L'esprit de la Civilisation n'en use pas autrement. Voyez notre histoire : les règnes se suivent et se ressemblent par une production ininterrompue de gouvernement. Ce ne sont, d'âge en âge, que lois et autorités, que règlements et fonctions, à l'usage, à l'appel d'une société qui entre dans de nouvelles manières de sentir et d'agir. La machine administrative se construit pièce à pièce, acquérant chaque jour de nouveaux engins pour des nécessités nouvelles, et s'armant de plus de force contre plus de résistance.

Il serait sans fin de suivre pas à pas, et de justifier en détail ce mouvement parallèle de la société et de la législation française. On ne l'essaiera pas. On croit d'ailleurs faire allusion en tout ceci à choses connues et admises, qu'il suffit d'indiquer en passant. Contentons-nous d'un exemple pour montrer comment en général les règlements naissent d'un besoin de la société, ce besoin naissant lui-même du développement qu'elle a pris. Le cas le plus humble sera le plus significatif. Comment douter d'une loi qui paraît jusque dans les petites choses ?

Une ordonnace de 1578 établit des dépositaires *publics* des deniers de justice : quelque chose d'analogue à ce qui s'appelle aujourd'hui la caisse des dépôts et consignations. Il y avait lieu vraiment d'en venir là. *Les particuliers désignés pour la garde des deniers en faisaient infinies exactions*, ainsi que nous l'apprend avec de curieux détails le préambule de l'ordonnance.

Le fait et le motif de cette institution montrent deux choses — d'abord, que la société en était venue à ce mouvement d'affaires et de relations, assez compliqué, assez intrigué en quelque sorte, où il y a lieu, de par justice, à déposer des deniers. — Ensuite, lieu que ce développement de la société avait suscité des abus, et quelque chose de fort approchant du vol.

Ainsi, nous voyons se développer dans un seul fait et en trois temps, la société, le méfait, l'État, ce qui est la série naturelle des choses (1).

(1) Le préambule de l'ordonnance de 1578 vaut la peine d'être connu, comme témoignage des mœurs d'une époque.

« Des abus de toute espèce se commettent journellement au maniement des deniers mis en garde ou dépôt par ordonnance des juges. Les personnes désignées pour la garde des deniers font infinies exactions. Quelquefois les deniers sont consignés entre les mains des marchands, lesquels sont la plupart parents et alliés de nos juges et officiers, par lesquels, au cas que les parties ne condescendent à leur payer ce qu'ils veulent exiger d'eux, se font faire taxes excessives pour leur garde, trafiquant desdits deniers avec nos officiers, ou bien les baillant à profit ou intérêt, s'assurant que nos officiers feront prolonger les procès le plus qu'ils pourront, pour cependant *eux aider desdits deniers;* il advient, le plus souvent, que lorsque les dépositaires sont condamnés à vider leurs mains desdits deniers, nos sujets co-litigeants sont contraints de faire procéder par saisie et emprisonnement leurs personnes et biens ; pendant lesquelles poursuites on a vu arriver que les marchands ont fait cession de biens et s'en sont fui avec les deniers, ou les ayant prêtés, les ont si mal assurés qu'il

Cela peut s'exprimer ainsi : — les services publics se multiplient en raison directe de deux faits généraux, qui sont : la division du travail, la densité de la population. On mesure la Civilisation à l'aide de ces faits, comme le calorique avec un thermomètre. Églises, écoles, hôpitaux, banques, théâtres, toutes choses qui la constituent, ont cette particularité de s'offrir ou de se refuser aux hommes selon la manière plus ou moins compacte dont ils se groupent, plus ou moins ramifiée dont ils s'occupent. Or, plus il y a dans un pays de Civilisation reconnaissable à ces marques, plus il s'y déploie de Gouvernement. Rien n'en fait plus sentir le besoin que l'essor des populations urbaines, sujettes à fermentation comme tout ce qui est entassé, et à corruption comme tout ce qui a fermenté.

Qu'une société progressive porte plus de gouvernement, ceci ne peut passer pour une disgrâce. La grandeur, la dignité de l'Individu n'en souffrent nullement. S'il est sujet à plus de discipline, c'est qu'il y donne prise par plus d'expansion et d'activité : il ne rencontre de nouvelles barrières que parce qu'il est entré dans de nouveaux espaces. Absolument parlant, le monde est plus gouverné qu'autrefois, par le fait de la Civilisation. Il l'est moins relativement à la vie supérieure dont il s'est enrichi. La main de l'État s'est étendue, s'est appesantie ; mais la vie de l'homme a pris encore plus de développement qu'elle n'a senti de règlement. Dans

n'y a moyen de part ni d'autre d'en pouvoir tirer quelquefois la moitié. »

cette existence agrandie et dilatée, le Gouvernement, quoique plus considérable, tient moins de place. Tout comme un Individu peut être d'un jour à l'autre plus endetté et néanmoins plus riche, s'il a acquis dans cet intervalle encore plus de richesse qu'il n'a contracté de dettes; de même il peut être à la fois plus gouverné et plus puissant. Il suffit pour cela que les faits nouveaux survenus dans la société y répandent encore plus de vie qu'ils ne suscitent de gouvernement. Ce compte est aisé à faire : quand l'État autorise des expropriations, fixe des tarifs, et se réserve un pouvoir de contrôle, il acquiert là sans doute un surcroît d'importance. Mais la police des chemins de fer vaut elle pour l'État ce que valent pour la société les chemins de fer eux-mêmes ? il n'en est pas autrement ailleurs. Il faut donc tenir pour vérité ces paroles au moins du passage que l'on a cité plus haut de *l'Histoire de la Civilisation moderne*. « La société non gouvernée, la société qui subsiste par « le libre développement de l'intelligence et de la vo- « lonté humaine, va toujours s'étendant à mesure que « l'homme se perfectionne. »

Le rapport que nous avons reconnu entre le développement de l'État et celui de la Civilisation, n'en subsiste pas moins. Il demeure vrai de dire que le nombre des faits gouvernés augmente en vertu du Progrès.

Il y en a deux raisons :

D'abord, c'est le fait de la Civilisation d'abolir les puissances privées et de les remplacer tout aussitôt par la puissance publique, l'homme n'étant pas fait pour l'indépendance absolue. De là, une application signalée du gouvernement à des faits qui jusqu'alors étaient libres ou régis par le bon plaisir de quelque domination particulière.

En second lieu, sous l'influence du Progrès, les faits se multiplient : mais comme ces faits sont des actes et des rapports humaines, il comportent une limite, celle du droit qui appartient à tout homme : c'est l'Etat qui leur montre et leur impose cette limite.

Mais quoi ! les hommes ne deviennent-ils pas meilleurs par la grâce du Progrès ? Assurément. Meilleurs, ont-ils donc besoin d'être autant gouvernés, c'est-à-dire contraints, que s'ils en étaient restés à la barbarie ? Tout autant : parce que le Progrès ne se fait, pas seulement dans l'homme, mais autour de l'homme, avec mille tentations à l'adresse de cette créature am élio rée.

« Chez un peuple qui a de la monnaie, dit Montes-
« quieu, de bonnes lois civiles sont nécessaires. Elles
« naissent avec les nouveaux moyens et les diverses
« occasions d'être méchant. »

Mais alors, quelle qualité de lois ne faut-il pas chez un peuple qui pratique la monnaie de papier, le crédit, l'association des capitaux, les machines, l'industrie agglomérée, la concurrence universelle ? où le pouvoir d'ailleurs est au concours aussi bien que la richesse ? Que d'occasions, que de moyens de mal faire ! Ici la qualité des lois n'est autre chose que leur force. Comment l'État, qui a charge de la m rale et de la sécurité publiques, laisserait-il régner en paix la banqueroute, le monopole, l'escroquerie, l'oppression sous toutes ses formes? Tout cela est l'inconvénient et l'imperfection des procédés le plus naturels à une société progressive. Il y a deux mille ans qu'on l'a remarqué : il faut moitié plus de lois à un peuple commerçant qu'à un peuple purement agricole (1).

Plus de commerce comporte plus de cupidité. Des pouvoirs plus mobiles suscitent plus d'ambition. Ajoutez que la littérature, dans la liberté supérieure que lui laisse une Civilisation ascendante, ne se fera pas faute sûrement de peindre et d'exalter ses vices, ou même d'en allumer d'autres... et vous aurez quelque idée des répressions nécessaires qui naissent sous les pas du Progrès.

Le spectacle de grandes fortunes politiques ou pécuniaires, improvisées, étalées, n'est pas sans corruption. Nous puisons à bonne source ce fait vraiment prodigieux : Le notariat envoie annuellement un de ses membres sur 450, devant les cours d'assises, tandis que la population de Paris, la plus dépravée de toutes, ne fournit qu'un accusé sur 1,443 habitants (1).

Ainsi, le besoin physique dans des natures brutales, n'est pas aujourd'hui la plus grande source du méfait. D'autres besoins, avec moins d'excuse, conduisent au crime. D'autres moyens que la violence, plus faciles et par cela même plus tentants, servent à le commettre.

(1) Platon, tome VIII; *Œuvres complètes* de M. Cousin, liv. VIII, Des Lois.

(1) *De la Repression pénale*, par M. Berenger de la Drôme, t. II, page 170. — Voir dans le même livre pour l'influence de l'âge, du sexe, de la saison, du climat sur la criminalité, le tome II, pages 140, 170 et suivantes.

Or, ces besoins et ces moyens sont justement ceux que la Civilisation développe. Au surplus, il faut le dire tout net : si le Progrès est *un accroissement de vie*, il est par cela même un accroissement de crimes. Toute surabondance de la sève humaine doit paraître dans le mal comme dans le bien. Nous savons, à n'en pas douter, que le crime appartient surtout au sexe, à l'âge, à la saison, au climat, où la vie a le plus d'ardeur et de puissance. Comment cette cause n'aurait-elle pas son effet sur les époques progressives? Supérieures qu'elles sont en vitalité, elles doivent l'être par cela même en criminalité.

Le bien l'emporte sur le mal dans cette activité croissante qui vient aux hommes, mais moyennant que le poids des disciplines réponde à l'audace et à l'exubérance des forces. Tout comme la vie humaine acquiert dans les temps modernes une durée supérieure, mai- avec des maladies nouvelles, d'où sont nées de nous velles applications de l'art médical, de même la société ne s'améliore qu'au prix de certaines dépravations qui sont matière à un surcroît du gouvernement (1).

Il faut voir d'ailleurs jusqu'à quel point il est donné à l'homme de s'améliorer.

L'Individu n'est pas plus vertueux par la grâce du

(1) S'il est vrai que les maladies changent suivant les climats, il n'est pas moins vrai que les siècles aussi présentent de grandes différences dans leur physionomie pathologique, et que certaines affections s'en vont, tandis que de nouvelles apparaissent sur la scène du monde. HIPPOCRATE traduction par M. Littré, tome I, Introduction, page 476.)

Progrès, c'est-à-dire plus apte au sacrifice et au dévouement. Il est simplement plus moral pour être né à une époque plus avancée de l'éducation du monde. L'humanité, à force de voir certaines choses défendues et châtiées, les tient pour mauvaises. Elle devient plus régulière en présence d'une règle consacrée par une sanction immémoriale et par une répression de plus en plus infaillible. On ne voit pas vraiment ce que l'homme aurait au-dessus de la brute, s'il ne portait en lui le pouvoir de s'améliorer, de s'éclairer à ce spectacle. Chaque génération se trouve appelée par là à valoir mieux, ou plutôt à se conduire mieux que ses devancières. L'homme de nos jours, dès ses premiers pas dans le monde, y est témoin de certaines réprobations professées par les lois et par les mœurs, par les philosophies et par les religions, dans le monde et dans la famille. De plus, il apprend que les choses ainsi réprouvées ne se commettent guère impunément. Enfin, il comprend mieux, grâce à la culture et à l'illumination croissante des esprits, la liaison intime du juste et de l'utile, les profits de la droiture, les périls de l'improbité. A ces divers titres, il ne peut manquer d'être supérieur moralement à l'homme du moyen-âge.

Toutefois ce perfectionnement a ses bornes. Le pouvoir qui améliore l'Individu n'est pas plus illimité que mystérieux. C'est le pouvoir de l'éducation. Je ne puis appeler autrement cette influence des lois et des mœurs, c'est-à-dire du précepte et de l'exemple, à laquelle on faisait allusion tout à l'heure, non plus que ce façonnement supérieur des esprits, par où ils saisissent mieux la relation ordinaire de la justice et de l'utilité.

Or, l'éducation ne change pas la nature des êtres; or, l'homme est égoïste et doit demeurer tel à jamais, l'égoïsme étant l'instinct ou l'ensemble des instincts qui sont proposés d'en haut à la conservation de l'Individu et de l'espèce. Ici est la limite au progrès intime de l'homme. De nouvelles applications de la loi morale peuvent bien entrer dans sa conduite, mais la loi tout entière ne peut pénétrer son essence et la changer en dévouement. Cette essence est finie et bornée de toutes parts. Aujourd'hui l'homme a plus de connaissances mais non plus d'intelligence qu'autrefois. Il est mieux armé et mieux outillé, sans être plus robuste ni plus adroit. C'est ainsi qu'en morale, il offre de nos jours plus de conduite apprise, mais non plus de facultés pour la vertu. Les biens acquis croissent toujours parmi les hommes, mais les dons naturels restent les mêmes : le type ne s'élève pas.

Si l'égoïsme est le fonds immuable de notre nature, si en même temps c'est la loi des sociétés que le nouveau et l'imprévu y apparaissent sans relâche, le régime qu'il faut à l'homme n'est pas problématique. Il a besoin d'être gouverné en toute chose de fraîche date où la jurisprudence des âges est muette, et l'abandonne aux impulsions de l'instinct. Le règlement doit marcher du même pas que la nouveauté; le développement de l'État doit se mesurer de tout point au déchaînement de la société.

CHAPITRE SIXIÈME

Exceptions.

SECTION PREMIÈRE

Du Gouvernement par rapport à la Pensée.

Nous avons hâte de dire les exceptions, ayant dit tant de fois le principe qui identifie l'État et le Progrès.

Dans une société progressive, si avant que pénètre le Gouvernement, une chose ne se gouverne pas et demeure le droit exclusif de l'Individu : la Pensée.

A quel titre en effet un règlement de la pensée? Que l'État s'immisce dans des faits matériels et dans des rapports qui sont des contacts humains, pour ne pas dire des conflits, cela doit être. Il tient de la civilisation un caractère libérateur et tutélaire qui doit s'exercer là ou nulle part. On sait à quel point les hommes s'opprimeraient, abandonnés les uns aux autres. Comme ils ne peuvent se faire autant de mal avec la liberté de parler et d'écrire qu'avec celle d'agir, l'intervention de l'État dans le monde des idées serait une intrusion. Ce n'est pas que l'idée ne soit susceptible de malfaisance. Elle n'est pas une voie de fait; mais elle peut conclure et conduire aux voies de fait. Aussi, n'est-ce pas l'impunité qu'on demande pour elle, mais la liberté, qui se tient pour responsable de ses actes, sujette à répression.

Par cela même que le Progrès met fin à l'empire de l'homme sur l'homme, il implique l'affranchissement des esprits. Il suffit ici de rappeler un mot, celui de *semblables*, en vertu duquel toute société qui s'améliore abolit les castes. Étant donné cette similitude morale, il n'appartient pas plus à l'homme de réduire au silence que de réduire en esclavage ses pareils. Toutes les intelligences ont droit à une égale manifestation, et nulle ne peut user contre les autres d'une souveraineté qui ne pourrait être que le droit d'une créature lumineuse et infaillible contre des créatures vouées aux ténèbres et à l'erreur.

Les pouvoirs humains doivent prendre exemple sur la Providence qui a créé l'homme avec des facultés dont il peut abuser et dont elle se borne à lui demander compte. A moins de se croire plus sage que la sagesse suprême et de reprendre ses dons, ils doivent laisser libre l'esprit que Dieu a créé libre; ce qui n'ôte rien aux droits de la justice humaine pas plus qu'à ceux de la justice divine.

Au surplus, la pensée a fait ses preuves de liberté inoffensive. Sa première émancipation fut en matière de foi; c'était de beaucoup la plus hasardeuse, et cependant nul péril pour la société n'est sorti de la réforme protestante. Dire que la pensée libre sur ce point n'avait rien d'alarmant, que la religion ne touche pas aux intérêts de ce monde, et que les hommes pouvaient se donner carrière dans les choses de foi sans entreprendre sur celles de la cité, c'est oublier comment les hommes vivaient et croyaient, il y a quelques siècles. Alors la morale était toute dans la religion. C'est Grotius qui posa le premier la question du droit naturel, c'est-à-dire d'une morale en dehors de la Bible. Dans cet état des esprits, survenant le droit individuel en matière de foi religieuse, on pouvait à bon droit s'alarmer. Le danger était que chaque individu ne se fît une morale avec son égoïsme et ses passions, aussi bien qu'une religion avec les seules lumières de son intelligence. N'en déplaise à des agitations plus récentes, ce péril est le plus grand qu'ait couru la société. On disputera longtemps sur la forme et le principe des gouvernements, avant de revoir pareille épreuve où la libre pensée s'en prenait à la source de tous les pouvoirs, à la règle de toutes les consciences, en un mot, à l'Église, qui avait été pendant tout le moyen-âge le seul principe de lumière et de vérité morale. — L'affranchissement des esprits, qui ne fut pas alors un ébranlement de la société, est chose jugée par ses fruits, et qui ne peut de bonne foi être réputée dangereuse.

Le danger est ailleurs.

L'État, faisant la police des esprits, leur traçant la route et la limite, traitant la pensée comme il traite la voirie, la procédure, le prêt à intérêt, les mines, les ateliers insalubres, tomberaient là dans une confusion de grande conséquence. L'homme, c'est son esprit. On ne peut pas dire que l'homme est annulé pour être réglementé dans certaines de ses œuvres, comme celles qu'on vient de passer en revue. Mais réglementer sa pensée, qui n'est pas moins que la source même de ses actes, le principe de sa vie, lui interdire les objets qui lui communiquent leur grandeur, comme la religion et la politique, c'est mettre la main sur l'homme tout entier, c'est l'anéantir.

Vous rencontrez çà et là des restes de nation que le monde oublie ou dépasse : c'est la sujétion de la pensée qui a fait ces ruines à Rome, dans la Péninsule et dans tout l'Orient.

Ainsi, bien des choses peuvent être réglementées dans l'intérêt du Progrès : la production, l'échange, les banques, les transports, etc. : la pensée veut être libre.

Mais la limite, s'il vous plaît, de ce principe? Il serait bon de la fixer ; car l'homme et la pensée c'est tout un. Il n'y a pas un acte de l'homme qui ne relève de sa pensée, et qui, à ce titre, ne semble fait pour échapper au règlement.

Quelle est donc la pensée qui a le droit d'être libre? Serait-ce par hasard celle qui n'offre aucun mélange d'acte? Cette supposition est chimérique. Un journal, un livre, une lettre même sont des actes. Direz-vous que la pensée est libre, à la condition de ne pas s'exprimer ainsi, ce qui est à peu près la même chose que ne pas s'exprimer du tout? Cela ne serait pas absurde, comme on pourrait le croire à première vue. Dans cette donnée, si réduite qu'elle paraisse, il y aurait progrès marqué sur telle époque de notre histoire où la simple pensée, même non manifestée, constituait un hérétique ou un suspect, avec les conséquences que l'on sait. Mais ce Progrès ne suffit pas apparemment. Dire aux hommes d'aujourd'hui qu'ils doivent se communiquer leurs idées sans le secours de la presse, c'est leur dire : Vous guerroierez sans la poudre, vous voyagerez sans la vapeur, vous commercerez sans la monnaie du papier. » Peut-on priver un besoin du genre et du degré de satisfaction qui lui est acquis de par la science, les mœurs et les Gouvernements mêmes? Ou bien peut-on supposer que les besoins d'esprit n'aient pas pris le même développement que tous les autres besoins, et puissent être mis à un autre régime?

La Liberté de la pensée est celle des actes nécessaires à l'expressions de la pensée, eu égards aux mœurs de chaque pays. Le moins que comportent les mœurs en tous pays, c'est la liberté de la presse.

Ce n'est pas que d'autres manifestations de l'esprit ne soient inoffensives ou même salutaires en leur lieu. Tels sont le *meetting*, le *club*, chez tout ce qui est anglo-saxon. Tels furent le théâtre d'Aristophane, l'école de Socrate, de Zénon, d'Épicure, etc.

On ne peut dire cependant que la réunion, l'association, le théâtre, l'enseignement, soient absolument nécessaires à l'expression de la pensée. Il y a peu de sociétés où l'esprit humain dépérirait, privé de ces exercices et de ces épanchements.

Moins l'expression de la pensée est un acte, plus la pensée a le droit d'être libre. A cet égard, le livre l'emporte sur le journal, le journal sur la réunion, la réunion sur l'association.

Pourquoi la liberté des cultes a-t-elle été si laborieument obtenue, et de nos jours encore est-elle parfois si disputée? Parce qu'il n'est pas d'expression de la pensée qui soit plus chargée d'actes et de façons; un culte est une société entre ses fidèles, un Gouvernement entre ses ministres (1).

La liberté de l'esprit a des adversaires de plus d'une sorte; elle en a, même parmi les laïques, surtout parmi les socialistes.

A toute église et à plus d'une secte, le gouvernement de la pensée paraît chose nécessaire. La société, disent certains docteurs, n'est pas la *juxtà*-position des personnes; elle est la communion des esprits dans une foi identique Or, cette foi a besoin d'être imposée aux esprits par une autorité supérieure, Église selon les uns, État selon les autres.

Il y a quelque vérité dans ce langage. Oui, sans doute, il est bon que les hommes se rallient dans les

(1) La liberté de la pensée est un droit individuel ; mais ce droit importe au bien public et constitue un ressort de gouvernement. C'est ce que reconnaît un homme d'État allemand, qui fait bon marché d'ailleurs des théories libérales : « Que les représentants du peuple soient héré- « ditaires ou électifs, peu importe. Ils s'acquittent de tout ce dont « la Nation ne peut s'acquitter elle-même. D'ailleurs il est de l'essence « du Gouvernement représentatif que les électeurs ne donnent pas de « mandat impératif. Au fond, les Individus d'un peuple ne sont jamais « représentés. La grande erreur du siècle est d'imaginer le contraire. « *Mais ce qui importe beaucoup, c'est que la raison publique ait un* « *organe légal et que tous les intérêts nationaux soient débattus* « *discutés et représentés.* »

(ANCILLON, *Essai de politique et de philosophie*, p. 61.)

mêmes croyances, dans un centre commun de notions et de doctrines : hors de là, point de société. Mais ne vous inquiétez pas de ce soin. Il y a été pourvu d'en haut. N'allez-vous pas croire que le maintien de la société est chose abandonnée aux hommes? La Providence ne leur a pas même confié le soin de leur conservation individuelle. Elle a mis en eux des instincts par où elle les dirige, quoiqu'ils en aient, vers les fins essentielles de leur destinée. Tels sont les appétits, telle est la conscience, *cette lumière qui éclaire tout homme venant au monde*. Ne songez donc pas à créer de main d'homme ce lien des esprits qu'il faut à la société. Il existe, soyez-en sûr, dans l'accord inné des consciences. C'est de ce fonds que vivait la société antique, où la religion n'était pas une morale : *Les païens avaient une morale*, dit Théodoret; *le paganisme n'en avait pas*. Et de nos jours, quand l'État disparaît dans l'abîme d'une crise, c'est de là encore que vient le salut, c'est-à-dire un certain équilibre de la société dans la plus grande secousse, une certaine cohésion en face des dissolvants les plus énergiques. Bref, il reste une protection aux biens et aux vies, quand la protection publique n'existe plus : quelque chose, alors même, a raison du plus fort. — Ainsi le principe de la vie sociale survit à l'État comme il préexiste aux religions : les hommes le portent en eux, et n'ont à le recevoir ni des églises ni des gouvernements. L'unique mérite laissé à ces disciplines, et il est considérable, est un mérite d'expression et de sanction.

Les lois seraient impuissantes et même en certains

cas absolument inapplicables, si elles n'avaient pour point de départ et d'appui la conscience humaine. Celles même qui semblent annoncer et imposer aux hommes la morale, ne font que la déclarer telle que les hommes la savaient déjà.

D'où vient que la loi pénale est appliquée même au malfaiteur le plus ignare et le plus stupide? Parce qu'il est réputé la connaître. Et comment la connaîtrait-il, si ce n'est par ce rayon divin qui est le patrimoine de toute intelligence?

« Alexandre n'avait pas besoin, dit Mallebranche, « que les Scythes vinssent lui apprendre son devoir dans « une langue étrangère. Il savait de celui même qui « instruit les Scythes et les nations les plus barbares, « les règles de la justice qu'il devait suivre. La lumière « de la vérité qui éclaire tout le monde, l'éclaircit aussi; « et la voix de la nature qui ne parle ni grec, ni scythe, « ni barbare, lui parlait, comme au reste des hommes, « un langage très-clair et très-intelligible. »

On en peut dire autant du plus vil malfaiteur que de l'élève d'Aristote. Il sait tout, il n'a rien à apprendre en fait de morale. La loi qui le punit n'est pas même un écho de sa conscience, elle n'en est que la sanction. Ouvrez le code pénal : vous n'y verrez nulle part que le meurtre et le vol soient des crimes, mais seulement que le meurtre et le vol sont punis de telle ou telle sorte. Le code pénal est pour le juge et non pour le voleur.

L'œuvre de l'État n'est pas telle en tout ceci qu'elle puisse l'enhardir, par voie de conséquence ou d'analogie, à prendre en main la discipline des esprits, le règlement de la pensée.

Restent la hauteur des vues, l'équité des solutions, qui sont les qualités inhérentes à l'État, ainsi que l'on a essayé plus haut de l'établir. On n'aurait garde d'en rien rétracter, d'en rien oublier à cette heure. Seulement on se borne à conclure de là que l'État peut avoir ses églises, ses écoles, ses journaux, ses théâtres, mais qu'il doit souffrir en toutes ces choses la concurrence des particuliers; qu'il peut proposer au public ses conceptions, mais non les imposer; qu'il a le droit d'émettre des doctrines officielles, mais non exclusives; et de créer des établissements modèles, mais non privilégiés (1). Tout lui est permis, sauf la contrainte et la compression dans les choses d'esprit. La souveraineté des intelligences, le gouvernement des opinions n'est le droit de personne dans un monde où personne n'a le don d'infaillibilité.

Ainsi nous n'entendons pas que l'État doive s'abstenir de toute action sur les esprits. Cette action est presque toujours salutaire; chez les peuples grossiers, parce

(1) Nous ne pouvons mieux faire pour expliquer notre pensée que de prendre un exemple ou plutôt un type dans le régime de l'instruction publique en France. Chacun sait que l'État y dispense l'enseignement dans des écoles qui lui appartiennent, d'après des méthodes et des programmes officiels, par l'entremise de professeurs qui sont des fonctionnaires publics : et qu'en même temps les particuliers sont à peu près libres d'ouvrir école contre école, d'entrer en concurrence avec l'État et d'offrir l'option aux familles entre leur enseignement et l'enseignement public. Rien n'est plus correct. « *Il y a des peines*, dit Montesquieu, « *pour détourner de certaines choses. Il y a des exemples pour en faire* « *faire d'autres.* »

que le Gouvernement y est en général moins grossier que ses sujets; chez les peuples policés, parce que l'État tel qu'il est en eux de le constituer, une collection, un triage de toutes les supériorités, est encore plus civilisé que les citoyens. Notre assertion est uniquement que l'État n'a pas le droit de fixer la croyance, de réglementer la pensée et de lui dire avec menace : Tu n'iras pas plus loin. Faire violence aux esprits, c'est là et seulement là qu'est le mal.

Ce mal est insensible ou profond, selon le degré d'avancement des sociétés. Que Louis XI se prononce sur la dispute des réalistes et des nominaux, Henri VIII sur le dogme de la présence réelle, Louis XIV sur les querelles de le grâce ou sur l'origine du pouvoir royal : toute cette usurpation est de médiocre conséquence. Elle glisse sur des esprits adultes; elle tombe devant la force incompressible des idées acquises et des facultés aguerries.

Tout autre est le mal dans une société naissante et inculte, mal dont elle périra un jour; mais il n'y paraît pas tout d'abord. Il arrive même que certains progrès s'accomplissent sous le régime compressif. La violence, faite par un esprit supérieur à des esprits grossiers, a d'heureux débuts. C'est ainsi qu'à la suite de quelques grands hommes l'humanité s'est élevée çà et là; mais le plus grand ne peut deviner ni suppléer le travail de l'humanité tout entière. La société qu'il façonne prend un essor précoce, mais à la condition de perdre ce que le mouvement libre, universel et continu des intelligences lui eût apporté plus tard. Vous y voyez, à une époque reculée, des croyances plus pures, des connaissances plus étendues qu'ailleurs; vous n'y verrez jamais autre chose. La force qui improvise ainsi le Progrès, détruit le principe des progrès ultérieurs, c'est-à-dire la pensée; et l'impulsion d'un siècle devient l'obstacle d'un autre. Les sociétés ne vivent guère, elles s'endorment sur la parole d'un maître. Vieille histoire du reste, celle des Indous, des Juifs, des Arabes, des Chinois, ces arriérés du genre humain, après en avoir été l'avant-garde et le flambeau!

Ainsi, la liberté est le régime essentiel des esprits. Le Progrès, qui développe en général l'action du gouvernement, n'étend pas cette action jusque-là. Voilà le droit; mais comment les choses se passent-elles?

En fait, la pensée s'émancipe dans une société progressive, parce que le Progrès politique est de substituer l'État, qui n'a qu'une discussion à comprimer, aux castes qui n'en permettent aucune. L'État n'est ombrageux qu'à l'endroit de sa prérogative. Il livre volontiers le reste : morale, religion, supériorités sociales; sauve-qui-peut!

Quant aux castes, vulnérables par mille endroits, elles mettraient en interdit la pensée humaine tout entière. Où elles sont abolies, la liberté de l'esprit ne fait question que sur un point, considérable, il est vrai : la discussion des actes du gouvernement. Où elles existent, cette liberté ne peut toucher ni à la religion, ni à la noblesse, ni à la justice, ni aux traitants, ni à l'Université, etc., etc. Rien ne montre mieux cette tendance contraire des castes et de l'État que l'*Émile* imprimé avec permission administrative et décrété d'accusation par le Parlement.

La pensée qui n'attaque que les bases de l'ordre social a toujours trouvé dans le cœur des Gouvernements un grand fond d'indulgence et de mansuétude. Rien n'est véniel à leurs yeux comme ces exercices de l'esprit. Quels protecteurs de tout franc-parler que Frédéric-le-Grand, Joseph II, le duc de Choiseul, M. de Malesherbes! Mazarin avait toléré les chansons : ils toléraient l'Encyclopédie. Au surplus, cela est naturel à tous les Gouvernements, on dirait un instinct. Prenez les lois de la Restauration sur la presse : il suffit d'une simple *attaque* contre l'État pour motiver tout le déploiement des incriminations et des pénalités. S'agit-il de religion, de morale? On ne les venge qu'autant qu'elles justifient d'un *outrage*.

Telle est la tolérance innée de l'État. Mais il y a plus : la société elle-même devient tolérante, sous l'influence du Progrès. Cela est fort à considérer toutes les fois que la société se gouverne elle-même et prend part à l'administration de la justice. Alors, il n'y a de salut pour la libre pensée que dans cette disposition des esprits. Les institutions n'y pourraient rien. Un jury espagnol, au seizième siècle, aurait brûlé les hérétiques, tout comme faisait l'inquisition; et je ne sais si de nos jours aux États-Unis on laisserait mettre en doute la Démocratie.

La tolérance à laquelle les sociétés parviennent, est encore un don du Progrès : elle tient à l'essor des esprits et à la diversité des croyances.

Les sociétés qui n'ont qu'une croyance ne souffrent pas qu'on la discute. Mais toute civilisation ascendante laisse derrière elle l'unité de foi. Les hommes ne peuvent se développer dans le sens de la politique, de l'industrie, de l'art, de l'exploration naturelle, sans que leur esprit s'étende comme leur condition. Ils s'élèvent ainsi à des croyances diverses qui, naturellement bornées et contrôlées les unes par les autres, apprennent à vivre en paix.

L'ancienne et unique croyance qu'elles démembrent, y perd son prestige d'oracle universel et infaillible. Comme ce prestige ne peut passer à ses démembrements, l'égale autorité des opinions apporte la paix qui est un grand bien et l'acheminement à une chose encore meilleure : la vérité.

Tout comme dans une société progressive, des intérêts variés et nombreux produisent l'équité des lois, de même des croyances variées et nombreuses y produisent la tolérance des esprits. Les uns se tiennent en respect, les autres se prennent en patience.

La différente origine des croyances contribue également à ce résultat.

Le progrès des esprits est le développement d'une faculté particulière de l'esprit, la Raison. Le propre de cette faculté est de remplacer les croyances nées de l'imagination qui conviennent au premier âge d'une société, par des croyances nées de la Démonstration pure ou de l'Observation. Or, la foi qui s'attache aux premières est violente, intraitable; celle que les autres obtiennent, n'a pas ces emportements, parce qu'elle ne peut considérer la dissidence comme un sacrilége, ce qui est un principe de tolérance. Il ne faut pas croire pour cela que la foi diminue dans le monde. Des êtres intelligents ne peuvent agir que d'après une croyance. Comme la civilisation est un accroissement de vie et d'activité, elle suppose par cela même un accroissement de foi. Seulement, la foi moderne est à d'autres conditions que celle du passé. De là un genre de liberté longtemps inconnu au monde : la liberté de l'esprit.

SECTION DEUXIÈME

Du Gouvernement par rapport à l'impôt et aux peines.

Un Gouvernement selon le Progrès, c'est-à-dire ayant aboli certains abus criants, n'a plus besoin des services publics qui etaient nécessaires pour assurer d'exploitation de ces abus. Moins dur envers les populations, il lui faut moins d'agents et moins de châtiments pour les intimider. L'équité tient lieu de force à un Gouvernement qui se moralise et se redresse.

Quand tous les citoyens sont égaux devant le fisc, comme le fisc ne surcharge plus certaines castes, il laisse tomber toutes les rigueurs dont il avait besoin pour tenir ces castes sous le fardeau. Autrefois, en France, l'État désespérait de percevoir lui-même certains impôts. Il faisait appel à un publicain célèbre, l'intérêt privé, connu pour ses ressources d'esprit et d'exaction; il lui affermait ces impôts, lui prêtant pour cela non-seulement la puissance des lois, mais celle de l'arbitraire. Alors nulle défense pour le citoyen contre le fermier général. Il n'y en avait guère plus pour celui-ci contre l'État. Ce régime était de se prendre à la gorge.

On comprend que le gabelle abolie, ces violences disparurent. Le peuple ne fut plus livré aux traitants, ni le traitant aux chambres de justice : l'équité engendre l'équité. Cette amélioration du fisc est un relâchement sensible de l'action administrative, une atténuation de la puissance publique.

A côté des choses qu'une civilisation meilleure ne punit plus, il y a les choses qu'elle punit moins. Il est en elle de diminuer, non pas l'étendue, mais la véhémence des pouvoirs publics. Les pénalités y deviennent moins rigoureuses. Nul n'ignore les grands adoucissements de législation pénale que la France et l'Angleterre ont accomplis depuis trente ans. C'est que la véritable intimidation n'est pas l'énergie, mais la certitude du châtiment : cette certitude va croissant dans un pays où l'administration de la police et de la justice se perfectionne comme toute chose.

Ainsi, à l'égard de certaines choses, le Progrès opérant, l'État s'abstient, se retire, tandis qu'en général il s'avance et s'accroît. Cela s'explique de soi, dès qu'il s'agit de certaines sociétés modernes où le pouvoir monarchique a changé d'origine. Là, au lieu d'exister pour lui-même, il existe pour tous : de propriété qu'il était, il passe magistrature; de droit divin, il devient établissement humain, gestion d'utilité publique. C'est plus de nouveauté qu'il n'en faut pour modifier ses attributions. Vous verrez l'État transporté sur ces bases nouvelles, affranchir les rapports de gouvernant à gouverné, et réglementer les rapports des individus entre eux : relâcher l'obligation du sujet envers le souverain, et resserrer celle des hommes envers leurs semblables ; c'est-à-dire perdre cette portion d'autorité qui était pour son bien propre, et augmenter celle qui est de bien public et de providence sociale. C'est ainsi qu'il émancipe la pensée religieuse et politique, qu'il détend l'action du fisc, qu'il introduit dans la justice des formes qui sont des garanties, et qu'il restitue, comme on va voir, le droit de travailler. Donnant aux hommes des libertés et des sûretés contre lui-même, il subit de ce côté une perte et des limites qui lui inflige le Progrès.

SECTION TROISIÈME.

Du Gouvernement par rapport au travail.

Gouverner la pensée de l'homme serait porter la main sur le principe de sa vie ; gouverner le travail serait une atteinte à la vie elle-même. L'État, disputant aux hommes le droit de travailler, se réservant comme un droit domanial le déni ou la dispensation du travail, semblerait leur disputer le droit de vivre. *La nature, en donnant à l'homme des besoins,* dit Turgot, *a fait par cela même du travail la première et la plus inviolable de toutes les propriétés.*

Ainsi, dans une civilisation ascendante, le Travail est émancipé. On pourrait croire que ce principe s'étend à tous les genres et à tous les degrés de productions : Car il n'est pas de producteur, si capitaliste qu'on le suppose, qui n'ajoute son travail à son capital.

Mais ce principe n'est fait que pour le Travail pur, pour le Travail isolé du capital. Dès que le Travail s'appuie sur le capital, comme il n'est plus simplement un moyen de vivre, comme il prend les caractères d'une véritable puissance, il tombe sous la discipline du gouvernement.

Cette discipline est d'autant plus forte que le concours du capital est plus considérable. L'artisan, dans sa boutique, ne subit d'autres règlements que ceux du contrat d'apprentissage. Le fabricant, dans son usine, est sujet, soit aux règlements qui assurent la bonne qualité de produit, soit à ceux qui modèrent la durée du travail, soit à ceux qui protègent la santé publique. Que si le travail fait valoir un capital encore plus considérable, comme dans le cas des sociétés de capitaux, le règlement se multiplie et s'aggrave. Ici commence ce qui s'appelle en France le régime des sociétés anonymes, avec autorisation et surveillance émanées de l'État, et qui a son équivalent dans tous les pays à grande civilisation économique.

Il est de l'essence de la production, c'est-à-dire de l'œuvre mixte, qui se compose de Travail et de Capital, d'être gouvernée, comme il est de l'essence du Travail d'être libre.

SECTION QUATRIÈME.

Du Gouvernement par rapport à la Propriété,

On pourrait croire, à première vue, que la propriété est une de ces choses où le Progrès se manifeste par l'abstention du Gouvernement. Mais ceci demande à être considéré de près.

Il faut voir ce que doit être la propriété selon le Progrès.

Le type donné, il faut rechercher si elle peut y atteindre par l'effort des Individus, ou seulement par la grâce des institutions.

Il faut étudier, dans l'état actuel de la propriété, quel est l'accroissement respectif du droit social et du droit individuel.

Pour que la propriété réponde à certains éléments essentiels du Progrès, comme le bien-être et la dignité, il importe qu'elle soit sûre, qu'elle soit répandue, qu'elle soit mobile et accessible.

Or, la propriété n'est sûre que si le gouvernement la protége envers et contre tous, y compris lui-même. La première protection qu'il lui doit est de n'y pas toucher, de ne la violer ni par confiscation, ni par banqueroute, ni par altération de monnaies, qui sont autant de spoliations à son usage. — Ici le Progrès est surtout l'abstention de l'Etat.

Pour que la propriété soit répandue, il faut qu'à la mort de chaque propriétaire ses biens se partagent également entre tous ses héritiers, même malgré la volonté du défunt. Ceci est l'affaire de la loi.

Le moyen que la propriété soit mobile et accessible, c'est qu'un propriétaire ne puisse léguer ses biens à plusieurs générations d'héritiers, la première étant chargée de conserver ces biens et de les rendre comme elle les a reçus aux autres générations. Un patrimoine légué sous cette condition est inaliénable et sort du commerce. — Il en arrive autant aux biens donnés à des êtres collectifs, tels que communes, églises, congrégations religieuses, hôpitaux, mais par des raisons différentes. Ces propriétaires sont thésauriseurs ; ils sont peu portés aux transactions du commerce, et voulussent-ils vendre, ils en seraient détournés par les façons que la loi a mises partout à la vente de leurs biens. — Dans cet esprit, la loi défendra les substitutions et soumettra au visa du Gouvernement les dons faits à des êtres collectifs.

Mais nous ne voyons là que les dehors de la Propriété selon le Progrès : cela ne suffit pas.

Ce droit a les applications les plus variables. Il n'y a pas de chose, pas de faculté, que dis-je? pas d'être qui n'ait été approprié en son temps. Quel est donc l'objet légitime du droit de propriété? La Civilisation qui détermine comme on vient de le voir les caractères de la propriété, doit aussi bien en fixer la matière.

La propriété ne peut avoir pour objet que les choses.

Cette définition exclut non-seulement les personnes, mais par voie de conséquence — les actes essentiels et nécessaires aux personnes : travail, échange, locomotion — le milieu où ces actes s'exercent : routes, fleuves, mers — la force requise pour protéger ces actes, c'est-à-dire le gouvernement et ses fonctions diverses.

L'homme ne s'appartiendrait pas, il ne serait guère mieux qu'approprié, si pour le travail, pour la circulation, pour la sécurité quotidienne, il avait à subir des dominations qui lui mesurassent tous ces droits à leur bon plaisir.

A ce point de vue, le travail n'est plus une propriété domaniale qui ne puisse s'exercer que comme un démembrement et en vertu d'une concession de l'État. Mais, d'un autre côté, l'État acquiert comme sujets les esclaves et les serfs d'autrefois. Il acquiert encore, ou plutôt il reprend, sous le titre de fonctions publiques, toute cette partie de son essence qu'il avait aliénée et qui était tombée dans le domaine privé, sous le nom d'*offices*.

Quant au principe de la propriété sur les choses qui peuvent en être l'objet, c'est le travail. La Civilisation n'en souffre pas d'autre. Les jurisconsultes confondent le principe de la propriété avec son acquisition; ils comptent comme sources légitimes de la propriété divers modes d'acquérir, tels que vente, succession, donation, prescription. Cependant vous ne seriez pas propriétaire de la chose à vous donnée ou cédée le plus régulièrement du monde, si la personne de qui vous la tenez, l'avait volée. Cette personne n'a pu vous transmettre des droits qu'elle-même n'avait pas. Il faut donc remonter plus haut pour trouver le principe de la propriété, lequel est le travail, sauf le cas de la prescription. Et encore y aurait-il lieu de se demander si le meilleur titre du prescrivant n'est pas le travail que, selon toute apparence, il a versé sur la chose usurpée.

Le principe que nous venons d'assigner à la propriété suscite une nouvelle classe d'objets appropriables, celle des ouvrages d'esprit. Comment le travail qui produit ces œuvres n'aurait-il pas la récompense de tout autre travail, celle d'un droit exclusif sur la chose créée?

Cette propriété nouvelle est au nombre de ces choses qui ne vivent que par la loi. Elle ajoute à la puissance publique un certain appareil de lois, de règlements et de moyens administratifs pour constater les titres, soit des inventeurs en fait d'industrie, soit des producteurs en matière d'art et de littérature.

Quand on a reconnu ce que doivent être, de par le Progrès, le principe, l'objet, les caractères du droit de propriété ; quand on a déterminé les limites et les qualités que comporte ce droit pour servir à cette grande fin du Progrès, qui est de rendre les hommes plus heureux et meilleurs, on n'a pas tout vu. Il reste à considérer ce droit en lui-même. *Rien n'est plus simple* dites vous : *la propriété d'une chose est le droit d'en jouir et d'en disposer.* Quoi ! d'en disposer à jamais ? d'en jouir sans partage et sans condition ?

Il s'en faut de tout que la civilisation laisse au droit de propriété cette latitude souveraine. Il n'est pas de droit où le législateur moderne mette la main plus hardiment, soit pour prendre sa part des fruits et du fond, soit pour en régler l'exercice, et, notons bien ceci, pour en borner la durée. Ceci, en effet, est toute la question.

Il n'y en a pas sur les limites que doit recevoir la jouissance du propriétaire. Ces limites sont de tous les temps, il en éclot tous les jours ; hier, c'était une façon sommaire d'expropriation ; aujourd'hui, c'est le drainage ; demain, ce sera l'irrigation. Mais à travers toutes ces modifications, la durée, la perpétuité du droit passa toujours pour chose qui ne se modifie point, pour le droit lui-même.

C'est là néanmoins, dans son essence même, que la propriété a été atteinte de nos jours, atteinte en quelques lignes qui décrètent le droit égal et absolu des enfants sur la succession de leur père.

Ainsi réduite, la propriété est simplement un droit viager.

De longtemps la loi ne fera quelque chose d'aussi hardi et d'aussi profond.

Quelle audace de borner le droit du propriétaire, là justement où il se confond avec la puissance paternelle, avec la discipline des familles !

Et quelle portée dans cette audace !

Il ne s'agit pas là vraiment de l'intérêt des enfants, dont le cœur d'un père est le meilleur juge. Le but de cette loi est surtout politique. Il s'agit de briser les cadres de l'ancienne société et de fonder, sur l'égalité imposée aux héritages, une société nouvelle. Cela peut être bien en soi; mais attendez la fin. Ce que la loi a fait hier pour ruiner certaines influences, elle sera peut-être tentée de le faire demain pour quelque autre nécessité du même goût, par exemple, pour enrichir certaines classes. Qui pourrait l'en empêcher? Le moyen est tout trouvé, le précédent est acquis, je dirais presque : les fonds sont faits. Qui pourrait l'en blâmer? Une certaine logique dépravée, mais unanime, estimera peut-être un jour que l'un de ces intérêts vaut l'autre, et que le droit de propriété ayant été sacrifié à celui-là, peut aussi bien être sacrifié à celui-ci.

Quod exemplo fit jure fit, Cicéron a dit cela pour les temps de révolution. Tout, en effet, y est imprévu, extraordinaire, et c'est alors que dans le silence de la loi, dans le trouble des consciences, un précédent est une autorité. Le mot de Cicéron n'a pas vieilli, nous le savons; et les temps révolutionnaires ne sont peut-être pas épuisés.

Je ne m'explique pas l'acharnement du socialisme sur le droit de propriété. A quoi bon cette homélie, cette leçon incessante faite aux gouvernements sur leur suzeraineté à l'égard de tout droit individuel? On n'est pas plus converti là-dessus que les gouvernements de nos jours. Ce droit, de la façon que les lois modernes l'ont accommodé, est entre les mains de l'État, et le très-humble serviteur de l'utilité publique.

Cessez donc de nous dire que la propriété n'est pas

faite seulement pour les propriétaires, et qu'elle doit souffrir toutes les limitations voulues par le bien public. Cela est entendu. Montrez-nous plutôt un cas de bien public où il faille appliquer ce principe. Ce n'est pas assez que l'État ait tel ou tel pouvoir : il faut encore qu'il ait une bonne raison de s'en servir. Si vous voulez qu'il en use avec la propriété comme a fait le code civil, proposez-lui quelque objet aussi capital que celui dont le code civil s'est ému.

Il faut convenir que le socialisme est là-dessus d'une circonspection incomparable.

Quoiqu'il en soit, le droit de propriété, dans son dernier état, n'a pas cette perpétuité qu'il tenait de la loi romaine et qui passait pour son caractère essentiel. Par là il est au point voulu pour s'adapter à tous les progrès. Nos lois, remarquons-le en passant, répugnent à la perpétuité autant que s'y prêtaient celles du moyen-âge. Elles en ont fini avec les vœux perpétuels, avec les rentes perpétuelles, avec les baux perpétuels. C'est l'instinct du Progrès qui s'est empreint dans cette mobilité ; il faut bien que les choses puissent changer pour qu'elles puissent s'améliorer (1).

(1) Autrefois, le seul emploi productif d'intérêts qui fût permis à l'argent, était l'emploi perpétuel, qui aujourd'hui est le seul prohibé. Ceci n'est qu'un détail, mais on y sent l'esprit d'une révolution.

Le fait est qu'autrefois *le prêt à intérêt* était défendu par l'Église et par la loi. Restait le besoin naturel qu'ont les hommes d'emprunter et de prêter. Alors le *prêt* se déguisa en vente, et l'*intérêt* en prix de vente annuel. Or, une vente est à jamais. On ne cherchait pas la perpétuité ; on la rencontra.

Quant au Code civil, c'est le plus sciemment du monde qu'il pro-

Cet esprit a pénétré jusque dans l'essence du droit de propriété, le bornant à la vie d'un homme, préservant l'avenir des entreprises du passé, de la survivance des morts.

Quant à savoir ce que devient l'État dans ce progrès de la propriété, et comment il y concours, son action est partout. — Si le propriétaire a perdu le droit de maintenir ses biens compacts et inaliénables en les léguant, soit à chaque aîné de chaque génération à venir, soit à des communautés, cette diffusion de la propriété est l'œuvre du législateur. — Si des choses sont matière appropriable, qui étaient autrefois dans le domaine commun, comme le livre, le tableau, la machine, cette création ou plutôt cette restitution de propriété est le fait de l'État. — Si le serf et l'office ont perdu le caractère de propriété, c'est pour passer à titre de sujet et de fonctions publiques, sous le régime de l'État. — Si d'autres choses sont passées du domaine public dans le

hiba les rentes perpétuelles, voulant favoriser la franchise et par suite la circulation des immeubles, gage ordinaire de ces rentes. Inutile de rappeler quels intérêts politiques, fiscaux et agricoles sont liés à cette circulation.

Bossuet, dans son *Discours sur l'usure*, rappelle toutes les autorités de l'ancienne et de la nouvelle loi, qui défendent le prêt à intérêt. *Qand on aurait*, dit-il, *diminué la facilité de prêts, telle qu'elle existe parmi les hommes, ce ne serait pas un grand malheur, puisqu'elle ne sert qu'à entretenir l'oisiveté et tous les vices qui en naissent* (Sixième Proposition). — Il en excepte les contrats où le capital peut être considéré comme aliéné, et il reconnaît l'aliénation à ce signe que le débiteur ne peut se libérer de sa dette. Tel était entre autres le *bail à rente*, la manière la plus répandue d'éluder les défenses relatives à l'*intérêt* de l'argent.

domaine privé, ce qui est le cas des chemins de fer, l'État conserve sur ces choses un droit de surveillance et de reversibilité.

En somme, il y a des propriétés qui disparaissent : l'État se les assimile. Il y a des propriétés qui naissent : l'Etat les réglemente après les avoir créées. Il y a enfin des propriétés qui se transforment : l'Etat en reste le régulateur et le suzerain.

Ce n'est pas que le droit privé n'acquière aussi une extension notable. Nous avons vu que la propriété s'étend à des objets nouveaux, mais elle perd encore plus du côté des offices et des serfs soustraits à son domaine, qu'elle ne gagne à ces acquisitions de droits temporaires.

La véritable conquête des Individus, dans ces vicissitudes du droit de propriété, est ailleurs. Elle consiste surtout en ce que la propriété, plus bornée qu'aûtrefois dans son objet, est plus inviolable dans son droit. Elle a reçu de nos jours bien des limitations et des atteintes; mais celles même qui, touchant à la perpétuité du droit, semblent attaquer son essence, l'effleurent à peine, comparés à la confiscation, à la banqueroute publique, aux altérations de monnaies qui étaient la pratique des Gouvernements d'autrefois.

Le Progrès fait pour la propriété ce qu'il fait pour le Droit en général. Il la répand, il la limite, il l'assure. Ces trois choses s'enchaînent étroitement. Plus un droit est universel, plus il a besoin d'être limité pour éviter le choc des droits; plus il est limité, plus il est certain.

Dire à une faculté : *Tu n'iras pas plus loin*, c'est par cela même la consacrer en deçà de la borne prescrite. Ceci peut passer pour une des opérations essentielles du Progrès, visibles surtout par rapport à la propriété (1). Le droit de celle-ci était moins sûr, quand son objet était plus étendu. Il fut un temps où les Individus étaient propriétaires, comme officiers, de la puissance publique. Cependant les offices n'étaient pas précisément des métairies. Les droits du possesseur et ceux du gouvernement n'étaient pas des mieux définis. Il y avait du vague, de l'arbitraire dans leurs relations. Il n'y en a plus aujourd'hui à l'égard de ce qui est resté dans le domaine privé. Sans doute les Officiers savaient lutter avec vigueur et avec ensemble contre les entreprises du Pouvoir. L'avantage leur resta dans beaucoup de conflits. Mais la sécurité est toute autre chose.

Sous ce rapport, la propriété des Individus est plus forte, plus indépendante de l'État qu'elle ne l'était autrefois. Il en est de même à un autre point de vue. La propriété mobilière, celle qui de nos jours a reçu le plus de développements, est libre de sa nature, libre en ce sens que, ni certaines lois fiscales, ni aucunes lois de succession, ne peuvent l'atteindre. Le sol est sous la main et sous l'œil de l'État; mais les capitaux, repré-

(1) Dans les pays où la loi réglemente les sociétés de commerce et les ateliers dits *insalubres*, elle crée par cela même un droit en leur faveur. L'usine ne peut être supprimée, si dommageable qu'elle soit aux voisins; l'associé commenditaire ne peut être ruiné, si mauvaises que soient les affaires de la société. Autrement ailleurs, aux États-Unis par exemple, le droit y est illimité, mais chanceux et précaire.

sentés par des titres anonymes et insaisissables comme le numéraire, échappent à ses entreprises. Cela est d'une grande conséquence. Si un pays se prenait de passion pour une secte ou une œuvre quelconque, religieuse, politique, industrielle, nulle puissance au monde ne pourrait en détourner les capitaux, avec l'énergie qui leur appartient, et les suites que l'on peut prévoir : de même que nulle puissance ne pourrait triompher de leur défiance, de leur réprobation, et les forcer dans leur retraite. — Exemple : la Convention disposant du sol, pauvre néanmoins et condamnée aux expédients par la défection des capitaux. — Les Gouvernements du moyen-âge ne purent empêcher les juifs de s'enrichir, parce que les juifs s'adonnaient à la richesse mobilière; mais ils auraient pu empêcher tant de donations territoriales faites aux couvents pendant le courant du dixième siècle, dans l'attente de la fin du monde. Telle est la puissance fort différente de l'Etat sur le sol et sur les capitaux. Inutile d'ajouter que la richesse territoriale est limitée comme le sol, tandis que la richesse mobilière n'a d'autres limites que celles de la puissance productive de l'homme, ou plutôt de la puissance de l'esprit humain.

Un genre de propriété plus libre, un droit de propriété plus sûr, voilà ce que la Civilisation apporte aux Individus. Mais on ne s'y trompera pas : ce qu'elle fait de plus grand dans cet ordre de choses, elle le fait par la main de l'État. Elle n'a pas d'autre instrument pour faire de la propriété rectifiée et répandue un bienfait universel.

Il ne faut pas s'étonner si l'action de l'État est plus sensible ici que partout ailleurs. La propriété n'est pas un droit comme celui de travailler, de prier, ou comme tout autre droit individuel qui est simplement une liberté : à vrai dire c'est un pouvoir. La possession de la Terre surtout, qui est le champ et la patrie, *alma parens*, qui est le fond dont vivent les hommes et la scène où il se déploient, a quelque chose d'une fonction publique. Comme la propriété est capable de plus de services et d'abus que quoique ce soit, il faut bien que le législateur y donne une attention toute particulière.

On voit que si la Civilisation prête au développement de la propriété, elle est par cela même favorable à l'essor de la puissance publique.

Nous l'avons déjà remarqué : l'Individu gagne encore plus que l'État aux vicissitudes qui élèvent les attributions de l'État. Ici rien n'est plus évident. Si tout ce que les hommes ont la faculté d'acheter ou l'envie de vendre, est vénal; si tout produit du travail est la chose exclusive du producteur; si nul n'a besoin ni de se racheter lui-même, ni d'acheter les fonctions dont il est digne, ni de payer le droit de travailler... tout cela est un épanouissement de la société encore plus qu'une extension de l'État.

Je vois sans doute des lois plus nombreuses et plus entreprenantes, de nouveaux services publics, une influence, une pénétration de l'État dans mainte chose à laquelle il n'avait jamais touché. Mais comment regretter l'abondance du mécanisme, la complication des ressorts, à l'aspect de tant de forces et de tant de biens répandus sur le monde ?

Étrange partie, allez-vous dire, où tout est gain ! singulier drame où tout est premier rôle !

C'est que vous ne voyez pas la victime du Progrès. Il y en a une pourtant : ce sont les castes. Elles monopolisaient les immeubles, les places, le travail. L'État leur a ôté tout privilége, mettant ces choses au régime du droit commun, au concours de tous les efforts, à la portée de tous les mérites. Libérateur de la société, il a grandi comme elle ; de la dépouille des castes il a fait deux parts, la sienne et celle des Individus ; plus puissant lui-même à mesure qu'il les faisait plus libres.

« Il y a eu dans la révolution française, dit l'auteur « de *la Democratie en Amérique*, deux mouvements en « sens contraire qu'il ne faut confondre : l'un favo- « rable à la liberté, l'autre favorable au despotisme. »

Au fond, il n'y en a peut-être eu qu'un hostile aux castes. De cette source unique découlent et la puissance de l'Etat et l'émancipation des Individus.

Voilà des exceptions au principe qui tient pour parallèles le Progrès de l'État et celui de la Société. Mais quelle est la valeur de ces exceptions et jusqu'à quel point ébranlent-elles le principe ? Laissons parler les Individualistes :

« Il y a des cas, disent-ils, où le droit n'est et ne peut « être autre chose que la Liberté. L'idée de droit deve- « loppée par le Progrès ne s'applique pas seulement à

« des êtres appropriés qu'il érige en personnes légales, « comme les esclaves—à des situations disgraciées qu'il « relève et qu'il protége, comme celles de la femme, de « l'enfant, du débiteur — à des choses usurpées qu'il « remet en leur place, comme les offices publics. Il faut « reconnaître qu'en tout cela le Progrès est l'œuvre du « Gouvernement.

« Mais l'idée de droit s'applique en outre à des actes « comme de prier, de travailler, de se déplacer, de « commercer, de prêter à intérêt. Or, qu'est-ce que la « restauration du droit à l'égard de ces actes, si ce n'est « leur liberté? Et quelle part peut-il revenir au Gou- « vernement dans ce Progrès qui est l'exclusion du « Gouvernement? »

Je réponds : d'abord, la part du libérateur. Qui donc a repris sur les seigneurs la liberté du serf, sur les corporations la liberté du travail, sur le clergé la liberté des cultes, si ce n'est l'État? L'oppression en tout cela était le fait des puissances privées; l'affranchissement fut celui de la puissance publique. J'ajoute que l'Etat ne s'en tient pas à ce rôle de libérateur, et il fait bien; car il ne suffit pas pour une restitution de liberté, d'abolir la loi mauvaise : il faut faire une bonne loi. Imaginez plutôt ce qui se passerait si la liberté des cultes et la liberté du travail n'avaient été que proclamées, toutes choses restant comme avant 89?... Le législateur a été plus prévoyant. Les cultes sont libres; mais le clergé est le salarié et le discipliné de l'Etat. Les métiers sont affranchis; mais la manufacture est patentée et réglementée. A côté de la liberté rendue aux uns, il faut voir la dépendance créée pour les autres qui est quelquefois la condition et la suite naturelle de cette liberté. Ainsi, le Progrès consiste non dans une moindre, mais dans une différente action de l'Etat : il est de la Civilisation de procéder par l'entrave aussi bien que par l'affranchissement.

Au demeurant, si le Progrès est quelquefois la Liberté, dans la plupart des cas c'est l'Égalité en vertu de laquelle nul n'est surtaxé, déshérité, ni exclu ; c'est la Charité envers toute existence précaire et vulnérable ; c'est l'Humanité envers l'enfant, le fou, l'infirme, le coupable même ; c'est la Propriété avec des applications et des garanties nouvelles, émanées de l'État ; c'est l'État lui-même, c'est la Souveraineté reprenant aux Individus ses droits usurpés.

En un mot le Progrès est plutôt la loi meilleure que la loi absente.

CHAPITRE SEPTIÈME

De l'Individualisme comme agent du Progrès.

Il s'agit de vérifier la conclusion à laquelle nous sommes arrivés. Pour cela, changeons de données, et demandons-nous s'il n'y aurait pas en dehors de l'État quelque puissance qui suffise au Progrès. Aurions-nous fait une part excessive au principe d'autorité? nous le verrons bien en recherchant la part nécessaire qui peut revenir à d'autres principes dans l'œuvre de la Civilisation.

Pour certains esprits, le Progrès est chose étrangère à l'Etat, et cette loi s'accomplit d'elle-même ou sous la main de l'Individu.

Au moyen-âge, on eût traité de *Nominaux* ceux qui professent cette opinion. La société, disent-ils, est un mot, une appellation sans substance. Il n'y a au monde que des Individus avec leurs facultés, leurs droits, leurs intérêts. Les Individus ont le droit d'user de la force pour leur défense, et ce droit peut être délégué ; de là, le Gouvernement. Mais avec cette base, comme le Gouvernement ne peut avoir d'autre mission que de réprimer la violence, il ne peut être l'agent du Progrès qui est chose multiple et variée. Les sociétés ne reçoivent aucune impulsion de ce côté et ne s'améliorent que de deux façons : par le fait des Individus ou par l'action des lois naturelles.

Il faut étudier ces deux influences, et rechercher jusqu'à quel point il leur appartient de produire la Civilisation.

SECTION PREMIÈRE

Impuissance des Individus en dehors de l'utilité proprement dite.

Voici comment on explique le Progrès par les Individus, c'est-à-dire par le mobile de l'intérêt personnel, de l'égoïsme.

L'homme aspire à rendre sa condition meilleure. Il ne serait pas homme, s'il n'éprouvait pas pour lui-même et pour les siens un impérieux besoin de croître en bien-être et en dignité. De là, un effort universel, indomptable, tel qu'on peut l'attendre de ces profondeurs de notre nature. En outre, cet égoïsme n'est pas moins sagace qu'il est puissant : il excelle à démêler en toutes choses le but accessible et les moyens convenables : il a dans ses poursuites la sûreté en même temps que l'ardeur d'un instinct. Aussi, est-il fécond en produits, ou plutôt en œuvres et en découvertes qui ajoutent à la puissance comme aux jouissances de l'Individu. A ce titre, il est un agent de progrès incomparable, car le développement des sociétés se mesure de tout point à celui des Individus. La communauté n'a pas une autre fortune que ses membres. Elle marche et s'élève comme eux, du même pas, par les mêmes ressorts. Laissez donc à la Liberté la charge du Progrès. Ouvrez la carrière, rendez la main aux égoïsmes qui ont la mission, si ce n'est l'intention, du bien public, et qui vous répondent de la société comme d'eux-mêmes. Plus il y a de Liberté dans un pays, plus il y a par cela même de force appliquée au Progrès, au bien public qui se compose du bien de chacun.

Ainsi la question est de savoir si les hommes, sous la seule impulsion de leur intérêt et sous la seule discipline d'un pouvoir armé contre la violence, peuvent réaliser la civilisation, c'est-à-dire l'amélioration morale et physique des sociétés.

Nous ne croyons pas à ce mérite suprême de l'égoïsme, à cette puissance de l'Individu, quand il ne s'agit pas de lui ni des siens, mais d'un certain milieu, et des intérêts propres à ce milieu.

La société n'est pas simplement une collection d'individus juxtà-posés, une agrégation sans âme et sans lien. Elle est un mode d'existence essentiel aux hommes. De plus, chaque société a ses antécédents, ses particularités de climat, de territoire, de voisinage, parfois très-compliquées, très-impérieuses. Or, ce milieu social et national a certaines conditions de vie et de développement que les Individus ne peuvent lui procurer. Il en est à cet égard de la société comme de la famille. Il importe aux familles que l'enfance ne soit pas surmenée de travail, que la dot des femmes ne soit pas dissipée, que la vieillesse ne soit pas abandonnée : toutefois les membres de la famille feraient défaut à cet intérêt, et le législateur a pris soin d'y pourvoir lui-même. Ainsi l'Individu a ses intérêts dont il est assurément le meilleur juge, et la société a les siens qui ne peuvent être démêlés et traités que par un organe, par une force expressément constituée à cette fin. Quand Bentham ne voit au monde qu'un principe, l'utile, et qu'il part de là pour exalter l'Individualisme, pour réprouver l'intervention de l'État, il semble conséquent : il ne l'est pas. Il oublie qu'il peut y avoir une utilité purement collective, insensible, imperceptible, intraitable aux Individus. Mais n'insistons pas autrement sur ce mot *intérêt*, et n'oublions pas qu'il s'agit ici de Progrès, de Civilisation, et qu'il faut demander compte aux Individus de ce qu'ils peuvent non-seulement pour l'utile, mais pour le vrai, le beau et le bien.

En ce qui regarde cette partie supérieure du Progrès, l'Égoïsme est d'une impuissance manifeste.

On le voit bien embellissant et améliorant le monde matériel, opérant avec énergie dans le sens du bien-être, appuyé qu'il est là sur des instincts universels, rémunéré d'ailleurs par des avantages sensibles. Mais les choses de sympathie, d'esprit, d'imagination, de raison pure, qui n'attirent que le petit nombre, qui ne récompensent que les âmes, qui ne fécondent que l'avenir, comment viendraient-elles à une société sous la seule impulsion de l'égoïsme? Tout cela se cultive et éclot sous des influences plus pures. Il faut un autre soleil à l'exquis et au transcendant. Newton et Leibnitz ont pu se disputer la découverte du calcul infinitésimal ; pour moi j'y découvre un autre inventeur : le loisir ajouté à leur génie par la munificence des souverains.

SECTION DEUXIÈME

De l'inaptitude des Individus par rapport à l'utilité collective.

Nous venons de voir que l'égoïsme est stérile à ces hauteurs immatérielles : il ne l'est pas moins dans la phère des intérêts publics. L'utile offre ici de telles élévations et de telles complexités, qu'il est aussi difficile à atteindre que le juste, le vrai et le beau. Dès que les intérêts se répandent sur le nombre et sur l'espace, ils échappent à l'Individu, et le rôle de l'État commence.

Si l'homme portait en lui une lumière, un instinct infaillible, qui lui montrât son véritable avantage, et qui le conduisît au bien-être, tout irait de soi au monde. Comme le juste et l'utile se touchent dans la plupart des cas, il n'y aurait plus à s'inquiéter de rien. Qu'est-ce que toutes les disciplines religieuses et politiques, comparées à l'illumination, à l'entraînement de l'intérêt personnel?

Il n'en est rien cependant, partout j'aperçois une puissance publique armée de toutes pièces pour réprimer la violence.

Cette action de l'État est légitime, disent les Individualistes; elle procède du droit de défense, essentiel aux individus, et qu'ils délèguent à l'État.

Cela est légitime, j'en tombe d'accord; mais d'où vient que cela est nécessaire? Pourquoi faut-il que les hommes délèguent à l'État leur droit de défense, tandis qu'ils exercent eux-mêmes le droit de travailler, de commercer, de prier?

L'État réprime la violence parce que les individus en sont incapables : voilà la vérité. S'ils pouvaient s'acquitter de cette fonction, il la garderaient pour eux, comme ils gardent l'agriculture, l'industrie, l'échange. Or, est-ce là toute leur incapacité, par rapport à ce qui les touche le plus?

S'il y a des intérêts que l'égoïsme laisserait au dépourvu, son impuissance est démontrée, et il ne s'agit plus que de suivre le fil des analogies pour reconnaître jusqu'où va cette impuissance. — On ne voit pas que les Individus s'offrent d'eux-mêmes au service militaire : est-il plus probable qu'ils s'imposent d'eux-mêmes tel abandon de leurs droits, tel sacrifice de leurs biens, telle limitation de leurs facultés que réclame l'intérêt général? — La guerre, la diplomatie, la justice, ont des combinaisons qui passent la suffisance des Individus : auront-ils plus de lumières pour ce qui tient aux routes, aux Banques, aux colonies, aux écoles? L'intérêt personnel ne peut rien pour l'ordre et pour l'indépendance : pourquoi serait-il plus entendu par rapport aux conditions générales de la richesse publique?

Gardons-nous cependant d'abonder dans ce sens et de tout résoudre par l'État. Il n'est pas bien sûr que ce qu'il y a au monde de plus savant et de plus combiné soit l'œuvre des gouvernements. Que de choses parmi les hommes, et de choses vitales, conduites par l'égoïsme tout seul : Agriculture, industrie, échange!

Laissons là la logique qui est à sa manière aussi *la folle de maison*. Nul principe ne peut s'appliquer jusqu'au bout, dès qu'il s'agit de l'homme et de la société.

Parce que l'Individu avec ses mobiles et ses qualités excelle à certains progrès, vous ne pouvez abandonner à cette influence la Civilisation tout entière. Ce serait en trahir certains éléments que l'Individu ne peut ni reconnaître ni satisfaire.

D'un autre côté, il est clair que l'État est plus juste et plus éclairé que les Individus. Ce n'est pas à dire cependant que tout soit affaire d'État dans la conduite des sociétés. Ce serait anéantir l'Individu qui a les organes d'une force libre, et qui doit en obtenir les destinées.

Ceci nous conduit à reconnaître en ce sujet la pluralité des principes. Le tort des Individualistes, comme des Saint-Simoniens, est de se payer d'un seul principe en matière sociale. Que le goût de l'unité soit une cause d'erreurs, c'est un lieu commun, mais qui ne fut jamais illustré, comme à propos de ces deux sectes et de leur origine commune. L'une et l'autre ont le culte exclusif de l'utile et traduisent utilité par production : seulement, l'une tient l'État pour le producteur par excellence, tandis que l'Individu seul a ce mérite aux yeux de l'autre. Or, d'où vient cette philosophie sociale de l'utile? d'une philosophie morale qui ne reconnaît d'autre principe d'action parmi les hommes que la peine et le plaisir. Et cette morale elle-même découle d'une psychologie qui n'attribue d'autre origine à nos connaissances que la sensation. Erreur d'un bout à l'autre, erreur par l'unité. — Il ne suffit pas d'avoir de mauvais principes, il faut être illogique. Le dix-huitième siècle, où parurent ces théories avec une certaine faveur, eut la glorieuse inconséquence de rejeter la politique de Hobbes, qui était au bout de prémisses, et d'aboutir avec celle de Montesquieu et de Siéyès, à l'Assemblée Constituante.

SECTION TROISIÈME

D'une prétendue liaison entre les intérêts privés et l'intérêt public.

A l'aspect d'une société où les Individus ne savent prendre soin de ce qui les intéresse le plus, leurs biens et leurs vies, j'ai le droit de révoquer en doute la toute puissance du mobile individuel, de l'égoïsme. Je tiens de plus un principe d'analogie pour démêler ailleurs les lacunes, les défaillances de ce mobile. Mais il ne suffit pas de voir ce qui est, et d'induire par voie de similitude ce qui doit être : cherchons plutôt la raison des choses.

Il s'agit de savoir si les hommes, en poursuivant leur bien particulier, vont rencontrer le bien public. J'en doute fort. Il faudrait pour cela que les intérêts fussent concordants, que les hommes entendissent sainement leur intérêt, enfin qu'ils fussent capables d'y pourvoir comme de l'entendre. Autant d'hypothèses violentes, autant de conditions qui n'ont rien d'humain.

D'abord si les intérêts privés se heurtent et se contrarient, ce qui leur est fort naturel, au lieu du bien public ils ne produiront qu'antagonisme et conflit.

J'entends : il y a une puissance publique pour contenir les libertés dans le respect les unes des autres. Vous pensez faire de la civilisation avec ce principe : vous ne ferez pas même une route; n'oubliez pas à cette heure que l'État, tel que vous l'entendez, a pour toute mission de réprimer les violences, que son titre unique est la délégation du droit de défense essentiel aux individus. Cela rappelé, je reviens à la route qu'il s'agit d'ouvrir ou à la mine qu'il s'agit d'exploiter. De quel droit irez-vous prendre son immeuble au propriétaire qui le refuse à ces œuvres d'utilité publique? Quelle agression, quelle violence y a-t-il de sa part? Il n'en faudrait pas moins pour motiver contre lui le déploiement des pouvoirs publics? Allez-vous mettre sur le même pied l'homme qui refuse de vendre sa chose, et l'homme qui vole la chose d'autrui? Ainsi vous êtes sans force pour le bien public toutes les fois qu'il exige le sacrifice d'un intérêt privé. Vous n'avez rien dans vos principes pour réduire cet intérêt, pour triompher de ce bon plaisir.

En second lieu, les hommes n'entendent pas toujours leur intérêt. Je dis plus, ils le méconnaissent toujours, si certain qu'il soit, dès qu'il est mêlé à l'intérêt d'autrui, et subordonné dans sa satisfaction au concours d'autrui.

Il ne serait pas juste de dire que les hommes n'ont aucun souci des intérêts moraux, et que c'est là ce qui les rend impropres au bien public. Ne les voyez-vous pas très souvent se mettre en frais pour des avantages immatériels? Ainsi ils achètent des titres, cela est fort ancien et fort connu. Ils achètent du pouvoir et même fort cher, ainsi que nous l'avons vu à propos des *offices*. Ils achètent de la science, en payant des maîtres à tout prix. Il y a plus : ils achètent, par la voie des *Assurances*, de la sécurité, c'est-à-dire la même chose qu'ils ne se soucient pas d'acheter sous une autre forme, en contribuant aux dépenses du culte et de l'instruction primaire. — Oui, mais ces sacrifices leur rapportent un profit personnel à eux ou aux leurs, et non un profit qui, mêlé à celui de tous, a quelque chose d'éventuel et de problématique. Ainsi, et ce point est capital, c'est principalement le caractère collectif d'un intérêt, qui en détourne les hommes. Ils ne font les choses qui les intéressent le plus, que si elles peuvent être menées à bien par leurs seuls efforts, et si le profit leur en appartient tout entier. Vous pouvez compter sur la puissance de l'égoisme pour l'agriculture, car ici le succès relève uniquement de l'individu : tout est de lui seul et pour lui seul : telle culture, telle moisson. Quant à l'éclairage et au pavage d'une ville, si importantes que soient ces choses pour l'individu, comme il ne peut les faire à lui seul, comme son propre effort équivaut à zéro s'il n'est encadré dans l'effort de tous, il n'en fera rien. Ainsi l'intérêt collectif est négligé par les hommes, encore qu'ils comprennent le leur. La règle est ceci : L'Individu s'abstient des choses qui lui sont le plus avantageuses, quand ne pouvant les faire à lui seul, il ne peut contraindre les autres à en faire autant que lui (1),

(1) L'idée qu'on vient de voir a été découverte par M. John Stuart Mill dans ses *Principes d'économie politique*. Elle répand une vive lu-

Cet éloignement devient encore plus prononcé quand il s'agit d'intérêts collectifs à caractère indirect et lointain. Il faudrait s'inquiéter vraimènt pour l'école primaire et le collége de France, pour le théâtre et l'hôpital, pour le séminaire et le conservatoire, si l'on ne voyait d'autres finances à ces établissements que des cotisations individuelles et spontanées. Ces choses intéressent certainement la sécurité ou les plaisirs de chacun; mais chacun les laisserait tomber s'il avait à les soutenir. Certaines d'entre elles sont un moyen d'élever les masses au niveau de l'humanité et les natures supérieures au-dessus de ce niveau; mais cet intérêt touche les hommes d'une manière si latérale et si indéterminée qu'il ne les émeut pas. Il n'y a pas au monde une société assez avancée pour fournir une élite intelligente de cet intérêt et capable des sacrifices qu'il impose, pour dépenser en conservation des choses d'art, en excitation des artistes ou des penseurs, l'équivalant de quelques chapitres de notre budget consacrés aux compagnies savantes, aux bibliothèques, aux musées, à l'enseignement supérieur, à l'imprimerie royale, aux encouragements et aux missions scientifiques.

Dans un pays voisin où l'aristocratie a plus que nulle part le sentiment de ses devoirs, l'instruction primaire n'en devient pas moins un service public.

Sans doute les hommes pourraient s'associer pour doter l'éducation du peuple et l'enseignement supérieur. Il y trouveraient leur avantage : mais en fait, ils ne

mière sur ce sujet, et n'en est que plus restituable. Ce qui est bon à prendre est bon à rendre.

s'associent que pour faire un pont, une route, un canal, un bassin. L'intérêt pour lequel ils agissent, est un intérêt palpable, un péage. Ils ne feront pas un phare. Le moyen de soumettre au péage un bâtiment sous voiles qui se dirige à cette lumière en s'éloignant ? Moins un intérêt est personnel, direct, actuel, moins il a de prise sur les hommes. C'est assez dire ce que pèsent dans leur estime et sur leur conduite ces formes élevées de l'utile qui touchent à la morale, à la philanthropie, à l'esthétique.

En troisième lieu, les hommes, même avec la vue la plus nette de leur intérêt, ne sont pas toujours capables de ce qu'il demande. Cela est sensible surtout dans la sphère économique. Il faut au commerce des colonies, des débouchés, des points de relâche. Les commerçants se rendront-ils eux-mêmes ces services? On peut bien croire que la compagnie des Indes convoitait l'île de France et le cap dès le commencement du dernier siècle. Plus tard, elle éprouva le besoin de trafiquer en Chine et au Japon. Mais ces stations et ces relations précieuses ne lui furent conquises que par le gouvernement britannique.

Comme chaque jour voit apparaître dans une Civilisation qui s'améliore de nouveaux intérêts collectifs, comme la vie sociale y contracte incessamment des besoins qui passent le sentiment et la puissance des Individus, on peut juger par là si l'Individu, si l'égoïsme, si la liberté enfin est un agent du Progrès.

Il faut multiplier les exemples et toucher du doigt cette inaptitude de l'Individu pour certains de ses intérêts qui sont en même temps des éléments du bien public et de Progrès.

Il importe a une Nation d'acquérir des colonies, non-seulement parce que l'annexion d'une terre lointaine est un développement de richesse et de marine; mais parce que la variété de climats assure à un peuple l'universalité de production, c'est-à-dire l'indépendance, la sécurité de ses jouissances. — Toutefois, coloniser, c'est conquérir, c'est défricher. La bonne affaire commence par être une lutte contre les hommes et contre la nature. Les peines et les frais en sont actuels, évidents, les avantages en sont lointains et semblent douteux. Les Individus n'y songeront pas : au surplus, le passé en témoigne. Retirez la main de l'État, au seizième siècle, et les Européens n'eussent pris ni l'Amérique ni les Indes.

Il importe a une Nation d'acquérir la puissance industrielle au prix des sacrifices momentanés qu'impose le régime protecteur. Sans faire autrement l'apologie de ce régime, il faut prévoir un cas, celui d'une nation destinée, par son climat et par son génie à toutes les prospérités économiques, mais retardée dans cette voie par les angoisses de sa formation territoriale, politique, religieuse. Voulez-vous que cette Nation fasse et produise tout ce dont elle est capable? Privez-la des produits et des services du dehors. C'est ainsi qu'en jugèrent Cromwell, Colbert, Napoléon, et cela signifie vraiment quelque chose. Isoler un peuple, pendant le temps nécessaire à l'éducation de ses forces productives, c'est le convier à la culture de toutes ses aptitudes, c'est provoquer et mettre en valeur son génie tout entier. Pourquoi donc une Nation ingénieuse et hardie, faite pour réussir dans tous les arts et pour paraître sur toutes les mers, se bornerait-elle éternellement à faire du vin et des soieries?

Mais il faut que cet isolement soit imposé à un pays. Ce n'est pas de son plein gré qu'il achètera les produits nationaux, plus chers que ceux du dehors. Les particuliers ne feront pas et ne peuvent faire à cet égard aucune convention. Il n'est pas en eux de prendre des engagements dont ils ne peuvent s'imposer l'observance les uns aux autres. Il n'y a d'efficace en cette matière que l'intervention de l'Etat avec ses moyens de surveillance et de contrainte. C'est ainsi qu'est née l'Industrie dans presque toute l'Europe moderne; mais ce n'est pas ainsi qu'elle doit vivre, une fois adulte et armée pour la lutte. Ce serait vivre aux dépens de la Communauté.

Il importe à un pays de favoriser l'émigration des pauvres dans ses dépendances coloniales. Rien n'est plus propre à développer la puissance productive d'une Nation. Porter les hommes où la terre abonde, et où le capital ne manquera pas de les suivre, c'est assurer à la Production cet équilibre de ses agents, qui est pour elle le principe de vie. Mais cela touche à de plus grands intérêts vraiment que ceux de la Production. C'est disséminer les populations qui tendent à l'entassement, c'est répandre la propriété qui tend à se concentrer, résultats précieux pour qui a et pour qui n'a pas, dont il serait bien superflu de relever le caractère politique et moral.

La propriété, disait l'abbé Maury, *est le rapport des personnes aux choses.* Pour créer ce rapport, on ne peut rien de moins laborieux et de moins coûteux que l'émigration. Il ne s'agit pour ainsi dire que d'aller chercher la propriété. — Mais les Individus se porteront-ils d'eux-mêmes à l'émigration ? Se déplacer, c'est se déraciner; une violence que les hommes ne se font guères à eux-mêmes. Le mal le plus français est la nostalgie. Le travail a quelque chose de ce que les Économistes appellent le Capital *fixe* : en tout cas il ne circule, il n'émigre que tenté par le transport gratuit, par la terre à bon compte, et même par l'appât de certaines avances en argent ou en nature. C'est à ce prix que des colons Allemands ont été transplantés en Crimée et en Bessarabie. D'un autre côté, les Capitalistes ou les propriétaires coloniaux qui ont besoin de bras, feront-ils eux-mêmes l'avance des frais d'émigration? Non, vraiment ; car rien ne leur garantit que le travailleur transporté à leurs frais entrera ou restera à leur service. — L'émigration, d'un si grand intérêt pour la Communauté, ne peut s'exécuter que par les soins et aux dépens de l'État.

Il importe à une nation de créer chez elle quelque chose d'analogue aux Messageries de terre, c'est-à-dire un système universel et régulier de communications maritimes. Cette condition est capitale pour le commerce au long cours, pour l'échange transatlantique. Rien n'est tel en effet que la périodicité de transport pour provoquer le voyage, et que le voyage pour susciter le trafic. L'homme doit précéder le ballot, comme la semence précède la moisson. Il faut que les relations se nouent entre les personnes avant de s'établir dans les choses. On voit par ce qui arrive aux chemins de fer que le transport des marchandises suit de près celui des voyageurs, et que l'un de ces mouvements est régulièrement subordonné à l'autre. — Mais une entreprise de Messageries maritimes, est une chose très coûteuse et en outre très chanceuse. Les profits peuvent s'en faire attendre, et, qui plus est, leur source une fois ouverte peut se détourner vers la marine marchande. — Ici encore, il n'est que l'État capable de pourvoir à cet intérêt collectif, soit par un service public, soit au moins par une subvention.

Il importe à une Nation de se créer une réserve, et de préparer pour les temps difficiles des fonds qui la dispensent de recourir, soit à des emprunts onéreux, soit à des impôts plus odieux et plus insoutenables alors que jamais. Tel est le véritable office de ce qui s'appelle l'*amortissement*. En théorie pure, l'amortissement est peut-être une médiocre institution. On peut dire que la puissance de l'industrie pour créer des capitaux, c'est-à-dire des forces capables de porter légèrement le poids de la dette publique, est supérieure à la puissance de l'intérêt composé; que d'ailleurs l'Etat fait une mauvaise affaire, rachetant presque toujours la rente plus cher qu'il ne l'a vendue. C'est sous ces raisons que l'institution de l'amortissement a succombé en Angleterre. Ce précédent n'est pas une autorité. Il faut faire acception ici de l'histoire et du caractère des peuples. Pour ce qui est de la France, ses guerres sont des luttes à outrance contre les coalitions : il y a quelque chose en elle qui défie l'Europe. Ses troubles civils sont des révolutions qui emportent des dynasties, qui abolissent des formes de gouvernement, qui semblent même parfois s'en prendre à certaines bases de la société. Ajoutons que ce pays si coutumier des crises, est le dernier qui sache les supporter : d'où cette conséquence qu'un peuple ainsi fait doit compter parmi ses voies et moyens de finance quelque chose d'applicable à ses ébranlements, et frapper chaque année prospère d'un sacrifice, d'un viatique destiné aux catastrophes. Qu'on se reporte à l'époque où quarante-cinq centimes additionnels paraissaient un si lourd fardeau. Quelle détresse et quelles clameurs s'il avait fallu en outre obtenir par l'impôt les cent soixante millions qui furent fournis par l'amortissement ! Il est trop évident que cette prévoyance, que cette précaution ne saurait être le fait des Individus. Car la théorie de l'amortissement, tel que nous le comprenons, se réduit à ceci : l'impôt doit dépasser les besoins réguliers de l'État. Cet excédant doit constituer une réserve à l'usage des besoins imprévus et des temps difficiles. Le meilleur emploi de cette réserve, c'est-à-dire celui où elle est le plus disponible, est l'emploi en rentes.

L'énumération qu'on vient de voir est loin d'être complète. Nous pourrions citer bien d'autres cas d'intérêt collectif et d'incompétence privée, tout ce qui a rapport aux Banques, au Crédit foncier, à l'Irrigation, au Drainage, aux Statistiques, aux poids et mesures, au reboisement, au partage des biens communaux.

En définitive, voici comme nous pensons répondre à la question posée au début de ce chapitre : les Individus avec leur aspiration au bien-être, avec leur droit de défense susceptible de délégation, ne portent pas en eux le principe du Progrès. Ce n'est pas assez de ce mobile et de ce moyen pour l'avancement des Sociétés. Supposé que l'intérêt public soit la somme des intérêts privés, les hommes sont inhabiles au bien public, parce qu'ils le sont à leur propre bien. — D'abord ils se heurtent volontiers dans cette poursuite de leurs intérêts, et quand il y a collision d'un droit privé avec l'intérêt du plus grand nombre, ce conflit n'a pas de juges, pas d'issue possible, de par les principes qu'on vient de voir — les hommes d'ailleurs ne vont qu'aux résultats purement personnels, directs, actuels; laissant de côté leur intérêt dès qu'il dépasse l'heure présente et la sphère privée; c'est-à-dire négligeant ces biens collectifs, ces soins élevés, ces vues d'avenir sans lesquels on ne conçoit pas de Civilisation. — Enfin, dans leur plus grand effort ils n'atteignent pas certaines fins d'utilité transcendante qui ne sont accessibles qu'à l'effort collectif.

Sans doute l'Individu avec ses instincts est une force pour la Civilisation. Il en conserve la matière en se conservant lui-même. Il travaille même quelquefois au bien de ses semblables, en travaillant à son propre bien. Lorsqu'ayant créé un capital par son labeur et son épargne, il l'emploie en salaire, peut-être sauve-t-il la vie du salarié. Quand il asservirait ses pareils pour prix de ce bienfait, il n'y aurait pas moins bienfait. C'est ainsi du moins que les hommes l'entendent, à certains moments de la Civilisation. Demandez-le plutôt à l'histoire ou l'on voit les premiers humains pratiquer couramment la vente de leur personne.

Cependant l'Individu ne suffit pas à cette grande fin de Civilisation, car il est avant tout sa propre fin à lui-même. La Providence l'a voulu ainsi, qui a fait de l'égoïsme, et non du dévouement, un instinct ; mais elle n'a pas moins voulu la société, laquelle périrait si des êtres, créés égoïstes, étaient livrés les uns aux autres : de là les gouvernements. Si chacun se dévouait au bonheur de ses semblables (ce qui suppose par parenthèse que les conditions de ce bonheur seraient connues), les Gouvernements seraient de trop : mais chacun existe pour soi-même, faisant volontiers le mal qui lui est défendu, s'abstenant surtout du bien qui lui est prescrit.

L'égoïsme, voilà la raison d'être des Gouvernements. Ils ne sont pas nécessaires parce qu'il se rencontre çà et là des scélérats, mais parce qu'il y a partout des égoïstes qui laisseraient faire les scélérats. Si les témoins d'une voie de fait osaient la réprimer, il n'y aurait pas lieu à gouvernement; mais ils n'en font rien, et s'abstiennent d'une foule d'autres choses également justes, nobles, utiles. Ceci nous donne la mesure de l'État. Il serait une exception, s'il existait à raison de faits exceptionnels; mais il existe à raison de l'égoïsme, qui est le fond même de la nature humaine. De là des attributions abondantes et variées, comme il convient d'une source si haute et si généreuse.

Voilà, dira-t-on, d'étranges idées! Que faites-vous donc du sens moral, de la sympathie, de la sociabilité? niez-vous par hasard ces dons de la nature humaine? Non vraiment, je les reconnais, et j'en fais la cause pour laquelle les hommes créent ou supportent une puissance publique, destinée à suppléer leur égoïsme.

Telle est l'issue ouverte à ces sentiments, et quelquefois ils y passent tout entiers.

Ainsi l'égoïsme se croise en nous avec des éléments plus nobles. Naturellement, il prévaut en sa qualité d'instinct : il y a toutefois une force dans ces éléments, et elle s'emploie à constituer un champion, ou plutôt elle se prête et s'ajoute à tout ce qui en porte déjà le caractère et les couleurs. L'État, dans ces termes, est la création ou l'expression de ce qu'il y a en nous de plus pur, de plus fin, de plus élevé. Voilà dans toute sa vérité et toute son ampleur, la délégation qu'il reçoit des hommes.

SECTION QUATRIÈME

D'un mobile individuel qui est le Patriotisme.

Il y a bien quelque chose d'individuel, qui n'est pas l'intérêt, et qui fait une certaine figure dans l'histoire. Le patriotisme, l'amour du bien public, était la vertu des petites républiques de l'antiquité. Le citoyen s'y sentait vivre dans la patrie, menacé et frappé comme elle, non-seulement dans son honneur et dans ses sympathies, mais dans ses biens et dans sa liberté. On sait quel était alors le Droit des gens, qui traitait en vaincu non-seulement l'État, mais le citoyen, et qui livrait le vaincu, corps et biens, au vainqueur. — Dans de grands États où la liaison de chaque intérêt à l'intérêt public est médiate et lointaine, dans les temps modernes où la patrie peut-être profondément humiliée, sans qu'il soit question pour le citoyen d'esclavage et de ruine, le patriotisme ne peut être qu'une fonction.

La différence des temps paraît à une institution, nécessaire de nos jours, et que l'antiquité ne connaissait pas. Je veux parler du ministère public. Chacun de nous est intéressé à la dénonciation, à la poursuite, à la condamnation des coupables. Nul intérêt collectif ne touche de si près à l'intérêt privé. Cependant il faut un organe, une fonction aujourd'hui pour ce besoin public qui autrefois n'en avait que faire : soit que l'amour du bien général ait fléchi, soit que dans la mêlée sociale des temps modernes ce sentiment ne puisse être utilement servi par la bonne volonté des Individus.

Ceci répond à une observation qui s'offre d'elle-même en ce sujet.

Il semble naturel de penser que la Civilisation répandant parmi les hommes plus de lumière et de moralité, ils tendront incessamment à s'identifier avec la chose publique : et de fait il peut bien se passer quelque chose de semblable. Mais il faut voir surtout que le Progrès a pour effet essentiel de compliquer la société, et de prêter ainsi aux intérêts collectifs une ampleur et une élévation par où ils deviennent de moins en moins abordables au sens individuel.

Rien ne marque mieux le rôle ascendant des intérêts collectifs que l'usage de l'association chaque jour plus répandu. Il faut bien croire, à ce signe, qu'il se révèle dans la société des besoins supérieurs à l'étreinte des Individus ; ce qui est le caractère d'un intérêt collectif, et le germe d'une intervention de l'État, car il n'est pas dit que les associations particulières suffiront à tous les besoins de cette nature.

D'un autre côté, à voir la division croissante des travaux, on sent tout le rôle qui échoit à l'État. Si l'effet du Progrès est de concentrer chacun dans une œuvre spéciale, comment serait-il donné aux hommes de faire le bien public en passant, et les affaires de la Communauté entre autres? Comment les intérêts généraux qui vont chaque jour se croisant et s'étendant, seraient-ils accessibles à des esprits qui chaque jour appliquent leurs facultés à moins de choses?

Il est évident que le soin de ces intérêts constitue pour une société progressive un travail *suis generis* qui doit, comme tout autre, se développer en s'isolant et en se spécialisant?

Ce point de vue des intérêts collectifs vaut la peine qu'on s'y arrête. Ce n'est qu'ici qu'on aperçoit bien toutes les proportions de l'État, et le vrai caractère de ses développements.

Ailleurs, l'État nous apparaît comme gardien de l'ordre, et il est bien sûr qu'il grandit à cette œuvre. Mais après tout il ne se développe là que comme accessoire, à la suite et dans la mesure des développements individuels. Le principal, le fonds, la vie sont autre part, et ne lui laissent que le simple caractère de modérateur.

Tout change d'aspect, dès que nous entrons dans la sphère des intérêts collectifs ; nous touchons à un ordre de choses où visiblement l'État est seul à comprendre, à vouloir, à exécuter. Il ne s'ajoute plus aux Individus, comme renfort de leur conscience : il les supplée pour une œuvre qui ne peut être la leur. Il ne corrige ni ne règle plus leurs actes : il agit spontanément dans des choses étrangères ou supérieures à leurs voies. A ce moment, l'initiative et la providence entrent de toutes parts dans son personnage, car il est l'organe de cette unité supérieure et distincte des Individus, qui s'appelle société, nation.

En résumé, il y a dans toute société de formation ancienne et compliquée, un intérêt de l'agrégation distinct de l'intérêt des membres qui la composent. Au moins faut-il y reconnaître, si cette distinction paraît forcée, des intérêts que les Individus ne sauraient embrasser ni prévoir, des vues d'ensemble et d'avenir plus fortes que leur coup d'œil. Il y a de plus une règle du juste et du vrai, distincte de l'intérêt même général, encore qu'elle y confine dans la plupart des cas. Pour la garde de ces choses sacrées, il ne suffit pas du total des efforts privés et de la collection des égoïsmes, il faut une force et une pensée qui appartienne tout entière à ces choses. L'État est préposé au bien public et à la loi morale, tout comme l'égoisme à la conservation de l'Individu et de l'espèce.

On ne quittera pas cette partie du sujet sans y laisser une remarque essentielle.

L'État, en même temps qu'il se développe comme gérant des intérêts collectifs, développe les Individus. Par exemple, cela est manifeste quand il favorise l'émigration, quand il autorise les associations à responsabilité limitée. Il ouvre là aux Individus des perspectives et même des voies nouvelles. Il leur met aux mains un véritable instrument de force et de richesse.

Ainsi les Individus ont leur tour dans les pays les plus gouvernés, de même que le Gouvernement a le sien dans les pays les plus libres. Autrement, le moyen d'expliquer les grandeurs de la société française? Est-ce qu'un Gouvernement peut faire à lui seul la besogne d'une Nation, et l'élever si haut sans qu'elle s'en mêle?

Il faut que le Progrès commence ou finisse par les Individus; on ne comprendrait pas que cette œuvre pût se passer de cet ouvrier. De même que l'expansion des Individus détermine celle de l'État comme modérateur, de même l'expansion de l'État entraîne celle des Individus, comme moteurs, comme bénéficiaires des forces et des droits qu'il crée.

Si les Individus sont nécessaires au Progrès, si l'État ne peut l'opérer sans leur concours, il sort de là une conclusion importante, c'est que la Liberté n'a rien à voir dans ce débat sur les voies du Progrès. Il n'y a ici de compromis que la spontanéité et la souveraineté des Individus. L'une est blessée de toute initiative de l'État pour cause d'encouragement, l'autre, de toute immixtion de l'État, pour cause de règlement. Mais ces façons et ces vues de l'État n'ont rien qui constitue en soi une entreprise sur la Liberté, c'est-à-dire sur l'activité sujette aux limites du droit universel. En quoi les hommes, réglementés ou encouragés par l'État, cessent-ils d'être libres? Ils n'y perdent que le droit d'opprimer leurs pareils, ou celui de rester misérables.

Sans doute, l'assistance et la discipline peuvent être portées à un point qui blesse la liberté, mais par accident et non par essence. J'ajoute, car il faut aller jusque-là pour décider la question, que cet abus est moins naturel à l'action de l'État, que la licence ou la torpeur au régime de la souveraineté et de la spontanéité des Individus.

SECTION CINQUIÈME

Si l'action des lois naturelles suffit au Progrès.

L'humanité se déploie sous l'empire des lois naturelles. Il est permis d'imaginer que ces lois pourraient produire la Civilisation par leur seule énergie, indépendamment de tout concours humain. Mais, à en juger par les analogies, les choses ne se passent point de la sorte.

Produire est une loi de la Nature : cependant la Nature ne livre ses fruits que sollicitée par le travail de l'homme. Le Devoir est une loi du monde moral : cependant je vois partout, en sus de la conscience où le devoir se révèle, le Droit écrit, le Prétoir, le Licteur. Ne serait-ce pas que la Providence agit sur l'humanité par des moyens dont la collaboration de l'homme fait partie?

L'homme a ses lois naturelles de conservation et de croissance, ainsi que toute chose et tout être à l'usage de l'homme; ce qui n'exclut pas les soins de la prévoyance humaine. En serait-il autrement par hasard de cet être collectif qui s'appelle *Société*? Encore que la société soit un décret d'en haut, pourquoi n'y aurait-il pas un art politique et social, tout comme il y a un art agricole, un art industriel, un art médical, à côté des puissances vitales et productives répandues, soit en nous, soit autour de nous, par la main de Dieu?

Je sais la question qui m'attend ici. Est-ce que l'art politique ne pourrait pas être le fait des Individus? Non, vraiment; parce qu'il n'y a pas d'art, même le plus simple, qui ne demande un homme tout entier; parce qu'il faudrait inventer la division des travaux, si elle n'existait déjà, pour le plus compliqué de tous, qui est le Gouvernement; parce que l'homme n'a que des facultés bornées pour une œuvre telle que l'appropriation de la nature et le progrès de la société, et que les facultés humaines doivent se partager la tâche pour la mener à bonne fin.

L'importance capitale de l'art politique n'est pas une raison pour que l'humanité tout entière y soit compétente. Est-ce que chacun de nous prétend mettre la main à la charrue, parce qu'il y va de sa subsistance? C'en est une seulement pour que chacun, dans la mesure de son aptitude, soit appelé au contrôle, au jugement de l'artiste politique. Le régime représentatif est la découverte qui concilie le droit de chacun sur la puissance publique, et le rôle spécial de cette puissance.

Toute la conclusion à tirer de ce qu'il y a des lois naturelles et providentielles, c'est que l'action de l'homme est sujette à des modes, à des limites. Mais vous ne pouvez en induire que cette action soit superflue. Les lois qui gouvernent le monde, sont faites pour dominer, mais non pour suppléer l'humanité. Elles ne souffriraient pas une société selon le rêve de Platon, fondée sur la communauté des biens et des femmes : mais elles ne sauraient édifier une société quelconque sans la main de l'homme.

De grands esprits ont fort bien montré que l'homme agit tout à la fois fatalement et librement. Ce n'est pas assez dire. La liberté humaine ne se concilie pas seulement avec la nécessité des lois naturelles : elle est l'auxiliaire indispensable de ces lois, dès qu'il s'agit de l'Individu et de la société. Cette coopération de l'homme leur est assurée quelquefois par ses besoins. Mais en fait de morale et de politique, elle ne peut l'être que par l'État.

Il faut croire que l'activité de l'homme, individuelle ou collective, est entrée dans le plan du monde. Le concours de l'activité individuelle suffit aux lois physiques ; mais celui de l'activité collective, de l'État, est nécessaire aux lois morales. Comme l'obstacle à celles-ci peut venir de l'Individu et de son libre arbitre, il faut bien que la coopération vienne de plus haut que l'Individu.

La conséquence de ce principe ou plutôt le sens de ces analogies, c'est que le Progrès pour être un dessein de la Providence, n'est pas dispensé d'être une politique, et que cette loi naturelle veut être assistée par la collaboration des lois et des puissances d'ici-bas.

Pourquoi le Progrès ne serait-il pas une application croissante de la raison au gouvernement des sociétés, tout comme il l'est à l'exploitation de la nature ? On ne cesse pas pour cela de croire aux lois naturelles : on suppose seulement que la raison s'y ajoute, façonnant, proportionnant à la mesure de l'homme les forces brutes et spontanées.

Les lois naturelles se déploient à leur aise dans le temps et dans l'espace, au profit de l'humanité plutôt que de l'homme. Sans doute elles créent ou ramènent infailliblement l'ordre, l'équilibre, mais en y prodiguant ce qu'elles nous mesurent de si près, l'étendue et la durée.

L'œuvre de la raison, anticipant et rapprochant tout, est d'accommoder l'action de ces lois au peu de place, au peu de temps, au peu de patience qui nous est départi. Comme elles ne comptent pas avec nous, c'est à nous de compter avec elles. Richelieu aurait vu le traité de Westphalie et la paix des Pyrénées, si le Crédit, la Centralisation, la vapeur, lui eussent obéi comme elles font aux Gouvernements de nos jours. Le monde ne craint pas les famines, depuis qu'il a ajouté de tels instruments à l'action des lois naturelles.

A vrai dire, plus les sociétés s'améliorent, plus leur vie d'instinctive devient rationnelle, ce qui implique ou suscite l'activité supérieure de l'État : car la plus haute raison est celle de l'État. L'Individu est ce que la société le fait : la société elle-même est ce que le passé l'a faite ; tandis que l'État, supérieur aux influences de milieu et de tradition, s'élève naturellement à l'idéal, au progressif. — En somme, le Progrès est une loi naturelle qui veut un concours humain. Elle veut encore, cette loi qui tend au bien, le concours de ce qu'il y a de meilleur dans l'humanité. Elle veut enfin, à raison de la grandeur et de la complexité de sa tâche, un auxiliaire au moins qui lui appartienne tout entier. Aussi doit-elle avoir un organe tel que l'État, cette exception, cette supériorité à ce qui égare ou distrait le commun des hommes.

Cependant quelques penseurs regardent la Civilisation comme une destinée humaine qui s'accomplit d'elle-même, comme une préordination suprême qui ne demande qu'une chose : c'est que les hommes n'y touchent pas.

« Les grandes tendances sociales sont harmoniques, « dit M. Bastiat, en ce que toute erreur menant à une « déception et tout vice à un châtiment, les dissonnan-« ces tendent à disparaître. »

Soit, l'humanité se corrige par l'expérience ; mais il faut rétablir ici deux choses : le moyen et la limite de cette amélioration.

D'abord, c'est l'État qui applique la peine au méfait, en quoi il semble un coopérateur assez nécessaire des tendances sociales.

En second lieu, l'expérience n'apprend rien aux hommes sur toute chose nouvelle, imprévue et jusque-là impunie, qui s'offre à leur libre arbitre. L'expérience est la leçon des temps passés sur ce qui leur ressemble, et rien de plus. Or, c'est le fait du Progrès de développer tous les éléments de la nature et de la condition humaine, ce qui prépare aux hommes, dans des nouveautés sans fin, une perpétuelle occasion de faillir. On le comprend, leur éducation n'est jamais achevée. L'expérience n'a pas plutôt fait la lumière sur un point, qu'elle est à recommencer sur un autre dont la source est intarissable.

Il n'est donc pas exact de dire que les *dissonnances tendent à disparaître*. Elles tendent au contraire à s'éterniser. L'harmonie ne viendra jamais aux sociétés, parce que l'amélioration humaine, née de l'expérience, ne sera jamais égale, soit aux tentations nées du Progrès, soit à la morale supérieure qu'il éveille chez les âmes d'élite et qu'il finit par mettre dans la loi.

Allons jusqu'au bout. Qu'y a-t-il, après tout, au fond de ces systèmes qui attribuent et confient la Civilisation soit aux Individus, soit aux lois naturelles ? Deux doctrines qu'il suffit de nommer, le Fouriérisme et le Fatalisme. Laisser faire les égoïsmes, c'est la religion de Fourier. Qui ne reconnaît là le culte du phalanstère, le droit des passions, *lesquelles*, comme chacun sait, *viennent de Dieu tandis que le devoir vient de l'homme?* C'est tout au moins le droit d'une passion : la cupidité.

Quant à laisser faire la Providence et les lois naturelles, ce dogme fut longtemps celui des Orientaux. On ne demande qu'une chose aux fatalistes, c'est d'être conséquents et de supprimer toute police. Pourquoi ne pas confier à la Providence le soin de nos propriétés, aussi bien que celui du Progrès? Encore n'est-ce pas assez dire. Professer l'inertie de l'État sous prétexte des lois naturelles, c'est conclure à l'inertie générale : car les Individus aussi bien que l'État rencontrent ces lois sur leur chemin, et l'on ne voit pas pourquoi les uns devraient agir où l'autre doit s'abstenir.

Voilà où l'on tombe pour ne pas tenir compte de l'État, cet être intermédiaire entre les Individus et la Providence, ce mode d'action qui n'est ni l'égoïsme ni la vertu, la plus grande force que les hommes puissent créer, et qui paraît un instrument nécessaire aux desseins de Dieu sur le monde.

SECTION SIXIÈME

De l'Individualisme comme obstacle au Progrès.

Le bien public n'est pas plus le résultat que l'objet des efforts humains vers le bien-être. Quelque soit le nom de cette poursuite — Égoïsme, Individualisme, Liberté — elle ne songe ni ne va au Progrès social.

Ce n'en est pas le seul défaut : la Liberté pèche non-seulement par insuffisance, mais par un principe de malfaisance. Cela demande explication. Il y a deux choses dans la liberté : le droit de l'Individu sur lui-même, le droit de l'Individu sur autrui. Qu'un homme fasse des épargnes, c'est un pouvoir qu'il exerce sur lui seul; mais qu'avec ces épargnes il salarie d'autres hommes, c'est un pouvoir qu'il exerce sur ses semblables.

Le premier de ces droits est irréprochable et fécond. L'État n'a rien à y voir, ou du moins il ne peut se mêler de ce qui se passe là que pour encourager et assister.

Quant à la liberté qui est le droit des Individus sur leurs semblables, c'est tout autre chose vraiment. Si ce droit n'a pas ses limites, il aura ses abus. Est-ce qu'une puissance absolue ne tourne pas toujours à l'excès et à la tyrannie? Il importe que l'État intervienne ici comme modérateur des rapports individuels : à lui de protéger le droit de tous en bornant le droit de chacun, et de mettre ordre aux poursuites ambitieuses ou cupides qui fouleraient le plus grand nombre, *Point de liberté qui n'ait son règlement* : c'est la parole la plus sensée qu'on ait jamais dite. Il faut du règlement partout, parce qu'il y a partout tendance des uns à opprimer, et droit de tous à être protégé. Prenez un ordre de faits quelconque, et voyez ce qui s'y passerait, faute de règlement. Que les banques soient libres, que le premier venu puisse battre monnaie de papier : il est à croire que plusieurs s'y enrichiront : mais que de victimes parmi les ignorants, les crédules, et en général parmi les classes subalternes et dépendantes, incapables d'apprécier ou de marchander cette monnaie!

Tels seraient les effets de la Liberté sur ce point entre autres. Avec le règlement, l'ordre et l'harmonie reparaissent sur tous les points : ce n'est pas moins que la modération et l'équité introduites dans les rapports des hommes, imposées à leurs passions. C'est la paix et la société subtituées à un état de choses anarchique et sauvage : c'est la politique qui crée des driots au lieu de la nature qui crée des forces.

Quand vous voyez quelque part des hommes faisant ce qu'ils veulent, affranchis de toute règle et de toute autorité, vous dites qu'ils sont libres et votre admiration n'a pas de bornes. Mais cette liberté, c'est la domination du plus fort par les muscles, par le cerveau ou par la richesse! une lacune, un déni de Civilisation. Il est vrai que la plupart des hommes semblent nés pour obéir. Aussi toute la dispute sur le règlement et sur la liberté se réduit-elle à ceci : lequel vaut-il mieux subir, d'un pouvoir capable d'équité ou d'un pouvoir égoïste, d'une magistrature ou d'une exploitation?

Ainsi la Liberté est certainement un obstacle au Progrès, quand elle n'est que le pouvoir des Individus sur leurs semblables. Sous cette forme, elle est essentiellement à limiter et à surveiller! il y va de la Civilisation même. — Quant à la Liberté qui consiste dans le pouvoir de l'Individu sur lui-même, il faut reconnaître là une impulsion légitime et puissante. L'application au travail, la force qui épargne, la prudence dans la paternité procèdent de cette source. Mais ce n'est pas à dire qu'ici même l'État puisse abandonner les Individus à eux-mêmes; encore faut-il que leur entendement et leur énergie soient fécondés, provoqués par l'État. Il doit venir en aide au pauvre d'esprit ou de volonté, en multipliant pour lui les occasions et les moyens de travailler, d'épargner, de s'éclairer surtout : il le doit en vertu de la loi morale dont il est le gardien, et qui l'oblige non-seulement à empêcher le mal, mais à faire le bien. C'est de la tutelle, on ne peut le nier; mais cela est juste apparemment, n'en eût-on pour preuve que ce qui se passe en certains pays où cette pratique se concilie avec la plus grande prospérité et la plus grande Civilisation connue. Il faut bien croire à cette portée de la loi morale, que reconnaît et consacre la jurisprudence des peuples les plus exemplaires.

Cependant, de bons esprits, des voix amies du peuple se récrient fortement contre ces procédés.

Prenez garde, disent-ils, la tutelle de l'État est un écueil pour le Progrès : la Nécessité est le véritable stimulant du progrès. Si les soins du Gouvernement se prodiguent d'une manière irréfléchie aux classes laborieuses, elles y perdent cette précieuse impulsion. Si une providence publique vient se substituer aux prévisions, aux entreprises de l'Individu, c'en est fait des efforts et des aptitudes que provoque la Nécessité. Gardez-vous de toucher à cette discipline. C'est l'école immémoriale où s'est formé le genre humain : il n'en a pas eu, il ne pouvait en avoir d'autre pour passer de la barbarie et de la précarité à une vie mieux pourvue de bien-être et de combinaison. Pourquoi ce mobile qui a suffi au passé, ne suffirait-il pas à l'avenir du Progrès?

Songez-y bien, c'est le sentiment du besoin chez des êtres puissants et fiers qui a fait au monde les destinées où il est parvenu Ils ne voulaient que vivre, et ils ont conquis le luxe de la vie : la richesse et la science. Ils l'ont conquis pour eux-mêmes et pour leurs semblables. Exécutant plus qu'ils n'avaient entrepris, ils ont élevé le monde à leur suite. Prenez les peuples ou les Individus, et vous verrez que l'éminence des destinées se mesure volontiers à l'urgence des besoins. De là les parvenus parmi les nations et parmi les hommes. C'est que l'effort est en raison directe du besoin, et qu'il appartient aux efforts d'une nature énergique de dépasser le but. A lutter pour du pain on gagne le pouvoir et la renommée : mais ce n'est pas tout. L'homme qui a plus de force qu'il ne lui en faut, ne peut la dépenser uniquement à son profit : un des secrets de la nature pour racheter l'inégalité de ses dons, mais qui n'a son effet que sous le stimulant du besoin. Le plus grand intérêt de la société, c'est qu'il s'y crée les forces d'esprit, de caractère et de capital qui importent à son avancement. Or, cela ne peut avoir lieu que dans les angoisses fécondes de la Liberté, c'est-à-dire, du délaissement et de la responsabilité. Ces forces ne naîtront pas ou ne s'entretiendront pas, si la bienfaisance publique dispense les Individus de les acquérir ou de les exercer. A quoi bon l'effort, quand l'inertie n'emporte ni malaise, ni privation? La meilleure chance du genre humain, c'est l'homme du génie affamé.

Cette théorie contient un grand fond de vérité. Elle est d'une réprobation irrésistible contre le phalanstère, contre le mécanisme Saint-Simonien et même contre les *ateliers sociaux* qui attribuent à l'État non le monopole, mais un exercice concurrent de toutes les industries, qui en serait bientôt l'absorption. Il est certain que l'État se faisant appréciateur de facultés, pourvoyeur de besoins, dispensateur de travail et de capitaux, l'Individu n'a plus à s'occuper de son sort. Il n'a pas même à s'aider pour mériter l'aide du ciel : elle est acquise, sous forme de providence sociale, à son inertie. Seulement il faut penser à ceci : l'Individu viendrait à rien sous ce régime où ses facultés sont de trop, et la société à peu de chose, car elle est faite d'Individus. Ou plutôt, pour tout prévoir, elle tomberait en dissolution au bout d'un certain temps de cette vie artificielle. Une agrégation d'hommes où le principe de vitalité individuelle va toujours déclinant, pourrait-elle produire le moral et le personnel de gouvernement qui lui est nécessaire? Cela est peu croyable, surtout dans l'hypothèse d'un Gouvernement qui prétendrait occuper et remplir à lui seul toutes les sphères de l'activité humaine.

Ainsi les sectes ont tort, c'est clair, un tort d'excès, d'énormité. Mais une certaine pratique d'assistance et de tutelle sociale a raison.

Ce n'est pas un mobile à l'usage de tous les hommes que l'amour du bien-être et l'impatience des privations. Ce sentiment ne peut naître dans certaines conditions tellement misérables, qu'elles aspirent à s'oublier seulement et non à s'améliorer. Il ne faut pas s'abuser sur les services que rend au Progrès cette loi de la nécessité. Elle ne développe que ce qui existe. Otez-la, et peut-être que les grandes qualités enfouies chez les êtres privilégiés ne verront pas le jour. Elle est favorable à la fécondation et à l'épanouissement de ces dons; mais c'est là toute sa vertu : ailleurs, elle est sans force. Ne croyez pas qu'elle enseigne au commun des hommes l'audace et la prévoyance; loin de là, elle les jette ou les entretient dans l'incurie et l'abandon d'eux-mêmes. L'aiguillon des forts n'est pour le vulgaire qu'un principe de désespoir. On ne dira pas que l'éducation de la nécessité ait manqué au peuple d'Irlande ni aux sauvages de l'Amérique du Nord; nul besoin n'est plus âpre que le leur : vivre est pour eux un problème de chaque jour. Cependant à cette dure école, ni l'Irlandais, ni l'Iroquois n'ont appris la prévoyance. C'est à propos de l'Irlande que Malthus a fait cette remarque : « Jamais les habitants d'un pays ne prendront des ha-« bitudes d'ordre et d'industrie, si pour être occupés « constamment et utilement, il leur faut déployer un « degré extraordinaire d'audace et de persévérance. » Il appartient donc à l'État de favoriser leur amélioration en les dispensant de cet héroïsme.

Les hommes sont ainsi faits : à un certain degré de dénuement, ils tombent au-dessous d'eux-mêmes par le découragement et par l'apathie. Une misère dont ils ne peuvent se tirer qu'avec de grands efforts, est une misère où ils s'éternisent. Gardons-nous de croire aux vertus souveraines de la nécessité : avec un pareil don, le mal ne serait pas de ce monde, car il suffirait de se sentir besoigneux et délaissé pour cesser de l'être.

Les Gouvernements, plus sages que les sectes, ont compris qu'ils devaient, non pas se charger du bien-être de l'Individu, mais lui en offrir certains moyens, en éveiller chez lui l'espérance, et le rapprocher du but, si ce n'est l'y mener.

Seriez-vous en peine des effets produits par cette assistance sur les caractères vigoureux qui peuvent s'en passer? Craignez-vous par hasard qu'ils n'en soient énervés au grand dommage de la société ? mais on peut imaginer tel degré de tutelle qui serait profitable au plus grand nombre sans être nuisible aux natures privilégiées. Il s'agit de trouver cette limite et de s'y tenir. C'est un point de législation et de gouvernement assez délicat; mais enfin la voie des compromis est celle de la vérité faite pour les hommes. Vous plairait-il d'user d'un principe seulement au lieu de concilier des principes divers? Concluez donc, si vous l'osez, à la suppression des hôpitaux, dernière et surtout légitime conséquence du principe Individualiste et des doctrines de la nécessité.

Au surplus, à considérer ce qui se passe dans un pays voisin, on se sent fort rassuré sur les effets de l'assistance de l'Etat, même excessive. Rien ne semble plus déraisonnable que la LOI DES PAUVRES : la théorie tant décriée du droit au travail n'est qu'innocence et modestie, comparée à ce produit britannique. Pendant plus de deux siècles, la loi des pauvres fut le droit à la paresse ; on le dirait du moins à voir les choses à distance, *à priori*. Cependant cette loi n'a pas empêché le caractère anglo-saxon de porter ses fruits. Cette énorme intervention de l'État n'a pas nui au développement des qualités énergiques et prévoyantes qui composent le naturel de ce peuple. Après tout, la question n'a pas l'importance qu'on pourrait croire : de quoi s'agit-il? de deux modes d'éducation pour les hommes, l'un par le besoin, l'autre par l'assistance. Mais ni la meilleure éducation ne supplée le naturel, ni la plus mauvaise ne l'étouffe.

Il est vrai, le monde n'a fait ses premiers pas, les plus difficiles peut-être, qu'à la suite de quelques hommes, poussés eux-mêmes à toute leur valeur par le stimulant de la nécessité. Il a profité de leurs inventions et s'est enrichi de leurs exemples. Mais est-il donc défendu à l'humanité de varier et d'accroître ses moyens de progrès? Pourquoi une société dans l'âge intellectuel, et qui a cessé d'appartenir aux caprices de la force, du hasard, de l'imagination, n'en viendrait-elle pas à combiner logiquement son progrès, au lieu d'attendre l'assistance fortuite et involontaire de quelques hommes de génie? Pourquoi, ayant créé une force collective dans des conditions qui lui répondent de sa rectitude et de son dévouement, n'appliquerait-elle pas cette force à l'amélioration universelle? On a peine à concevoir qu'un Gouvernement fait comme une magistrature ne comprenne pas dans sa mission le service du Progrès, et que les desseins de l'homme ne s'ajoutent pas ici aux décrets de la Providence et aux forces de l'instinct. Que servirait à une société d'être parvenue à la possession d'elle-même par la politique, à la conscience de ses destinées par la philosophie de l'histoire, au secret de la richesse par l'Économie politique, si elle n'employait au Progrès ce qu'elle sait et ce qu'elle peut, les lumières qui lui sont venues et l'instrument qu'elle a conquis? Maîtresse de son Gouvernement, instruite de ses fins, elle doit s'appuyer sur l'un pour marcher aux autres.

Il n'y aurait là que le bénéfice légitime et régulier de la Science, tel qu'on l'aperçoit ailleurs. — Dans toutes les applications de l'activité humaine, l'art précède la Science; mais il reçoit de la Science, une fois venue, une énergie, une direction toutes nouvelles. C'est ainsi que les arts dont nous vivons et qui préexistaient aux Sciences naturelles ou exactes, se sont développés à cette lumière.

Il n'en est pas autrement de ce qui tient à la politique

et à la société. Il n'y eut là d'abord que la satisfaction grossière et empirique d'un besoin impérieux. Mais l'homme a fini, dans ses jours lucides, par sonder le fond de ces choses avec le fond de son esprit. Avènement de la Science! et de la plus haute, qui cherche non le fait général, mais le fait légitime. Vous n'en pouvez douter, à voir dans presque toute l'Europe l'autorité sur des bases nouvelles. Mais cette nouveauté ne peut être la seule. Il faut bien que les Gouvernements aient désormais une âme au niveau de leur forme, une mission aussi rationnelle que leur constitution. La Science qui leur a fait un autre principe, ne peut leur laisser le même programme que celui des Pouvoirs d'autrefois, artistes ou plutôt praticiens sans lumière et sans idéal. Or, quelle peut être l'âme, la mission, le programme des gouvernements reformés, si ce n'est le Progrès, c'est-à-dire l'aspiration au juste, au vrai, au beau, à l'utile?

Au demeurant, si loin qu'on pousse l'analyse de la Liberté, on n'y trouve qu'une puissance qui exalte certains Individus non-seulement par le droit de leurs efforts et de leur vertu, mais par l'abus de leurs forces, — qui livre les masses à l'incurable inertie du désespoir, — qui laisse le monde dans la voie où il chemine depuis quelques milliers d'années avec une lenteur d'aveugle, ignorant du but et de la route; réduit pour toute chance d'avancement aux impulsions puissantes mais exceptionnelles du génie, et à l'action constante mais bornée de la classe peu nombreuse, capable de ressentir utilement le désir du bien-être; en deux mots, servi comme on l'est par le hasard et par l'égoïsme.

SECTION SEPTIÈME

De ce qu'a fait et de ce que pourrait faire l'Individualisme en France.

Nous avons vu dans quelles limites l'Individualisme est un auxiliaire du Progrès : cet aperçu général ne suffit pas. Il faut se demander comment l'Individualisme a servi et comment il pourrait servir la société française.

Dans le passé on n'aperçoit de sa part que services médiocres et pour ainsi dire nuls. Le Progrès politique qui consiste en bourgeoisies, en communes, en ventes d'offices, est mêlé partout d'interventions ou même d'initiatives royales. Quant au Progrès intellectuel, parmi tant d'établissements qui marquent sa route, on citerait à peine çà et là quelques chaires et quelques bibliothèques, de fondation particulière. Les Individus y paraissent généralement les obligés et pour ainsi dire les inspirés de l'État. Bref, la Liberté dans notre histoire est peu féconde.

Mais ne serait-il pas juste de faire une exception, pour le Progrès Économique et particulièrement pour la répartition des richesses? On doit convenir au moins que depuis une date mémorable qui est celle de la Liberté même, le sol s'est morcelé en France et que la propriété s'est répandue à souhait.

Oui, sans doute; mais il faut voir l'origine et la portée de ce fait. — D'abord, on n'en peut faire honneur à la Liberté. Gardons-nous du sophisme qui prend la suite des choses pour leur conséquence. Ce progrès a deux sources qu'on ne peut méconnaître : la Révolution, qui revendit à vil prix tant d'immeubles confisqués, le code civil qui décréta le partage égal des successions.

Si ces influences, après avoir créé une meilleure répartition du sol, seront de force à la maintenir, c'est encore une autre question.

Il s'est fait là-dessus quelque réaction dans les idées d'un public fort éclairé. On commence à douter en bon lieu que les effets de la Révolution et du Code civil puissent tenir devant l'action des lois naturelles d'où procède la concentration des richesses, l'agglomération oligarchique des terres et des Capitaux. Ces lois ont été curieusement étudiées de nos jours par la Science appuyée sur la Statistique. J'ouvre les *Mémoires de l'Institut de France*, et j'y trouve des observations qui surprendront plus d'un lecteur; par exemple, que le nombre tant exalté de nos cotes foncières ne s'est presque pas augmenté depuis 1815, à côté d'un accroissement notable de la population; ou bien encore que l'importance des héritages déclarés au fisc va toujours grossissant, tandis que le nombre des héritiers va toujours diminuant. Sur le même sujet on professait dans une chaire officielle (et quelle chaire !) que rien n'est contestable comme le morcellement indéfini des fortunes sous l'empire du Code civil, sous le régime de droit commun et de liberté qui date de 89 (1).

Ce ne serait pas la première fois, au surplus, que des lois faites en vue de l'égalité des fortunes, auraient manqué leur but. On sait à quel point furent éludées les lois Liciniennes qui défendaient de posséder plus de cinq cents arpents. Il n'en fut pas autrement de la loi de Moïse, qui sous le nom de Jubilé, voulait tous les cinquante ans un nouveau partage des biens. L'unique effet de cette loi fut peut-être de tourner dès-lors tous les soins du juif vers la richesse métallique, la seule qu'on pût soustraire à l'action du Jubilé.

Ainsi, la richesse attire la richesse comme le fleuve attire ses affluents : une loi de nature.

Si cette loi n'a pas eu en France tous ses effets, si la

(1) Voir la dissertation de M. Passy, insérée dans les *Mémoires de l'Institut de France*, tome II, 2e série, pages 283 à 312.

M. Rossi, dans son *Cours d'économie politique*, professe les mêmes opinions que M. Passy et semble les avoir puisées aux mêmes opinions que M. Passy (tome II, page 74).

Il y a de bonnes raisons aujourd'hui pour que les grandes fortunes se reconstituent malgré la loi : la nature de la richesse mobilière qui échappe aux prescriptions légales, le petit nombre d'enfants dans les familles riches, les alliances usitées entre héritiers et héritières, une véritable épargne à côté d'une certaine ostentation dans les familles récemment arrivées. Mais il faut remarquer surtout que la richesse mobilière a des sources où le riche seul peut puiser. Ce n'est pas le premier venu qui découvrira une mine de houille, qui en avancera les frais d'exploitation, et qui triplera son capital en revendant le tout au public actionnaire. Ceci n'est qu'un exemple entre cent des moyens de fortune, j'entends, des moyens licites réservés par la force des choses aux fortunes déjà faites.

propriété foncière s'est brisée en mille rayons au profit du plus grand nombre, ce bienfait, durable ou non, est à coup sûr un bienfait d'État.

Ainsi, on ne voit pas que l'Individualisme ait fait beaucoup même pour le Progrès purement économique de ce pays. Maintenant, si l'on se demande ce qu'il pourrait pour la Civilisation actuelle de la France, la réponse est aisée. Supposons-le Gouvernement et voyons-le à l'œuvre. Son programme n'est pas douteux.

Il supprimerait le budget de l'instruction publique, le budget des cultes, le budget des travaux publics, comme entachés de communisme — la banque de France, comme privilége — les offices ministériels, comme monopole — le régime protecteur, comme intrusion de l'État dans les choses de salaire et de profit — les hôpitaux, comme prime à l'imprévoyance.

Il abolirait la loi sur le travail des enfants — la loi sur les heures de travail — la loi contre les fraudes du tissage — la loi sur les logements insalubres, comme autant d'attentats à la liberté des transactions, à la puissance paternelle, que sais-je? à la propriété.

Il réformerait tout emploi de l'impôt, toute organisation financière qui a le caractère de *fonds commun*.

Nous croyons avoir épuisé l'hypothèse. La restauration de l'Individu, l'abaissement ou plutôt l'abolition de l'État ne sauraient être poussés plus loin. Mais en tout ceci, où est le Progrès? Je vois bien une société qui ne donne au peuple ni l'instruction dont le besoin se révèle, ni la religion dont le besoin persiste — où le pauvre et le malade sont systématiquement délaissés

— où l'enfant est sans défense contre l'exploitation du père et du maître — où l'État, dans les moments de crise suprême, n'a plus ces avances de banque qui sont le salut des États modernes — où chaque localité garde pour ses besoins tout l'impôt qu'elle paie, au lieu d'en verser une portion dans la bourse commune — où la confiance du public est livrée à toutes les captations, et le Capital des industries à tous les hasards de la concurrence.

Mais une société ainsi faite, est-ce donc une société progressive? Qu'y a-t-il de commun entre la Civilisation et ce délaissement des âmes, des esprits, des intérêts?

Si quelque justice parvient à s'établir parmi les hommes, ce sera plutôt par le fait des Gouvernements que par celui des Individus. L'humanité est meilleure dans l'État que dans les Individus. Elle s'épure, parce qu'elle s'élève, dans cet être collectif. Celui-ci, à la hauteur où il est placé, sera volontiers équitable; or, cette simple équité suffit au bien public. C'en est assez par exemple pour mettre un impôt applicable à l'instruction primaire, tandis qu'il faudrait de la vertu aux particuliers, pour qu'ils en vinssent d'eux-mêmes à doter les écoles. — On voit là d'un coup d'œil combien l'État est supérieur aux Individus pour l'opération du Progrès. Ceux-ci n'ont que deux mobiles : égoïsme ou vertu ; l'un défectueux de sa nature, l'autre débile et clairsemé comme une exception. Ce qu'ils ont d'énergique manque de moralité, ce qu'ils ont de moral manque d'énergie.

Tout autre est l'État. D'abord c'est la force; de plus une force capable d'équité, élevée qu'elle est au-dessus des intérêts qui divisent les hommes. Enfin cette simple équité vaut la vertu pour la puissance des œuvres.

Aussi l'État est-il l'organe naturel du bien public et du Progrès. Cela est visible surtout dans les sociétés libres et saines qui forment leur Gouvernement de ce qu'elles ont de meilleur; mais cela n'est étranger à aucun Gouvernement. César Borgia ne souffrait dans ses États d'autre empoisonneur que lui-même.

Mais j'entends un sarcasme : puisque l'État et la loi opèrent si merveilleusement le Progrès, que ne mettez-vous la société tout entière à ce régime? pourquoi ne pas réglementer la vie privée, les mœurs, l'intérieur des familles, toutes les relations enfin dont se compose le train journalier des existences? pourquoi ne pas conclure franchement au Phalanstère et à l'Icarie?

Pourquoi!... Parce que ce serait dégrader l'Individu par la loi, laquelle est faite au contraire pour l'émanciper et pour l'élever. Au lieu de protéger l'homme contre ses semblables, ce serait lui créer une autre sujétion et un autre abaissement.

Oui, l'état est préférable aux Individus, comme le désintéressement l'est à l'égoïsme. La loi, la volonté générale vaut mieux que chaque volonté particulière, parce qu'elle est comme on l'a dit, *l'intelligence sans la passion.* Mais vous n'en sauriez conclure que tout au monde soit à régenter et à discipliner. Sous cette étreinte, il n'y aurait plus d'homme : il y laisserait ses forces et son âme désormais superflues.

Que l'État ait une vue plus nette que les Individus de l'intérêt des nations ; qu'il soit un gardien nécessaire et le seul efficace, de ce qui s'appelle les droits de l'homme, cela n'est pas douteux. Mais toujours est-il que l'article premier de ce code, est le droit pour chacun de vivre et d'agir dans la plénitude de ses facultés bornées seulement par les facultés d'autrui. En fait d'équité sociale, cette règle est la plus certaine, et la première pour l'observance de laquelle soient institués les Gouvernements.

L'homme naît avec des besoins et des facultés qui le constituent. Il lui appartient dès-lors de pourvoir à la satisfaction des uns par l'exercice des autres. Tant que l'homme s'en tient là sans lésion d'autrui, il est dans la limite de son droit ; car où prendre l'idée de droit pour juger ce que font les hommes, si ce n'est dans le caractère inoffensif de l'acte et dans la conformité de cet acte avec la nature de l'agent ?

La société a mission d'assurer ce droit, de maintenir cette liberté. La protection du faible dont les forces ne pourraient s'exercer, dont les besoins ne pourraient se satisfaire sous l'oppression de forces supérieures et de besoins plus impétueux, plus entreprenants, est à coup sûr son premier devoir. Mais rien ne l'autorise, pour réprimer plus sûrement des abus, à supprimer des facultés tout entières. Prendre la place de tous, serait un moyen excessif de maintenir chacun à sa place : pour mettre l'équité dans les rapports des Individus, il ne faut pas détruire et les rapports et les Individus.

Il y a telle École socialiste qui ne prétend pas imposer aux hommes, mais qui demande à leurs convictions et à leurs calculs le sacrifice volontaire de leur individualité. Renoncer à un droit qui offre certains avantages, en vue des avantages plus considérables attachés à la renonciation, n'est-ce pas chose toute simple et toute permise ?

Le fouriérisme, en s'exprimant de la sorte, n'est pas une violence : il reste une chimère. Un être ne peut renoncer à son droit, quand par là il dépouillerait sa nature. La Liberté ne s'abdique pas. Comme elle est dans les organes de l'homme, elle est dans sa destinée. Avec les qualités d'une force libre, sentiment, raison, conscience, il ne peut devenir, le voulût-il, une simple molécule, un engin passif de je ne sais quelle machine à tout faire au lieu et place des Individus. La violence ou plutôt le suicide serait permanent, ce qui est absurde. On peut bien se tuer une fois : on ne se tue pas tous les jours.

Ajoutons que cette liberté se recommande aussi comme chose d'utilité générale. Il n'est pas indifférent que l'Individu soit libre : car à cette condition seulement il acquiert des forces qui tournent au profit et à l'avancement de tous.

On voit quelles sont nos raisons pour ne pas conclure des mérites de l'État à son omnipotence. Il n'y a pas moins que le droit individuel et l'intérêt social qui lui défendent de s'ériger en absorbant et en gérant de l'activité humaine.

SECTION HUITIÈME

S'il y a un critérium pour reconnaître ce qui est privé et ce qui est collectif.

La chose est claire : le droit social nonobstant les grands devoirs dont l'État est chargé, n'est pas le seul droit au monde. Les Individus ont de leur côté des facultés et une sphère d'action que l'État doit respecter. Mais cela entendu, il semble qu'on ne soit guère avancé. On voudrait faire un pas de plus, et savoir ce qui appartient aux Gouvernements, ce qui doit être réservé aux Individus. Y a-t-il un caractère précis qui distingue la fonction publique de l'œuvre privée? Y a-t-il un signe, une épreuve quelconque, où se révèlent soit le collectif, soit le particulier?

Nous n'essaierons pas une définition du droit individuel et du droit social. Parmi les écrivains qui ont rencontré ce problème sur leur route, la plupart ont passé outre ; ce sont les plus satisfaisants et les plus complets. D'autres ont essayé de le résoudre ; au demeurant, il n'y a pas là-dessus de théorie qui vaille. Je dis plus, il ne peut y en avoir. Depuis quand les secrets

21

d'harmonie et de félicité sociale se laissent-ils regarder en face, et réduire en systèmes? La condition du monde n'est pas si facile. C'est un de ses malaises que l'invincible obscurité qui défend les approches de certains problèmes.

D'ailleurs le mal n'est pas si grand qu'on pourrait croire. L'homme avec sa vue bornée et ses connaissances incomplètes, n'en a pas moins ce qu'il faut pour la conduite ordinaire et même tolérable des sociétés. Ainsi, nous ne savons pas au juste où s'arrêtent les pouvoirs de l'Individu, où commencent ceux de l'État. Qu'importe! on peut toujours, dans chaque cas particulier, équilibrer ces deux forces d'après des données également particulières. Les choses de Gouvernement ou même de législation, peuvent se passer mieux qu'on ne croit d'axiomes et de science, c'est-à-dire de rigueur et de certitude absolue.

Nos lois pénales en sont un exemple frappant. De principes, de synthèse, elles n'en ont guère. Vous y voyez tous les méfaits rangés sous trois catégories : *crimes, délits, contraventions*. Du reste, nulle définition de ces trois choses ; pas un mot sur leurs caractères constitutifs, encore moins sur l'essence de la criminalité, sur le fondement du droit de punir. On n'est pas moins philosophe que le Code pénal. Les juristes allemands lui ont durement reproché ce défaut de raison théorique ; mais ils n'ont pu l'accuser de fantaisie ou d'iniquité dans la fixation des peines, toute destituée qu'elle est de lumière *à priori* et de vues d'ensemble. Une peine, convenable en général, est appliquée à chaque méfait : cela suffit à la société si ce n'est à la science.

La science elle-même ne s'inquiète pas toujours de la plus haute et de la dernière raison des choses. Ad. Smith a traité fort au long dans un chapitre fait comme un livre, *des dépenses qui sont à la charge du souverain*, c'est-à-dire apparemment de ce que doit faire l'État, qui ne dépense que pour agir. C'était le lieu de s'expliquer sur les droits respectifs de l'État et des Individus : on attendrait là naturellement la législation philosophique de ce grand débat. Mais Ad. Smith n'a pas un mot là-dessus qui ressemble à un énoncé général et scientifique.

La plupart des Économistes ont imité cette circonspection. Un seul, l'auteur des *Harmonies économiques*, a pénétré dans la philosophie de ce sujet.

L'État, selon lui, ne doit faire et ne peut imposer que ce qui est juste.

Mais il faut s'expliquer sur ce qui est juste :

Si l'on prend ce mot dans la stricte acception où les spiritualistes le distinguent de l'utile, l'État va se trouver bien empêché : de quel droit ferait-il une expropriation? quelle justice y a-t-il à ce que je cède ma chose contre mon gré? Qu'y a-t-il de commun entre une pareille obligation et celle de respecter la liberté ou la vie de mon semblable?

Que si l'on traduit justice par utilité publique, à la bonne heure; l'expropriation pour cette cause est tout à fait légitime. Mais que de choses deviennent légitimes au même titre! Quoi de plus utile et par conséquent, de plus juste, qu'un impôt pour défrayer le prêtre et l'instituteur, ces précautions vivantes contre la brutalité des masses?

On comprend toute la portée de cette traduction, en lisant Bentham : « Toute loi, dit-il, est un mal, car » toute loi est une infraction à la Liberté. » Sur ce, on pourrait croire que ce publiciste va réduire à rien le domaine de la loi : Il y incline sans aucun doute. Cependant comme il donne pour base à la loi l'utilité publique, il arrive à des conclusions dignes d'être méditées par les hommes de secte et de parti. Il n'hésite pas *à ranger parmi les besoins de l'État auxquels il faut pourvoir par des contributions forcées, le soin des indigents, le culte public, la culture des sciences et des arts* (1).

Cette limite du juste n'en est donc pas une pour les attributions de l'État.

Passons à une autre solution. Faut-il admettre celle qui interdit à l'État tout ce que les particuliers peuvent faire? Mais à ce compte l'État devrait abdiquer; car il n'est pas une de ses attributions élémentaires, impôt, force armée, police, dont les particuliers ne pourraient le décharger, témoin les Condottieri, les Traitants. A la rigueur, l'État pourrait mettre en adjudication certains services, tels que la levée des contributions, la défense du pays, le maintien de l'ordre, et convertir ces *régies* en *entreprises*.

(1) *Traité de législation civile et pénale.* — Tome 1er. *Des objets de la loi civile*, pages 223 et suivantes.

Serait-il plus exact de dire que l'État doit laisser aux particuliers les choses qu'ils feraient à meilleur marché que lui? Pas davantage. L'économie n'est qu'une considération secondaire. Ce qui importe, c'est la qualité des services rendus. Des particuliers feraient peut-être à moins de frais que l'État le transport et la distribution des lettres ; mais tout se passerait-il avec la même sûreté et la même moralité qu'entre les mains de l'État, bien entendu dans les temps réguliers?

Rien ne s'offre jusqu'à présent qui puisse servir de critérium pour démêler ce qui est de l'État et ce qui est de l'Individu.

Nous n'irons pas plus loin dans cette voie : elle est sans issue, nous l'avons dit et nous tenions à en montrer quelque chose. — Au surplus, nous n'avons nullement besoin de définir le collectif et le privé, ni même d'établir que le collectif est plus considérable que le privé. Il nous suffit d'avoir reconnu que certaines choses sont d'essence collective, et que ces choses sont de plus en plus nombreuses dans une Civilisation ascendante — d'où la conséquence que le Progrès social emporte le développement de l'État, et que le système est faux qui croit servir la Civilisation en revendiquant à tout propos la prépondérance des Individus, la restriction ou même l'éviction de l'État. On n'a pas voulu démontrer autre chose.

CHAPITRE HUITIÈME

Où l'on cherche à vérifier ce qui précède.

Nous sommes arrivés par deux voies différentes à cette solution : que l'État se développe dans une société progressive, et que l'Individualisme est impropre à certaines grandes fins du Progrès. Il y a un moyen de contrôler ce résultat, qui est de porter la question plus haut, d'oublier tout ce qui précède, et de rechercher comment se fait la Civilisation. Si les sociétés ne portent pas en elles seules la puissance du perfectionnement, si elles ont besoin pour avancer d'impulsions officielles, on ne peut manquer de s'en apercevoir en regardant aux procédés et aux origines du Progrès.

Ce problème peut s'énoncer ainsi :

Étant donné des êtres qui sont corps et esprit, dont l'esprit lui-même est à plusieurs facultés — partagés en races inégales ou dissemblables — soumis à des climats différents — comment ces êtres s'élèveront-ils au juste, au vrai, au beau, à l'utile, toutes choses pour lesquelles ils sont faits et dont l'ensemble constitue la Civilisation? Comment ce qui est si divers atteindra-t-il ce qui est si complexe? Comment l'unité se fera-t-elle dans cette variété?

Par le mélange.

La Civilisation est produite par le croisement des races et des climats, ce qui opère la concentration des forces naturelles et humaines. Elle a pour condition essentielle, la rencontre, la conjonction des races les mieux douées soit entre elles, soit avec les climats les plus favorisés. C'est le spectacle que donnèrent au monde les Égyptiens en Grèce, les Grecs en Italie, les Romains partout.

Jetés sur la terre épars et dissemblables, les hommes ne parviennent à toute leur destinée que par le groupement et la collaboration des forces inhérentes au génie de chaque race, et des influences propres à chaque climat. La Civilisation se développe comme les hommes se meuvent et se pénètrent. La nature qui a mis partout le même fond de besoins, n'a pas mis partout les mêmes facultés, ni les mêmes milieux. Elle a disséminé les uns, et varié les autres. Pourquoi? la question est téméraire. Mais la nature eût voulu rapprocher et mêler les peuples en les rendant nécessaires les uns aux autres, qu'elle n'eût pas fait autre chose que ce que nous voyons : inégalité des Individus, disparité des races, diversité des climats.

Au fond il est bien sûr que le principe de la Civilisation est l'esprit humain, fait comme il l'est pour les divers éléments dont elle se compose. Sans cette affinité, on ne voit pas pourquoi le mélange des races et des climats serait plutôt la propagande du bien que la contagion du mal.

Toutefois si l'homme est fait pour se civiliser comme le sol pour végéter, encore faut-il que l'un et l'autre soient sollicités de manière à porter leurs fruits, lesquels ne naissent pas d'eux-mêmes. Or, la façon qu'il faut à l'humanité pour avancer, c'est la fusion que nous avons dite.

J'en ai pour preuve que pas un peuple ne s'est civilisé dans l'isolement. Pas un ne s'est développé avec l'harmonie et la variété qu'il y a sous ce mot, sans une fécondation du dehors, reçue ou cherchée. Cela est de toute évidence pour les nations modernes de l'Occident. Vous n'en pouvez nommer une, que l'esprit n'évoque à l'instant les Civilisations éteintes qui revivent dans sa langue, dans ses lois, dans ses aspirations d'esprit et de Gouvernement. Remontez le cours des âges : partout le même phénomène qui ne cesse qu'avec l'histoire et qui se laisse soupçonner même par-delà l'histoire. Partout une transmission du Progrès qui s'enrichit chemin faisant, et dont la source par parenthèse est demeurée aussi problématique que la source du Nil, par la même raison peut-être, parce qu'il en est plus d'une.

Certaine philosophie de l'histoire a prétendu déterminer par où passent les hommes pour s'élever graduellement à la Civilisation; d'abord chasseurs, puis pasteurs, puis agriculteurs, puis industriels et commerçants. Cette théorie pèche par omission. Elle oublie le côté moral, politique, esthétique de la vie humaine, qui ne se proportionne pas toujours exactement à ces divers degrés de développement social. Elle tend à préferer les Carthaginois par exemple avec leur commerce, aux Juifs qui professaient l'unité de Dieu et de l'espèce humaine. Elle est fausse : mais fût-elle vraie, il faudrait au moins l'entendre en ce sens que jamais l'influence d'un seul climat, ni le génie d'une seule race n'eurent la puissance d'opérer sur un point donné cette ascension graduelle des hommes. Aussi loin que remonte l'histoire, il n'y a pas apparence de ce progrès sur place, de cette Civilisation accomplie de pied ferme. On ne citerait pas une peuplade qui, solitaire et immobile sur son territoire, ait franchi successivement ces différentes étapes du Progrès.

La coopération, la convocation de toutes les variétés de la nature humaine ou physique courant pour ainsi dire les uns après les autres, est le travail d'où naît la Civilisation. Comme la complexité en est le caractère, le mélange en est le moyen.

Ne dites pas que la Civilisation est simplement l'œuvre des siècles éveillant l'une après l'autre les facultés de l'homme, et lui apportant à la longue la satisfaction de ses besoins. — Non, c'est l'œuvre pure du mélange. Le temps ne fait rien à l'affaire.

Est-ce que le temps a manqué aux Arabes et aux Tartares? D'où vient donc qu'on les retrouve aujourd'hui, pasteurs et nomades, tels qu'étaient leurs ancêtres, il y a quatre mille ans. L'Arabe surtout est à considérer avec ses fortunes diverses, à dater de Mahomet. Hors de l'Arabie, répandu à travers le monde romain ou barbare, il n'est pas moins que l'émule des Ptolémées, le disciple ingénieux d'Aristote, l'inventeur de l'algèbre et de la chimie, l'instituteur de l'Europe en fait d'arts utiles et de connaissances abstraites. Dans l'Arabie il est simplement le pasteur, le chamelier qu'étaient Abraham et Ismaël. Sous d'autres cieux, parmi d'autres nations, il s'illumine et s'épanouit. Mais dans les limites de son berceau, dans les liens de sa tradition, il s'arrête aux premières marches du Progrès. On en peut dire presque autant des peuplades de la haute Asie. Tous les Tartares n'ont pas envahi la Chine et l'Indoustan. Il en est resté en Tartarie; d'éternels nomades, tandis que leurs compatriotes de la conquête montaient au niveau des vaincus.

Il en est des nations qui s'isolent, comme des castes fermées. Il est bien connu que celles-ci dégénèrent et viennent à rien : les autres marquent le pas éternellement.

On pressent déjà quel peut être ici le rôle de l'État : tout à l'heure nous verrons en lui l'instrument assidu et varié de cette fusion. Mais avant d'en venir là, et pour ne rien omettre, il faut se demander quel pourrait être le principe de la Civilisation, à défaut de celui que nous avons reconnu.

On peut faire là-dessus diverses conjectures. On peut dire que la Civilisation est un effet de climat, de race ou de religion.

Le climat! hypothèse matérialiste!

Comment l'homme, un composé d'esprit apparemment, serait-il livré, subordonné dans son développement à des influences toutes matérielles et extérieures? Cette hypothèse ne tient pas devant les faits. Est-ce que la Grèce, n'a pas vu les alternatives les plus prodigieuses de politesse et de barbarie, de splendeur et de ténèbres? — D'un autre côté, il y a telle civilisation que vous rencontrez sous toutes les latitudes, intacte, inaltérable, toujours égale à elle-même. Le juif a beau errer, il reste juif partout. On parle bien de familles israélites établies dans la province de Cochin, qui sont devenues noires au bout de quelques générations. Mais le climat ne les a touchées qu'à l'épiderme, leur laissant du reste tout leur judaïsme, croyance, cérémonies, usages, préjugés. Rien ne marque mieux la portée et la limite de cette influence (1).

Encore cette action purement superficielle du climat est-elle à vérifier de fort près. On a depuis peu des momies de nègres, lesquelles sont absolument identiques au type nègre actuel. Le moyen de croire à un principe de forme et de couleur, qui ne se serait pas autrement développé depuis Sésostris? à une cause qui depuis trois mille ans n'aurait rien ajouté à ses effets (2)?

Si le climat fait la Civilisation, pourquoi l'Italie privilégiée à ce point que l'esprit humain y a fleuri jusqu'à trois fois (dans l'antique Étrurie, au temps d'Au-

(1) Voir le Traité du docteur Parchappe sur l'*Histoire physique de l'homme*, chap. 5.

(2) *Esquisses d'une philosophie*, par M. de Lamennais, t. II, p. 188.

guste, au siècle des Midicis), a-t-elle subi de telles éclipses après de tels rayonnements?

Dès qu'il s'agit de l'homme, vous ne pouvez, philosophe ou médecin, faire abstraction des causes morales : vous ne le pouvez, même quand il s'agit des animaux, parce qu'il y a en eux une lueur de l'entendement qui brille dans l'homme. Les naturalistes l'ont observé : la domestication agit sur eux plus puissamment que le climat (1). Or, il y a sans doute dans la domestication un effet physique, celui du régime alimentaire. Mais il y a aussi le passage de l'isolement et de la liberté au service et à la société d'un maître, quelque chose comme un effet d'éducation et de gouvernement qui ne modifie l'animal qu'en agissant sur ce qu'il a d'intelligence. Si les principes moraux ont ici un empire supérieur à celui du climat, comment à plus forte raison ne l'auraient-ils pas sur l'homme? On peut dire que l'action du climat sur les êtres est partout en raison inverse de leur intelligence. Vitale et complète sur les plantes, moins sensible sur le règne animal, cette action semble s'émousser sur l'homme et s'effacer devant des influences d'un autre ordre qui répondent mieux aux parties supérieures et prédominantes de son essence (2).

(1) « La domestication paraît produire sur toute l'existence de l'animal « un changement beaucoup plus grand que ne le ferait tout déplacement » d'un pays à un autre, tel qu'on le concevrait possible dans l'état d'in- « dépendance. Ses résultats matériels ont une bien plus grande portée pour « modifier la nature des animaux. » (Prichard, *Histoire naturelle de l'homme*, t. I, p. 81).

(2) Il paraîtra peut-être singulier que des philosophes et des publicistes, Aristote, Bodin, Montesquieu, aient attribué au climat une influence plus

Ces influences morales qui bornent celle du climat, ne sont autres que les institutions, les mœurs, la culture d'esprit, telles que les comporte le génie de chaque race.

Il est certain que ce principe est d'une énergie rare, à ce point qu'il agit même sur des choses purement physiques. Telle tribu turque a changé de crâne, dit-on, en quittant la vie nomade pour les arts et les lois de la vie sédentaire (1). On sait de reste ce qu'est devenue la

exclusive que ne faisait Hipprocrate. On sait tout ce que Montesquieu a fondé de théorie sur cette base du climat. Il avait eu des précurseurs dans cette voie.

« Les peuples, dit Aristote, qui habitent les climats froids, les peuples d'Europe sont en général pleins de courage ; mais ils sont certainement inférieurs en intelligence et en industrie ; et s'ils conservent leur indépendance, ils sont politiquement indisciplinables, et n'ont jamais su conquérir leurs voisins. En Asie, au contraire, les peuples ont plus d'intelligence, d'aptitude pour les arts, mais ils manquent de cœur et restent sous le joug d'un esclavage perpétuel. La race grecque qui, topographiquement, est intermédiaire, réunit toutes les qualités des deux autres. Elle possède à la fois l'intelligence et le courage. »

(*Politique d'Aristote*, t. II, p. 41, traduction de M. Barthélemy Saint-Hilaire.)

« Les Asiatiques sont moins belliqueux que les Européens. La cause en est surtout dans les saisons qui n'éprouvent pas de grandes vicissitudes ni de chaud, ni de froid ; là, en effet, ni l'intelligence n'éprouve des secousses, ni le corps ne subit de changements intenses, impressions qui rendent le caractère plus farouche, et qui y mêlent une part plus grande d'indocilité et de fougue qu'une température toujours égale. Ce sont les changements du tout au tout, qui, éveillant l'intelligence humaine, la tirent de l'immuabilité. Telles sont les causes d'où dépend, ce me semble, la pusillanimité des Asiatiques. *Il faut y ajouter encore les institutions : la plus grande partie de l'Asie est soumise à des rois. Or, là où les hommes ne sont pas maîtres de leurs personnes, ils s'inquiètent, non comment ils s'exerceront aux armes, mais comment ils paraîtront impropres au service militaire.*

(Hippocrate. — *Traité des aires, des eaux et des lieux*, tome II, page 63, traduction de M. Littré.)

(1) Voir le Traité du docteur Parchappe. *Histoire physique de l'homme.*

campagne de Rome sous le gouvernement du Saint-Siége, et celle de l'Afrique septentrionale sous la domination des Turcs.

Mais ce principe avec toute sa puissance n'est pas la Civilisation même. Le fait est que les mêmes institutions la produisent à dose très-inégale, selon les lieux et les époques. Les petits cantons Suisses, au quatorzième siècle, se gouvernaient de tout point comme les Athéniens du temps de Thémistocle et d'Aristide. Il est trop clair que l'analogie entre les deux Civilisations ne va pas plus loin, et que la démocratie helvétique n'eut rien de ces immortels accessoires où triomphait celle de la Grèce. — Que si l'on regarde le pouvoir absolu comme la politique qui élève l'intelligence et la condition d'une société, en se fondant sur ce que fut l'Espagne au seizième siècle et la France au dix-septième, il reste à expliquer comment la Turquie et la Russie auxquelles il a été fait largesse de cette bénédiction, n'en ont recueilli ni les mêmes fruits, ni les même fleurs.

S'il appartenait au génie d'une race de produire la Civilisation au grand complet, la race Sémitique, tellement douée que la Science semble y reconnaître le prototype du genre humain, aurait eu cette fortune. Pourquoi, ayant trouvé certaines choses du Progrès, telles que l'astronomie, le calcul, et les grands traits du Mosaïsme, n'aurait-elle pas tout trouvé, tout révélé? Pourquoi la connaissance et la moralité humaine, nées à ce berceau, n'y auraient-elles pas pris tout leur développement? Rien ne montre mieux l'impuissance d'un seul principe en fait de Civilisation, même d'un principe moral, et du plus riche, du mieux constitué, que l'impuissance de cette race privilégiée entre toutes.

D'autres races, celles du Nord, eurent aussi leurs dons particuliers. Nobles races, dans leur aversion de l'esclavage domestique et politique! Montesquieu les en glorifie magnifiquement. Toutefois, ce trait de caractère, cet élément capital de Progrès, ne fut le Progrès même, que transplanté dans l'Occident, et fécondé au contact des lois Romaines et de la morale Chrétienne.

Ainsi le génie d'une race exprimé, soit par ses institutions et ses mœurs, soit par ses œuvres d'esprit, peut beaucoup, mais ne peut pas tout pour la Civilisation.

Cette toute-puissance appartiendrait-elle aux Religions? Le développement complet de l'humanité serait-il une œuvre purement religieuse?

Sur cette question il faut remarquer d'abord, qu'elle ne se confond nullement avec la précédente. Religion et institutions sont deux choses : ou si l'on tient absolument à n'en faire qu'une, au moins faut-il reconnaître que les religions sont des institutions susceptibles d'être révélées. Ici l'on ne croit blesser ni l'orthodoxie, ni la philosophie; au fond, l'on ne serait inconsolable que d'une offense à la vérité. Il semble qu'aujourd'hui les plus orthodoxes ne nient pas absolument la pluralité des révélations (1). Quant aux philosophes (je n'appelle

(1) Maintenant, pourquoi y a-t-il plusieurs paroles qui se donnent pour révélées? C'est un problème dont la solution demande un grand travail. *Il est très-probable* qu'il n'y a eu qu'une révélation à l'origine; que cette

pas l'athée un philosophe), peut-il méconnaître la main et la voix de Dieu dans des doctrines qui changent la face du monde?

Quoi qu'il en soit il semble fort naturel de dire : *telle religion, telle civilisation*, beaucoup plus que d'identifier la Civilisation avec les sciences naturelles ou exactes, comme y inclinent de nos jours quelques savants (1).

Si quelque chose a fait l'éducation du genre humain, ce n'est pas la pensée mathématique ou chimique, mais la pensée religieuse et philosophique (une seule et même chose à l'expression près). Les religions répondent à la première et à la plus grande curiosité de l'homme, qui est l'homme lui-même, sa nature, sa destinée, ses devoirs. Quand il se prit à réfléchir, nul doute qu'il n'ait commencé par cette contemplation de lui-même. Le souci du monde extérieur — entendons-nous, le souci scientifique — ne vint qu'ensuite.

Comme ce premier objet de la réflexion humaine en est aussi bien le plus complexe et le plus épineux, il est naturel de penser que la clairvoyance générale d'une

parole divine s'est répandue sur la terre avec les migrations des peuples; qu'elle s'est altérée en s'étendant, à l'origine; que les Civilisations se sont développées, selon les climats et les lieux, et que les peuples se sont éloignés du foyer primitif. Ce sont là des problèmes historiques dans lesquels je n'entre pas pour le moment. Cette question reste donc réservée : chercher quelle est la religion véritable, celle qui possède la vraie parole de Dieu, la vraie révélation.

(*Morale de l'Évangile*, par M. l'abbé Bautain, p. 166.)

(1) Il n'est pas besoin de dire qu'on fait allusion ici au grand ouvrage de M. Auguste Comte, intitulé : *Philosophie primitive*, et au livre ingénieux de M. Littré sur le même sujet.

époque est en raison de sa clairvoyance sur ce point particulier, et que ces hauteurs ténébreuses ne peuvent recevoir une lumière qui ne se soit déjà répandue ailleurs. Ainsi l'on est tenté de mesurer l'excellence des civilisations à celle des religions : cette conjecture semble légitime ; mais ce n'est pas tout, et l'on dirait que le développement des sociétés procède encore plus directement des religions.

Voici comment : plus l'idée de Dieu et de ses attributs se rectifie, plus en même temps celle des rapports humains s'élève et se corrige. On ne croit pas à un Dieu revêtu de toutes les perfections morales, sans croire par cela même à la justice comme à la loi de Dieu parmi des êtres qu'il a créés semblables les uns aux autres, et sans définir cette justice par égalité, par fraternité. Le droit humain ainsi déduit de la religion suscite le régime de la liberté sous la loi, qui lui-même est favorable à l'essor de l'intelligence. D'un autre côté, on ne peut dégrader la notion de Dieu sans attenter à celle du droit humain. Ainsi la Civilisation tout entière semble contenue dans la croyance religieuse.

Ce n'est qu'une apparence.

La religion est plus près que quoique ce soit de tout expliquer en fait de Civilisation, mais enfin elle n'explique pas tout.

Ni la Judée n'a égalé la Grèce : ni les Turcs n'approchent des Indous. Turcs et Juifs, malgré la supériorité non équivoque de leur foi religieuse, nous apparaissent dans l'histoire comme inférieurs en civilisation aux plus extravagants, aux plus effrénés polythéistes.

Cette anomalie s'explique ainsi pour les croyants : l'esprit de l'homme assisté d'en haut sur un point, n'a pas avancé ailleurs où il était livré à ses seules forces.

L'explication pour les rationalistes, c'est que l'esprit humain, varié dans son unité, est un instrument à plusieurs facultés, à plusieurs cordes pour ainsi dire — dès-lors on conçoit qu'une de ces facultés puisse prendre un essor tout particulier, et laisser les autres à distance : qu'un peuple puisse s'élever très-haut dans la spéculation des choses divines, sans être entendu au commerce comme les Phéniciens, ou sensible à la beauté comme les Athéniens.

Ainsi la Civilisation n'est pas le fruit d'un climat, ni le produit d'une race, ni le bienfait d'une politique, ni la lumière d'une révélation.

Prenez ces éléments l'un après l'autre : vous les trouverez également nécessaires pour fonder la Civilisation et impuissants à la constituer.

L'astronomie est née dans les plaines de la Chaldée et de l'Arabie, parce que, dit-on, la transparence de l'atmosphère, l'éclat du firmament y sollicitent l'attention des hommes. Mais, ainsi que le fait remarquer M. de Humboldt, il y a telle contrée de l'Amérique tropicale où le spectacle est le même. Qu'y manque-t-il ? l'intelligence du spectateur.

Il faut compter pour beaucoup dans le développement d'une race le génie qui lui est propre ; et cependant on ne peut tout attribuer à cette cause.

La preuve en est que les colonies phéniciennes fondèrent à Carthage une civilisation étrangère aux arts, et parmi les Grecs celle qui aboutit au siècle de Périclès. Les colonies grecques elle-mêmes ne fleurirent pas aussi généreusement sur les côtes du Pont-Euxin que sur celles de Sicile. Cette différence entre les œuvres ou plutôt dans le sort d'une même race, n'est explicable apparemment que par celle du climat.

Nous l'avons dit : cette influence est loin d'être exclusive.

Autrement on ne concevrait pas que le climat de la Grèce ait épuisé toute sa sève en un siècle et demi.

Il ne s'est pas écoulé plus de temps entre la bataille de Marathon et celle de Chéronée, entre Eschyle et Aristote. Tout devient clair si l'on se souvient non-seulement du climat, mais de ces institutions que l'art grec n'avait pas précédées et auxquelles il n'a pas survécu.

Nous ne dirons pas pour cela que toute civilisation dépende des lois politiques. Au moyen-âge les riches communes de la Flandre, les opulentes cités de l'Union anséatique, aussi libres que Florence et Bologne, ne furent point la patrie de Dante, de Michel-Ange, de Machiavel.

Quant à l'influence des religions, nous avons déjà remarqué que la plus saine, et même la plus forte en œuvres sociales, a lui sur un peuple sans y créer la Civilisation tout entière. Tant ce don est complexe ! tant il faut à cet avènement la variété comme la qualité des assistances !

A vrai dire, la Civilisation est l'amalgame de ce qui répond le mieux dans les dogmes de chaque religion, dans les principes de chaque Gouvernement, dans l'influence de chaque climat, dans le génie de chaque race aux besoins humains de vérité, de justice, de beauté, d'utilité.

Le procédé d'une œuvre ainsi définie n'est pas douteux. Cet amalgame des choses a lieu par le rapprochement des personnes, ou tout au moins par les relations d'esprit, par la circulation des idées.

Plus les hommes se mêlent et se pénètrent, plus la Civilisation se perfectionne. Elle a marché du même pas que la conquête macédonienne, romaine, arabe, germanique. Elle vole aujourd'hui du même essor que la vapeur et l'électricité. Il est évident qu'elle se mesure à la facilité qu'ont les peuples d'aller les uns aux autres. Aussi a-t-il été remarqué qu'elle parût tout d'abord dans les pays à grand littoral, tels que la Grèce et l'Italie. Pour peu qu'on y regarde, on s'aperçoit que rien dans les temps modernes n'est venu démentir cette loi. Pierre-le-Grand donna à son empire une nouvelle capitale sur les bords de la mer, tout comme Alexandre avait fait pour l'Égypte ; et Saint-Pétersbourg éclipse Moscou comme Alexandrie avait éclipsé Memphis (1).

S'il est une force faite entre toutes pour déplacer et pour mélanger les hommes, c'est l'État. A lui les grands moyens de fusion : guerres, colonies, routes. Il n'est que sa main pour remuer le monde par de tels leviers : cette prouesse remplit l'histoire. — Ici toutefois un

(1) Les arts et la richesse d'Alexandrie éclipsèrent bientôt l'ancienne capitale. Les palais et les temples de Memphis devenus déserts tombèrent en ruines. (Gibbon, t. X, p. 251.)

doute peut s'élever. Ces moyens de Civilisation où triomphe l'État, n'ont-ils pas cessé d'être de mise aujourd'hui? et l'État n'est-il pas étranger aux moyens nouveaux qui ont prévalu? Pas le moins du monde. Qu'on daigne se rappeler cette conquête actuelle et incessante de l'Algérie, de l'Indoustan, du Mexique, de la Chine. Que l'on n'oublie pas surtout la plus grande impulsion de l'Europe moderne : les guerres de la Révolution — les sociétés allemandes où le Progrès politique est le plus marqué, ne sont-elles pas justement celles où avec nos armes, nous avons porté le plus longtemps soit l'usage, soit le spectacle de l'égalité dans les impôts, dans les successions, dans les peines, dans l'avancement militaire? La Bavière, le Wurtemberg, Bade sont aujourd'hui des États constitutionnels. La Prusse dont certaines provinces furent longtemps françaises, est entrée à son tour dans la voie des réformes. L'Autriche, seule, s'éternise dans le passé, dont les États ne furent jamais démembrés ou occupés comme le reste de l'Allemagne.

Ainsi la Civilisation se fait de nos jours comme elle se faisait autrefois. Il faut cependant tenir compte de quelques facilités nouvelles dont elle s'est enrichie.

Du moment qu'il fût donné à la pensée de l'homme de se fixer et surtout de se multiplier par l'Imprimerie, l'échange des idées fut indépendant du contact des personnes. La pensée élaborée sous l'influence de tel climat, de telle institution, de telle aptitude de race, put aller seule et sans l'accessoire du penseur, susciter la pensée étrangère, et se combiner au-dehors avec d'autres influences. On n'expliquerait pas autrement l'action du Théâtre espagnol sur celui de Corneille ; l'ascendant des écrivains français du siècle de Louis XIV sur Pope, sur Dyrden, sur Addisson ; et réciproquement l'influence plus générale de la philosophie, des mœurs, des institutions anglaises sur toute la France du dix-huitième siècle. — Et cependant il ne faut pas dire que cette civilisation des esprits n'ait que faire du concours des Gouvernements. L'État peut beaucoup pour le commerce des intelligences, par les soins qu'il donne aux moyens de communication, de transport, de correspondance. Il y a plus : il pratique lui-même ce commerce au moyen de la diplomatie, née au moyen âge chez la puissance la plus jalouse de dominer les esprits en les unissant dans une foi commune. *Les légats du pape*, dit M. de Flassan, *étaient les seules ambassades connues au moyen-âge, et furent la base des ambassades fixes adoptées au quinzième siècle* (1).

Par là chaque Gouvernement se trouve placé et représenté de manière à démêler en chaque pays ce qui peut être imité avec avantage. Depuis quelques siècles, le Progrès en Europe n'est que reproduction et assimilation. Tantôt les Gouvernements proposent à leurs sujets l'imitation des autres peuples en fait d'arts et de manufactures, tantôt les Gouvernements eux-mêmes s'imitent les uns les autres dans leurs mécanismes politiques et administratifs. Tous ont copié les armées permanentes de la France, les Établissements de Crédit de la

(1) *Histoire de la Diplomatie*, t. I, p. 10.

Hollande; presque tous, le mécanisme parlementaire de la Grande-Bretagne. La France surtout prend de toutes mains : aux États-Unis leur régime pénitentiaire, à l'Allemagne son crédit foncier, au Piémont son université, à la Hongrie même ses hussards (1). Il est vrai que de son côté elle tient l'école de droit politique, par où elle restitue magnifiquement ses emprunts. — On ne peut nier qu'en tout ceci, l'État n'ait un grand rôle. Les peuples se visitent; les Gouvernements seuls s'étudient et se pénètrent. Il semble juste de reconnaître en eux les promoteurs nés de cette imitation qui fusionne pour le bien général les qualités de chaque race, les dons particuliers de chaque climat.

Au surplus, l'État ne se borne pas soit à favoriser, soit même à pratiquer en personne le commerce des intelligences; il est quelquefois lui-même l'esprit nouveau qui vient toucher et provoquer l'esprit d'un peuple. Tel fut pour l'Angleterre Guillaume-le-Conquérant. Mais la conquête n'est pas une façon essentielle à ce Progrès. Il s'opère à moins de frais dans les pays où la nationalité du Gouvernement peut changer et se renouveler par des mariages. Telles sont les monarchies dont le trône est accessible aux femmes, et par suite à des souverains étrangers, leurs maris ou leurs descendants.

(1) Il est très-bien expliqué dans l'*Histoire des peuples d'Italie*, par M. Botta (tome II, page 237), que le système de l'université impériale est calqué trait pour trait sur le régime fondé par le roi Victor-Amédée après l'expulsion des Jésuites. — Quant aux hussards, M. Lemontay raconte dans l'*Histoire de la Régence* que les premiers régiments de cette arme furent *recrutés* par un ambassadeur de France à Constantinople, parmi les Hongrois réfugiés en Turquie, après l'insurrection malheureuse de Tékély.

C'est ainsi que l'Espagne eut la fortune d'appartenir successivement à des dynasties bourguignonne, allemande, française : excentrique, péninsulaire, et qui semblait jetée par là en dehors du mouvement européen, elle y entra et s'y mêla, grâce à ces influences, à ces accessions du dehors (1).

Il est si naturel à l'État de faire œuvre de Civilisation, qu'il s'y emploie à toutes les époques, même par les procédés qui semblent le plus étrangers à chacune. Ni dans les temps modernes et rationnels il ne répudie la force : ni dans des temps plus reculés il ne négligea la culture et la propagande des idées.

« L'expédition macédonienne, dit M. de Humboldt, « qui ouvrit une si grande et si belle partie de la terre « à l'influence d'un peuple parvenu au plus haut degré « de la Civilisation, peut être considérée à bon droit « comme une expédition scientifique. Elle est même la « première pour laquelle un conquérant se soit fait ac- « compagner d'hommes versés dans toutes les connais- « sances humaines, de naturalistes, de géomètres,

(1) En 1109, donna Urraca, fille d'Alphonse VI, roi de Castille et de Léon, porta la couronne dans la maison du comte Raymond, son mari, frère du comte de Bourgogne, et qui fut la souche d'une dynastie française en Espagne. (Voir la *Collection de documents sur la succession d'Espagne*, par M. Mignet, tome I, page 15.)

Gibbon explique ainsi les succès de Sarrasins en Espagne.

« Les Goths n'étaient plus ces barbares victorieux qui avaient humilié l'or- « gueil de Rome, dépouillé la reine des nations, et qui s'étaient avancés « triomphants du Danube à la mer Atlantique. *Séparés du reste du « monde par les Pyrénées, les successeurs d'Alaric s'étaient endormis dans « une longue paix.*

« d'historiens, de philosophes et d'artistes. L'action « exercée par Aristote ne se borna pas à ses propres « travaux, elle se fit sentir encore par l'entremise des « hommes éminents qu'il avait formés et qui suivaient « l'expédition.

« Dans l'empire de Syrie, chez les Attales de Per- « game, chez les Séleucides et les Ptolémées, partout et « presque simultanément les progrès de la science fu- « rent favorisés par des souverains d'un rare mérite... « Trois grands monarques, amis de la science, ont par « les magnifiques établissements qu'ils fondèrent pour « favoriser les progrès de l'intelligence, par leurs ef- « forts non interrompus pour agrandir le commerce « maritime, donné à la connaissance du pays et à la « connaissance plus générale de la nature un dévelop- « pement auquel jusque-là n'avait pu atteindre aucun « peuple (1). »

Il faut voir avec l'historien de l'École d'Alexandrie, les soins infinis que prirent les Lagides pour encourager les sciences (2). Quant aux travaux qui eurent pour objet particulier la diffusion de cette lumière, le rapprochement des peuples, M. de Humboldt rappelle entre autres le canal qui unit la Mer-Rouge à la Méditerranée par le Nil, le creusement des ports de Bérénice et de Myos-Hormos, et la ma-

(1) Cosmos, tome II, page 191 et 200.

(2) *Histoire de l'école d'Alexandrie*, par M. Jules Simon. Voir le chapitre intitulé : *des Musées et des institutions littéraires et philosophiques d'Alexandrie*.

gnifique chaussée qui mit en communication Bérénice avec Coptos (1).

« Toutes ces entreprises, dit-il, tous ces établisse-« ments des Lagides, qu'ils aient eu pour but le déve-« loppement du commerce ou le Progrès des sciences, « reposaient sur une grande pensée : c'était une aspira-« tion incessante vers le lointain et l'universel, le désir « de rattacher par un lien commun tous les éléments « épars... Cette tendance si féconde de l'esprit grec, « préparée lontemps en silence, s'était manifestée d'une « manière imposante par l'expédition d'Alexandre et « par ses efforts pour fondre ensemble l'Orient et l'Oc-« cident. Le développement qu'elle reçut sous les La-« gides, est aussi le trait le plus caractéristique de l'é-« poque dont j'essaie de tracer le tableau. »

Ainsi à toutes les époques, des Gouvernements se rencontrent qui ont le sentiment de la Civilisation, l'instinct de ses procédés, et qui favorisent par tous moyens de gré ou de force, la fusion, la collaboration humaine d'où elle peut naître.

Toutefois il convient d'ajouter à cette conclusion deux remarques.

Les hommes ne se civilisent que par le mélange. Mais ce n'est pas à dire que tout amalgame soit productif de Civilisation. Il est évident que les Turcs en s'amalgamant aux Grecs et aux Arabes, ne firent rien pour le développement de l'humanité. — Donc il faut dire : La fusion de races et des climats ne porte ses fruits qu'en s'opérant d'après certaines lois. En quoi consis-

(1) Cosmos, tome II, page 205.

tent ces lois? Il serait curieux de le rechercher, de se demander par exemple quelle est la conquête civilisante — si cette puissance appartient toujours aux Colonies. — Quel est le plus modifié du colon ou de la nouvelle patrie qui le reçoit — s'il suffit pour préparer un mélange fécond que les hommes soient juxtà-posés, comme les Anglais et les Indous, les Français et les Arabes, les Yankées et les Peaux-Rouges, ou s'il faut pour cela en quelque sorte une immersion des uns dans les autres, ce qui arrive à l'émigrant d'Europe dans le milieu américain — quels sont les cas où l'exemple, cette génération des esprits, peut agir sur les hommes — si le Progrès fort inégal, né des colonies, ne tient pas à ce que ce sont tantôt les vices; tantôt les qualités d'une race qui émigrent.

On ne fait qu'indiquer ces questions : on n'éprouve pas le besoin de les résoudre. Il suffit de savoir que le principe de la Civilisation, tel qu'on l'a reconnu, est nécessaire s'il n'est pas infaillible; et qu'une société dépérit à coup sûr dans l'isolement, s'il n'est pas certain qu'elle se perfectionne par toute expansion et par toute alluvion.

Ajoutons que le principe du Progrès n'est pas plus unique qu'il n'est infaillible. Ce n'est pas assez que toutes les forces de l'homme et de la nature soient accumulées sur un point pour que l'humanité y prenne tout son développement. Ces forces, n'ont leur plénitude d'effet qu'en s'attaquant à des objets séparés et distincts. Concentration des forces, diversité des entreprises, telle est la stratégie du Progrès, On voit que la division du travail, pour appeler les choses de leur nom économique, est le procédé ultérieur du Progrès.

Ces limites, ces auxiliaires que comporte le principe d'amalgame n'ôtent rien à sa nécessité. La voie préalable et essentielle qui mène les hommes à toutes les fins de leur nature, n'en est pas moins le rapprochement des êtres ou des esprits par la circulation des personnes ou des idées. Conquêtes, colonies, émigration, missions de toute sorte, imprimerie, telles sont les véhicules de l'homme ou de sa pensée, tel est le souffle varié qui porte d'un pays à l'autre les germes du bien, du vrai, du beau, de l'utile.

Si l'on veut croire à toute force que ces germes se développent sous l'effort des individus, il reste ceci à considérer : que chacun de ces développements a son théâtre distinct (vu les disparités de race et de climat) et que néanmoins leur ensemble est nécessaire pour former la Civilisation. Comme l'État a toujours prêté les mains à cette rencontre, comme il est en quelque sorte le *fondant* qui mêle tant de choses diverses, il faut bien lui reconnaître une véritable influence sur l'éducation progressive de la société : l'État refait dans la Civilisation l'unité du genre humain.

CHAPITRE NEUVIÈME.

Résumé

On part de cette idée, que les sociétés se meuvent, que ce mouvement a ses lois, que le Progrès en est une.

On peut croire qu'il y a des forces diverses, des procédés nombreux au service de cette loi. Mais aussi bien, il faut sûrement compter parmi les moyens du Progrès social l'État et les Individus : c'est-à-dire ce qui dirige et ce qui compose la société. C'est tout ce qu'on veut étudier parmi les voies du Progrès. On se propose uniquement de rechercher si l'État n'a pas un rôle essentiel dans l'accomplissement de cette loi, si tant de grandes choses de science, d'art, de politique, de morale, qui constituent le Progrès, peuvent arriver sans médiateur à la créature bornée de toutes parts, pour laquelle cependant elles sont faites.

Ainsi, nous n'étudions pas les procédés de la civilisation dans leur ensemble. L'objet de nos recherches n'est pas non plus le problème général des droits respectifs de l'État et de l'Individu; mais nous y touchons de fort près. En effet, certains droits de l'État, entre autres le maintien de l'ordre, sont incontestables ; d'un autre côté, on ne peut non plus révoquer en doute les droits de l'Individu, relatifs à la famille, à la propriété, au travail, à l'échange, à la locomotion : de telle façon que toute la dispute sur les attributions de ces deux puissances pourrait bien avoir pour unique objet ce luxe de la destinée humaine qui s'appelle le Progrès.

Cette question est neuve, et les données même de la question ne remontent pas bien loin.

Il n'y a pas plus d'un siècle, autant du moins qu'il est possible de fixer la date d'une idée, qu'on a commencé à parler explicitement, sciemment pour ainsi dire, de la perfectibilité humaine. Turgot professa le premier cette doctrine. Descartes, Pascal, Perrault, Fontenelle, en étaient restés aux aperçus, aux énonciations.

Pour ce qui est de l'État, la France n'a pleinement connu cette forme d'autorité qu'à partir de 89. Jusque là, les castes avaient quelque part au Gouvernement.

Ainsi, il n'y a pas bien longtemps que les éléments de la question étaient encore à naître. A chaque jour son sillon. Naturellement, les voies du Progrès ne pouvaient être débattues avant que le Progrès fût découvert. Quant à la querelle de l'Individu avec l'État, pouvait-elle commencer avant que celle de l'Individu et de l'État avec les castes, leur ennemi commun, fût terminée?

La question, avec les limites et l'âge qu'on vient de voir, est certainement à résoudre aujourd'hui. La maturité, l'à-propos lui sont venus. Si les sociétés savent désormais le but où elles doivent tendre, elles sont encore très-perplexes sur la voie qui peut les y conduire, et leur hésitation est grande entre le principe volontaire, comme disent les Anglais, et le principe officiel qui fonctionne sur le continent.

Le principe d'autorité est nécessaire, selon nous, à l'opération du Progrès. Mais je suppose que l'autorité existe à titre de magistrature, qu'elle ne soit ni caste, ni théocratie, ni droit divin. J'appelle *État* l'autorité ainsi faite. Or, l'État est seul capable, dans l'ordre du bien, du vrai, du beau, de certaines choses dont les hommes ont l'idée et la tendance, mais étouffées par l'égoïsme, qui a la prépondérance d'un instinct. L'État tient cette capacité de son institution et de sa position. D'abord, il n'est établi ou souffert par les hommes que pour n'être pas égoïste comme eux : ce mandat ne se néglige pas impunément. En second lieu, il trouve dans son élévation même les qualités de son rôle : clairvoyance, désintéressement, équité. Le merveilleux, c'est qu'il n'est pas besoin ici de qualités transcendantes. Tandis qu'il faudrait aux hommes vertu et génie pour vouloir et pour savoir faire le bien public, ni l'un ni l'autre ne sont nécessaires à l'État dans la position qui lui est faite, où les lumières abondent et où les sacrifices ne se font pas sentir. Qu'un maître affranchisse son esclave, c'est l'effet d'une certaine grandeur d'âme; mais il suffit à l'État du moindre sens moral pour abolir l'esclavage. Il se forme ainsi au sommet de la société quelque chose d'humain sans doute, mais de meilleur que l'humanité : on constitue par l'isolement et l'élévation un organe du bien public.

L'Autorité, avec la forme, le mandat, les qualités qu'on vient de voir, se développe dans une société progressive. Elle se développe à cette œuvre, et par des causes qui lui sont propres, et sous les influences extérieures que nous allons dire :

Quand une société fait place dans son sein à de nouveaux êtres, à de nouveaux citoyens, à de nouveaux pouvoirs; quand elle se raffine du côté des sentiments et des goûts; quand elle se développe en territoire, en population, en échanges, cette société, progressive à coup sûr, a besoin d'un surcroît de gouvernement. — L'ordre y est plus difficile à maintenir, parmi tant d'ardeurs et d'efforts dont le conflit est naturel, et que l'art politique est de ramener au parallélisme, à l'harmonie. — La morale plus pure qui a lui pour certaines âmes, ne peut se répandre qu'au moyen de sanctions nouvelles. — Enfin, les pouvoirs nouveaux ont leur mécanisme, les droits nouveaux, leur discipline. — Donc, tout fait appel à l'État, dans une civilisation croissante. On lui demande sa force, tantôt pour l'opposer à l'intempérance des égoïsmes, tantôt pour la prêter à des besoins nouveaux et légitimes. On le pousse enfin à un déploiement supérieur d'énergie et d'appareil, pour réprimer, pour servir, pour organiser, tout ce qui paraît, parmi les sociétés, d'audacieux, de salutaire, de compliqué.

La science moderne a constaté, dit-on, le développement parallèle des facultés de l'âme et des organes cérébraux Une loi analogue semble présider au développement respectif de l'État et de la société : seulement l'analogie n'est pas complète, en ce que l'État n'est pas seulement la condition extérieure du Progrès : il peut aussi bien en être le principe intime.

Il se passe en outre dans la constitution de l'autorité, des choses qui sont faites pour la fortifier et pour l'étendre. Quand l'État succède aux castes, il exerce la puissance variée qui leur appartenait, en fait de juridiction, d'enseignement, de charité. Les attributions souveraines, naguère éparses, viennent se fixer et se concentrer dans ses mains. Ce n'est pas tout : quand l'État est l'élu et le contrôlé de la Nation, il acquiert toute la force de la Nation dont il émane, toute la faveur et la popularité des fins auxquelles il appartient.

Ainsi, l'Autorité se développe non-seulement par les besoins de son milieu qui se dilate et se hérisse, mais par les qualités qu'elle contracte ; non-seulement comme plus nécessaire, mais comme meilleure. Ce développement a des aspects variés comme ses origines ; on y démêle un exercice plus actif des pouvoirs élémentaires du Gouvernement, une compétence plus étendue, une action plus irrésistible, un mécanisme plus complexe.

L'État ne se borne pas à empêcher le mal et à faire

le bien; il n'est pas seulement le gardien de la loi morale. C'est en cette qualité qu'il prête les mains au Progrès politique, économique et moral, qu'on vient d'énumérer; mais il a une autre qualité, un autre principe d'action et de développement : il est le gérant des intérêts collectifs. Là, il fait des choses qui ne sont pas indépendantes, mais qui sont profondément distinctes de la loi morale. Ajoutons que ces choses ne sont pas davantage du ressort des Individus.

Il est certain que les intérêts collectifs comprennent celui de chacun, et que les plus égoïstes auraient de bonnes raisons de s'appliquer à ces intérêts; mais ils n'en ont garde. Rien ne laisse les hommes indifférents, comme l'utile avec des complications de nombre, d'espace, de temps. L'égoïsme n'est une force que quand il est un instinct : or, l'instinct ne s'émeut qu'en vue de satisfactions personnelles, directes, immédiates. D'où il suit que les intérêts de la communauté, c'est-à-dire ceux de chacun, pris dans un sens prévoyant et élevé, ont besoin d'un organe public. Les hommes ne sont pas ainsi faits qu'ils songent à l'intérêt public, même quand le leur y est inclus. Les choses ne sont pas ainsi arrangées que la poursuite universelle de fins toutes privées puisse produire le bien général. Mais les hommes sont constitués de façon à supporter ou même à vouloir au-dessus d'eux une force capable d'aviser aux intérêts d'ensemble et d'avenir : et les choses ainsi traitées s'arrangent de façon à produire la société, quelquefois le Progrès.

Il y a tel état de société, telle éminence de civilisation (ici nous avons en vue la Grande-Bretagne), qui prête essentiellement à la multiplicité des intérêts collectifs. Ils surabondent chez un peuple qui n'a rien à souhaiter en fait de liberté et de territoire.

L'unique souci d'une société qui en a fini avec la politique et avec la guerre, est la lutte contre la nature, soit pour maîtriser les lois du monde extérieur, soit pour corriger certaines lois du monde moral : celles par exemple qui semblent créer la misère, la précarité au moins, par l'inégalité des dons du corps et de l'esprit. Ce dernier point, il n'y a que les Gouvernements qui puissent en apercevoir la grandeur et la nécessité...

Quant à l'exploitation de la nature physique, c'est une tâche qui appartient aux associations privées : mais rien ne suscite plus de gouvernement que l'association.

Il n'appartient qu'au Législateur de donner la vie à cette unité nouvelle ; il ne doit le faire que dans un but d'utilité générale ; il doit en conserver la haute et intime surveillance.

Si un pays venait à se passionner pour les choses qui veulent cette force nouvelle de l'association, il devrait donner à son Gouvernement assez d'attributions et d'énergie, pour contenir ces unités envahissantes dans le respect des unités individuelles. L'association tourne aisément au monopole envers le public, à la dictature envers les associés. Tâche épineuse et nouvelle pour l'État que de créer d'une main cette puissance, et de la discipliner de l'autre ! que de gouverner des intérêts qui ont acquis la force collective sans cesser d'être privés, c'est-à-dire âprement égoïstes !

A un autre point de vue, on se tromperait bien si l'on

pensait que l'usage croissant de l'association soit destiné à réduire le rôle de l'État. C'est le contraire qui arrive.

L'association est une puissance; mais plus les hommes sont d'humeur à y recourir, plus ils sont sujets, par cela même, à vouloir et à tenter des choses que l'association elle-même ne peut exécuter. De là un appel incessant à l'État. Tant d'institutions philanthropiques qui existent en Angleterre y firent naître l'idée d'émanciper les nègres : mais le Gouvernement seul fut à la hauteur de cette œuvre. Le même peuple créa de grandes compagnies dans des vues de trafic armé et de monopole, qui devinrent bientôt des appétits de domination territoriale et de suprématie maritime; mais il ne fallut pas moins que l'État pour en venir à de telles fins. Depuis vingt-cinq ans surtout, la Grande-Bretagne est le pays où il s'est créé tout à la fois et le plus d'associations privées et le plus de services publics. Rien n'est si naturel. Du même fond que les hommes s'associent, les Gouvernements se développent. La dernière chose dont puisse se passer une nation où fermentent toutes les pensées et toutes les hardiesses, c'est la force. Naturellement, celle de l'État est requise, dès que se trouve en défaut celle de l'Individu ou de l'association.

Ainsi, l'État ne se développe pas moins dans la sphère de l'utile qu'au service de la loi morale. Il a même, comme gérant des intérêts collectifs, une grandeur toute particulière. A le voir ailleurs comme gardien de l'ordre, on a pu le prendre pour une pure négation, pour un élément nécessaire et croissant, mais accessoire et subalterne de la vie des sociétés. Ici, en regard de l'Individu borné ou même offensif comme un instinct, toute la physionomie, toutes les proportions du personnage de l'État nous sont révélées.

On ne voit pas que ces considérations aient à fléchir devant l'histoire. Il semble au contraire que chaque époque et chaque peuple concourent à les justifier.

Le différent génie des Nations ou des temps se montre à la différence des objets et des façons de Gouvernements; mais l'unité de la nature humaine reparaît en ce que partout il y a la même somme de Gouvernement pour la même somme de passions et d'intérêts. — Vous verrez des peuples, qui passent pour gouvernés entre tous, libres sur certains points; par exemple, tous les commerces et tous les plaisirs permis en France le dimanche. Vous verrez tel autre peuple, d'une liberté célèbre, durement gouverné en ce qui touche la religion, la charité publique, le commerce extérieur, — la puissance publique vous apparaîtra, tantôt centralisée, tantôt éparse, — ici préventive, ailleurs répressive; — mais ce que vous ne verrez jamais parmi les hommes, c'est un besoin ou même un goût, oubliant d'appliquer à ses fins toute force dont il dispose, individuelle ou collective.

Quel que soit le génie d'un peuple, il faut que l'État soit toujours mêlé à son Progrès.

Dans un pays de sève individuelle, de principe volontaire, l'État est nécessaire comme modérateur : sinon, vous y voyez les chemins de fer anglais, leurs désordres, leurs déceptions.

Dans un pays où ces mâles qualités font défaut, l'État est nécessaire comme direction et comme stimulant; sinon, déclin, torpeur : Espagne. Cette domination paresseuse de l'Espagne gouvernait peu : c'était là son mérite aux yeux de ses sujets, comme l'a remarqué Lemontey. Mais qu'a-t-elle fait de ses sujets? et qu'est-elle devenue elle-même? L'Espagne ne serait qu'un souvenir, sans le règne exceptionnel et français de Charles III, qui fit effort au dernier siècle contre la décadence et les ombres qui gagnaient la péninsule.

On voit ce qu'il faut penser des systèmes qui concluent à l'élimination de l'État : il en coûterait de les prendre au mot. Au fond, il n'y a ici qu'une question, qui est de savoir si les peuples ont besoin d'être précédés ou simplement d'être suivis dans la voie du Progrès par leurs gouvernements.

Au surplus, à quelque moment et de quelque façon que paraisse l'État, il faut bien remarquer ceci : il n'inflige aux individus ni compression, ni effacement, — que l'État, la main pleine de règlements et d'assistances, suive une société dans les voies nouvelles qui l'attirent, chemin de fer, drainage, irrigation, crédit foncier, — ou bien, qu'il entre le premier dans cette carrière, y appelant, y dirigeant la société à sa suite; on ne voit pas ce que les hommes ont à souffrir là dans leurs droits et dans leur dignité. Dans le premier cas, ils ne font que supporter cette discipline du droit qui s'impose légitimement partout. Dans le second cas, ils acquièrent un véritable surcroît de forces et de jouissances.

Il est vrai que l'État peut fatiguer les Individus de

règlements épineux et multipliés. Il peut faire pis encore en les supplantant, en poussant son initiative jusqu'au monopole et à la régie, et jusqu'à faire lui-même avec ses fonctionnaires ce qu'il devrait faire avec les Individus, soutenus seulement et réglémentés. Mais ceci est la dose inévitable de perversion qui se mêle à toute entreprise humaine. Il faut se demander seulement si la pente officielle est plus dangereuse et plus entraînante que celle par où les hommes livrés absolument à eux-mêmes, iraient soit à la léthargie espagnole, soit aux désastres et aux abus dont nous avons cité quelques exemples.

Ainsi l'État a un rôle nécessaire et varié dans la Civilisation, mais qui n'implique pas en soi l'exclusion ni l'amoindrissement des Individus. Le Progrès ne peut pas plus se passer des Individus que de l'État. Ou le Progrès ne se fait pas, ou, né de l'État, il va chercher et susciter les Individus; de même que partant des Individus, il doit aboutir à l'État. Que le Progrès ait une origine officielle ou privée, il faut que ces deux éléments se manifestent tôt ou tard. L'État est le modérateur nécessaire du progrès créé par les Individus : aussi bien les Individus sont les instruments nécessaires du Progrès créé par l'État. Le premier cas, si vous en ôtez l'État, n'est que licence et oppression. Le second cas avorte sans les Individus. Tout comme une démonstration n'est complète qu'en usant de la synthèse et de l'analyse, ou plutôt tout comme le service d'une pompe ne se fait qu'en élevant et en abaissant le piston, de même la loi du Progrès ne s'accomplit que par l'action alternée des forces privées et de la force collective.

Il n'est pas indifférent pour une nation d'aller au Progrès d'elle-même, ou d'y être portée par une impulsion officielle. On peut regretter pour un peuple les dons virils d'énergie spontanée, par où tel autre grand peuple s'est civilisé. On peut ressentir amèrement les conséquences politiques de cette lacune, qui sont déplorables. Faut-il toutefois méconnaître l'esprit d'une Nation, et réprouver absolument des moyens d'éducation qui se trouvent mêlés partout à son avancement?

Il y a quelques raisons de croire que l'initiative, la direction, l'assistance officielle, sont en France des procédés de Civilisation. Ces raisons ne sont autres que telle défaillance, tel travers, telle qualité du caractère national?

Ce qui manque à la France et que son gouvernement doit suppléer, c'est ce besoin d'agir, d'entreprendre, d'oser, cette curiosité et cette inquiétude de vie, dont le plus beau type est aux États-Unis. Ici l'on a d'autres qualités, on n'a pas celles-là. Ce ne fut pas trop de Colbert pendant vingt ans pour créer en France l'industrie et le commerce à force d'initiative, pour faire prospérer les manufactures à force de direction, pour susciter des travaux publics tels que le canal du Languedoc, à force d'assistance.

L'État doit paraître en France non-seulement comme renfort, mais comme expression et pour ainsi dire comme livrée du caractère national dont le trait saillant est l'amour-propre. Qu'il faille à ce caractère l'évidence, la publicité, un théâtre en quelque sorte, pour se montrer à son avantage, on n'en peut vraiment douter. Voyez plutôt : son courage est celui des champs de batailles ; ses triomphes d'esprit, sont ceux de la chaire, de la tribune, de la scène. Le mystère des conspirations n'est pas son fait ; mais on a vu de reste de quoi il est capable dans les rues. — Il est certain que l'amour des places et des distinctions, que le goût de l'importance officielle, appartiennent au même fonds. Or, si l'esprit d'un peuple est tel, qu'il n'acquière toute sa valeur qu'au service de l'État, il faut bien que l'État se déploie, et que les services publics embrassent des choses qui se font ailleurs, à titre de métier, de profession. J'entends dire : c'est énerver les hommes, que de les habituer à l'intervention et aux services de l'État. — De quels hommes parlez-vous? Est-ce de ceux qui n'ont fait des écoles primaires et des chemins vicinaux que sous la pression de l'État? Il me semble qu'ils manquaient de nerf, et que l'État ne leur a rien ôté à cet égard, en se mêlant de leurs affaires. Il les a bien servis, et de plus il leur a montré ce que l'on gagne à s'ingénier, à s'évertuer. Il n'y a pour cela que deux maîtres, l'Étranger ou l'État. C'est l'étranger qui possède et exploite les vignobles du Portugal, les cuivres de l'Espagne, les soufreries de la Sicile. J'aime mieux l'État.

Supposez un pays peuplé d'apathies et gouverné par l'apathie : les sujets naturellement paresseux, l'État, lui, paresseux par nature et par principe, se demandant s'il ne va pas énerver ses peuples, en les aidant ou en les obligeant à faire quelque chose ! Abstention générale, torpeur du haut en bas. Il naîtra peut-être de grandes choses de cette inertie consommée : mais on ne voit pas comment, et le secret de l'avenir est bien gardé. Franchement, c'est peu de chose que le Progrès entendu de la sorte : on dirait cette toile vide qui croyait représenter le passage de la mer Rouge, on sait comment — d'Hébreux, point ; ils sont passés — d'Égyptiens, pas davantage ; ils vont venir, — quant à la mer, elle s'est retirée. — En cherchant où fut l'Espagne, vous trouveriez sur un point de la carte le pendant de ce tableau, l'épreuve de cette théorie.

Quant à la qualité d'esprit, qui nous semble faite pour élever en France le rôle de l'État, il est plus facile de la décrire que de la nommer. A vrai dire, ce n'est pas une qualité intellectuelle, c'est l'intelligence même, à un degré inouï dans l'histoire.

Certains peuples sont uniquement et profondément eux-mêmes. Tout chez eux est d'essence nationale, gouvernement, lois civiles, religion, ouvrages d'esprit. Comment n'auraient-ils pas le culte de leur passé qui est une partie d'eux-mêmes? Quand ils vont au Progrès, c'est dans les limites de leur tradition politique et religieuse, améliorée seulement; leur Liberté est un développement des États Généraux du moyen âge ; leurs sectes sont des fragments de catholicisme ; — toute autre est la France. Vous trouverez bien quelque chose de romain à ses lois; c'est que les lois romaines passaient à bon droit pour *raison écrite :* quelque chose de grec à ses œuvres d'art; c'est que le sens et le culte de l'idéal régnait en Grèce. Comme la France s'inspire, elle aussi, d'idéal et de raison pure, la tradition ne lui est de rien. Marche-t-elle? Elle marche au droit naturel, à la religion naturelle, aux passions naturelles et universelles, comme sujets de littérature et de fiction.

On aurait fort à faire de montrer les conséquences diverses, de surprendre toutes les traces de ce génie singulier et transcendant. Il suffit de constater qu'un peuple de cette humeur doit faire ses lois avec des idées (une de ces idées par parenthèse est l'unité), ce qui conduit à plus que le Gouvernement, à la centralisation.

Or, des lois qui viennent de si haut, sans appui dans les mœurs, sans écho dans la moyenne des esprits, ne peuvent régner que par un certain appareil de règlements et de contraintes. Quand la loi est l'expression des faits, elle subsiste par la même force que les faits; mais quand elle en est le redressement, quand elle aspire à exprimer le droit et la raison, elle a besoin d'une force qui lui soit propre.

Ainsi les diversités nationales tout comme le fond de la nature humaine nous laissent apercevoir le même principe, c'est-à-dire le Progrès social soumis à l'intervention d'une force et d'une intelligence supérieure.

Mais ici une objection spécieuse est à prévoir.

Si le Progrès avait une action sur les facultés humaines, s'il était en lui d'ajouter à la vertu, à l'intelligence, aux organes et aux forces de l'homme, le Progrès irait à supprimer l'État qui deviendrait une superfétation. Les sociétés ainsi progressives n'auraient pas besoin d'une force au-dessus d'elles pour les contenir, pour les servir, pour les exciter.

Ceci nous conduit à rechercher de quelle espèce est la loi du Progrès.

Est-ce une loi simple et irréductible comme la gravitation, une propriété dont l'essence, les procédés, les limites sont impénétrables? Ou bien est-ce une loi dérivée, une conséquence d'éléments connus, un effet dont la cause est patente et la portée appréciable?

Bref, le Progrès est-il un mystère de la nature humaine, ou n'en est-il qu'un produit logique et rationnel?

Un penseur catholique affirme à tort ou à raison que la guerre est une des lois du monde moral, et il se fonde uniquement sur ce que la guerre est immémoriale, universelle. Le Progrès serait-il une loi de cette espèce, indubitable mais inexplicable, qui s'énonce, qui se montre du doigt, et qui ne se justifie pas autrement? A ce compte le Progrès serait de force à changer la nature humaine. On ne voit pas du moins pourquoi il n'en viendrait pas là, avec la conséquence fort remarquable d'abolir un jour les gouvernements. Il en serait tout autrement si le Progrès était une déduction de notre nature, quelque chose de semblable à ce que les psychologues ont observé dans la généalogie ou plutôt dans la formation de nos idées et qu'ils appellent *loi d'association*. Le Progrès dans ces termes serait une loi, comme fait général et stable; mais comme pure expression de l'humanité, cette loi serait sans puissance pour la modifier et pour toucher aux disciplines extérieures dont elle a besoin.

On sait quel est là-dessus le sentiment de Condorcet qui va jusqu'à prédire aux hommes l'immortalité comme une des conquêtes du Progrès. Descartes n'a pas une théorie générale du Progrès : il paraît croire simplement que celui des sciences appliqués à la nature humaine pourrait la soustraire à l'affaiblissement de la vieillesse (1).

Cette interprétation de la loi du Progrès ne ressemble guère aux fruits qu'il a portés jusqu'à ce jour. Il n'est autre chose dans toute l'histoire, que le développement régulier d'une espèce intelligente et sociale, l'effet naturel de certains dons comme la mémoire et la prévoyance, une thésaurisation en quelque sorte. Tout ce qui peut s'accumuler, se capitaliser, ne cesse de croître parmi les hommes, la richesse, la science et même la moralité. Mais la poésie, l'éloquence, la sculpture, sont-elles supérieures aujourd'hui à l'Illiade, au Parthénon, à la tribune d'Athènes ? Ainsi l'humanité est capable d'éducation, mais non de transformation. Les analogies du passé n'apportent pas d'autre commentaire à la loi du Progrès.

(1) Voici en propres termes l'opinion de Descartes, dans le *Discours sur la Méthode* :

« Il n'y a personne, même de ceux qui font profession de médecine, qui « n'avoue que tout ce qu'on y sait n'est presque rien à comparaison de ce « qu'on y reste à savoir, et qu'on se pourrait exempter d'une infinité de « maladies tant du corps que de l'esprit, et même aussi peut-être de l'af- « faiblissement de la vieillesse, si l'on avait assez de connaissance de leurs « causes et de tous les remèdes dont la nature nous a pourvu. »

Celles qu'on pourrait emprunter à l'observation du monde physique abondent dans le même sens. Rien ne montre dans l'univers cette création continue, cette puissance de toucher à des types, de renouveler les espèces, qui serait inhérente à la loi du Progrès.

Les naturalistes ont observé que les momies d'animaux ressemblent de tout point aux animaux actuels, et c'est un point, dit-on, qui semble admis par la science que la correlation intime, et par conséquent l'immuabilité respective des espèces et des milieux. Ainsi tout est harmonie dans le monde; les êtres et les atmosphères où ils paraissent, sont faits les uns pour les autres, d'où il suit qu'on peut bien croire à un cataclysme qui changerait et le globe et l'humanité; mais l'incroyable, le merveilleux serait une loi du Progrès qui laissant, comme elle fait, le même théâtre à l'humanité, la renouvellerait dans ses organes et dans ses facultés élémentaires.

Au surplus, que gagnerait-on à considérer le Progrès comme une loi occulte, comme un exercice permanent et exceptionnel de la force créatrice au profit de notre espèce? Le Progrès ne pourrait être identique parmi des êtres inégaux, et les gouvernements auraient toujours à se déployer contre l'abus ou contre l'aggravation des inégalités naturelles.

En résumé, les éléments constitutifs ne changent pas plus dans l'espèce humaine que dans les autres espèces; mais certaines facultés de l'homme ont des produits susceptibles d'accumulation et de transmission : de là le Progrès, il vaudrait mieux dire de la société que de l'humanité, et le rôle toujours nécessaire des gouvernements.

Il faut en finir, et pourtant je ne suis pas sûr d'avoir exposé mon sentiment dans sa modération comme dans son étendue. Le lecteur aurait-il compris qu'on attribue à l'État un rôle exclusif ou même seulement un premier rôle ? Alors on se serait bien mal expliqué; car on ne lui voit qu'un rôle nécessaire et croissant — Nécessaire, tantôt pour réprimer, tantôt pour suppléer l'égoïsme des Individus — Croissant, parce que les disciplines et les sanctions doivent se multipler pour les droits nouveaux, pour la morale supérieure, pour les tentations plus nombreuses que le Progrès épanche sur sa route.

On met au-dessus de tout l'honneur des sociétés. On tiendrait pour abjectes la Science et la Vérité, on s'en laverait les mains, si elles pouvaient conclure au despotisme. La liberté fût-elle une chimère, il faudrait en faire une religion et l'adorer encore. C'est dans ce sentiment que l'on a vécu : on ne croit pas y avoir forfait, la plume à la main.

A-t-on nié, sous prétexte de Progrès, la libérté du citoyen, le droit des Nations sur elles-mêmes? Non, vraiment, on n'a pas commis ce blasphême et ce contre-sens. N'est-ce pas parmi les nations libres que l'autorité, faite comme un mandat, excelle au Progrès! et puis, si l'on avait le goût de la force, où la prendre pour l'admirer, si ce n'est où elle est celle de tous?

A-t-on méconnu la dignité de l'Individu ? Pas davantage. Quand on aurait voulu subalterniser l'Individu, on ne l'aurait pas pu dans cette théorie du Progrès, qui est celle d'une vie supérieure et meilleure parmi les hommes? Il n'est que l'individu apparemment pour vivre et pour profiter de tout ce qui s'ajoute à la vie sociale.

A-t-on contesté que le Progrès emportât certaines attributions de l'Autorité? Il s'en faut de tout : nous avons établi au contraire que le Progrès érige la pensée en droit inviolable, et abolit tout gouvernement des intelligences.

Il est vrai, on a parlé plus souvent et avec plus de complaisance de l'État que de l'Individu! Mais on croit avoir eu de bonnes raisons pour cela. A quoi bon s'appesantir sur l'Individu? Est-ce qu'il n'est pas la substance sociale? n'est-ce pas lui qui fait œuvre d'agriculture, d'industrie, de commerce, de journaux, de livres, de sermons, de théâtres? Craignez-vous qu'on oublie une espèce de chair et d'os, douée de ce verbe et qui fait une telle figure dans le monde? L'Individu est évident : pourquoi irais-je le démontrer? Il remplit tout : puis-je le faire ressortir? On n'en peut dire autant d'un être moral qui s'est fait autrefois un mauvais renom, et qui n'en est pas moins nécessaire au fini des sociétés où, parmi tant de forces centrifuges, il est un organe d'harmonie, de convergence, de solidarité. L'État est le côté douteux, l'élément problématique de ce sujet, qu'il convient surtout d'étudier et de mettre en lumière : l'Individu en est le lieu commun.

Pourquoi ne pas tout dire? L'Individu, outre qu'il n'a pas besoin d'être rappelé et revendiqué, est peu attrayant : je le tiens pour un médiocre sujet d'admiration et de tendresse. C'est l'homme, dans sa moindre acception, dans ses bornes les plus étroites. J'aime mieux considérer l'humanité, quand elle a quelque chance de grandeur morale, avec une mission qui va peut-être lui faire une âme, à des hauteurs où la lumière assiége l'œil, et d'où la pente est vers le bien.

Il faut croire que ce sentiment n'est pas général. C'est merveille de voir à quel point on étonne l'oreille du public en parlant du Progrès par l'État? C'est qu'on prononce là deux mots dont l'alliance est récente. A l'un répond le souvenir des anciennes et mauvaises dominations qui ont fatigué le monde. L'autre éveille l'idée d'une loi supérieure au monde, d'un mystère qui améliore les hommes, et qui, loin d'être un fait de gouvernement, en ferait plutôt concevoir l'inutilité, l'élimination. Mais si cette loi n'était que le jeu et le produit régulier de la nature humaine, l'enrichissant comme il appartient à la mémoire et à la prévoyance, lui laissant d'ailleurs tout son égoïsme et toutes les disciplines qui naissent de ce fonds inaltérable...

Je conçois que tout d'abord, au seul mot de Progrès, on se représente cet effort immémorial, aussi ancien que l'espèce humaine, qui l'a peuplée de droits, de lumières, de capitaux. Cet effort était de l'Individu : le Progrès ne put venir que de là, tant que l'Autorité exista pour elle-même. Mais quand la masse des hommes eut des droits reconnus, et surtout quand elle poussa le sentiment de ses droits jusqu'à réformer l'Autorité, ce jour-là, le Progrès eut un instrument nouveau. Toute force humaine, individuelle ou collective, fut acquise à cette cause : c'en est une preuve peut-être que le train dont elle marche de nos jours, aux accidents près.

La donnée politique n'est pas tout dans ce problème : il y faut joindre l'égoïsme essentiel aux hommes, leur condition qui est une lutte, les besoins expansifs de notre nature, la richesse et la supériorité de vie inhérente au Progrès. Avec ces éléments, si le lecteur n'admet pas la solution qui lui est proposée, il peut la refaire. Qu'il considère seulement chacun de ces principes en soi, puis qu'il les compare, qu'il les combine, et qu'il essaie d'en tirer autre chose que ceci : *Rôle de l'État aussi varié que les fins du Progrès, développement de l'État parallèle au perfectionnement de la société.*

Encore un mot, et j'ai fini. — Vous appuyez, me dira-t-on, le principe d'autorité, qui n'est rien moins que chancelant, qui ne court nul péril à cette heure... Voilà quatre cents pages qui n'ont pas d'à-propos — J'ai rêvé qu'elles en acquerront.

FIN

TABLE DES MATIÈRES

Pages.

PRÉFACE. — De l'initiative de l'Etat I
INTRODUCTION. LXI
CHAP. I. Du genre d'autorité qui est favorable au progrès, du genre de liberté qui n'a pas ce caractère . . 1
— II. De l'État comme agent du Progrès politique, économique et moral. 7
Section première. Du Progrès social et politique, et des développements de l'État qui y sont inhérents 11
Section deuxième. Du Progrès économique, et des développements de l'État qui y sont inhérents. 51
Section troisième. Du Progrès moral, et des développements de L'État qui y sont inhérents 71
— III. Du rôle de l'État en France 97
— IV. Du rôle de l'État ailleurs qu'en France, de son rôle en Angleterre surtout, et de son importance croissante dans ce dernier pays 119
— V. Objections générales. 157
Section première. L'État est uniquement fait pour maintenir l'ordre 159
Section deuxième. Le Progrès s'opère de lui-même dans les masses 181
Section troisième. Le Progrès est l'œuvre des classes élevées. 185
Section quatrième. Lors même que l'État est l'agent du Progrès, il n'y acquiert aucune force. 192
Section cinquième. La Civilisation améliorant les hommes, réduit par cela même la place et

le rôle des Gouvernements. — Opinion de M. Guizot 195
CHAP. VI. Exceptions. — *Section première.* Du Gouvernement par rapport à la pensée 209
Section deuxième. Du Gouvernement par rapport à l'impôt et aux peines. 223
Section troisième. Du Gouvernement par rapport au travail. 226
Section quatrième. Du Gouvernement par rapport à la Propriété 228
— VII. De l'Individualisme comme agent du Progrès. . 243
Section première. Impuissance des individus en dehors de l'utilité proprement dite. . . . 245
Section deuxième. De l'inaptitude des Individus par rapport à l'utilité collective. 249
Section troisième. D'une prétendue liaison entre les intérêts privés et l'intérêt public. 253
Section quatrième. D'un mobile individuel qui est le Patriotisme 266
Section cinquième. Si l'action des lois naturelles suffit au Progrès 272
Section sixième. De l'Individualisme comme obstacle au Progrès. 279
Section septième. De ce qu'a fait et de ce que pourrait faire l'Individualisme en France. . . 289
Section huitième. S'il y a un critérium pour reconnaître ce qui est privé et ce qui est collectif. 297
— VIII. Où l'on cherche à vérifier ce qui précède. . . 303
— IX. Résumé 327

FIN DE LA TABLE DES MATIÈRES

Coulommiers. — Typographie de A. MOUSSIN et CHARLES UNSINGER.

www.ingramcontent.com/pod-product-compliance
Ingram Content Group UK Ltd.
Pitfield, Milton Keynes, MK11 3LW, UK
UKHW021841190726
13855UKWH00001B/99